傳教士的詛咒

U0118239

誰也想不到中國山西一個不起眼的村莊洞兒溝，居然會和遙遠的神聖羅馬教廷曾有過三百年的互動。要不是他們信仰天主教，這個地方的人不會和歐亞廣大區域發生關聯。當然，要不是一代代村民們留下歷史記憶，一個個傳教士們留下文獻檔案，有關這個村莊的小歷史，就湮滅在整個中國的大歷史中，也不會促成沈艾娣教授寫下如此精彩而生動的一本全球史著作。

　　我同意，全球史並不一定要縱橫十萬里、上下五千年，其實它更是一種方法，試圖發掘各種微妙的全球性聯繫、交流和影響。就像這個山西村莊的足跡、認同和想像，竟然遠渡重洋連到了羅馬教廷，這就是全球史。在這個意義上，全球史書寫就好像在發現華人所謂「草蛇灰線」和西人所謂「蝴蝶效應」。通過這個村莊的故事，沈艾娣教授也提出了好些值得深思的問題，歷史上天主教在中國傳教為什麼有的成功，有的不成功？外來的傳教者和中國的信仰者之間，應該是怎樣的關係？政治性的國家認同和宗教性的普世信仰之間，應當怎樣處理？

——葛兆光（復旦大學文科資深教授）

　　這是把微觀研究與宏觀視野有機地結合在一起的一本引人入勝的著作。本書以山西一個小村莊為敘事中心，講述從17世紀到20世紀下半葉，天主教是如何把這個落後鄉村與外部世界聯繫在一起，以及外部世界的變化如何影響到中國農民的日常生活和精神生活的故事。

　　這本書無論是觀察問題的角度、歷史資料的發掘，還是研究的方法，以及對我們了解天主教在華傳播的曲折經歷，都提供了一個非常有意義的個案。

——王笛（澳門大學歷史系主任、講座教授）

我有幸和沈艾娣教授一起，去過本書所講述的洞兒溝村。當然，她是嚮導。二十多年後，我的腦海中還保存著這樣一幅畫面：在我們抵達的那個夏日的傍晚，三五成群的小孩子，頭上頂著墊枕，走在前往村中教堂的路上。在山西的鄉村，小孩子頭上頂著墊枕，不是普遍的現象。他們邊走邊說、嬉笑擾攘，他們懶得用手拿著墊枕，將它一拋，就拋到了頭上。在任何地方，小孩子總是呈現出小孩子最自然的狀態。在我印象中，他／她們也沒有理會我們這幾個外來人。

我認識到洞兒溝的很特別的歷史，是後來聽了沈教授討論她的研究，讀了她寫的這本書。但是，當天的田野給我留下來的印象，正如本書所言，乍眼看到的高聳的教堂，通過多元的歷史，融化在參與的人群裏。這本書從微觀的角度，探討一個宏觀的問題。從村裏人的眼光來看，文化的融合從來都是一種日常的生活。

——科大衞（David Faure，香港中文大學歷史系榮休教授）

據我所知，還未有任何作品試圖將中國一個地方社區描述得如此細膩豐富，而且與龐大的歷史卷軸互相聯繫。本書運用口述歷史、中國及歐洲多國語言的檔案，微觀了山西省一個天主教小村莊的生活，然後將這個社區的歷史與中華帝國、以至全球化下天主教會的變化連接起來。

沈艾娣為中國天主教會歷史提供了一個重要的新視角，實際上幾乎是一個新範式。這一視角對世俗歷史學來說是變革性的，因為它促使我們重新認識殖民主義的影響，並找出聯繫中國史與世界史的新方法。

——趙文詞（Richard Madsen，美國加州大學聖地亞哥分校
社會學傑出教授）

傳教士的詛咒
一個華北村莊的全球史（1640–2000）

沈艾娣（Henrietta Harrison）著

郭偉全 譯

香港中文大學出版社

《傳教士的詛咒：一個華北村莊的全球史（1640–2000）》
沈艾娣 著
郭偉全 譯

© 香港中文大學 2021

本書版權為香港中文大學所有。除獲香港中文大學
書面允許外，不得在任何地區，以任何方式，任何
文字翻印、仿製或轉載本書文字或圖表。

國際統一書號 (ISBN)：978-988-237-223-8

2021年第一版
2022年第二次印刷

出版：香港中文大學出版社
　　　香港 新界 沙田・香港中文大學
　　　傳真：+852 2603 7355
　　　電郵：cup@cuhk.edu.hk
　　　網址：cup.cuhk.edu.hk

The Missionary's Curse and Other Tales from a Chinese Catholic Village (in Chinese)
By Henrietta Harrison
Translated by Guo Weiquan

Traditional Chinese edition © The Chinese University of Hong Kong 2021
All Rights Reserved.

© 2013 The Regents of the University of California
Published by arrangement with University of California Press

ISBN: 978-988-237-223-8

First edition 2021
Second printing 2022

Published by　The Chinese University of Hong Kong Press
　　　　　　　The Chinese University of Hong Kong
　　　　　　　Sha Tin, N.T., Hong Kong
　　　　　　　Fax: +852 2603 7355
　　　　　　　Email: cup@cuhk.edu.hk
　　　　　　　Website: cup.cuhk.edu.hk

Printed in Hong Kong

這世界何止比我們所想更瘋狂，
無可救藥地繁雜多樣。

——路易‧麥克尼斯（Louis MacNeice），〈雪〉

目 錄

圖表目錄

中文版序

　　我很高興為郭偉全博士所譯《傳教士的詛咒》中文版寫序。從我最初拜訪並開始研究洞兒溝村開始，距今已經二十多年了。這個村莊位於《夢醒子》中劉大鵬的家鄉赤橋村南邊幾英里。作為歐洲人的我，初次拜訪洞兒溝時，就深深著迷於華北鄉村文化與我所熟知的基督教習俗的混合。開始查閱洞兒溝的相關歷史後，我就想著寫一本適合英語世界公眾閱讀的書。我想他們應該會感興趣，說不定會驚訝於中國內陸的一個偏遠村莊與其外更大的世界，竟有長達三百年的互動。希望讀者們會喜歡我在每一章開頭所舉出的故事，它們都是我在這一時期的研究中從洞兒溝村民那裏聽來的。但在寫作者的身份之外，我主要是一個學者，致力於促進相關研究領域的討論，隨著我對這個村莊的歷史加深了解，我也有更多心得亟於同研究中國宗教的其他學者分享。最後我寫就的這本書，實際上是以他們為目標讀者。

　　然而，畢竟所有作者都無從預知一本書出版後將得到讀者怎樣的評價，哪個方面會最受重視；過去幾年來，《傳教士的詛咒》漸漸得到更多關注，被視為體現了一種新的史學潮流：將微觀歷史學的方法與全球史整合。實際上，這一取徑向來是我的興趣所在，貫穿了《夢醒子》、《傳教士的詛咒》和我的新書《口譯的危險》

（詳見下文）——它們某種意義上可以算作我探討山西歷史及其與外部世界關係的三部曲。

本書英文版於2013年出版後，最初幾篇評論均出自中國基督教史研究者之手（譯者郭博士本人也是研究歐洲宗教史出身）；他們認為，本書旗幟鮮明地反對以往在「文化適應」的主題下研究中國基督教的通行做法。他們注意到，多年來有大量研究從根本上旨在回答：中國和基督教是否能兩全？如他們所指出的，回應這一問題的不少作品非常出色，但立論往往基於對「某種形態的基督教究竟算不算完全中式的」一類問題的先入之見。《傳教士的詛咒》則提供了另一種思路：基督教和中國認同都不是僵化之物，會隨著時間推移而演變；本土化與全球化始終處於張力之中，絕非某種不可逆轉的邁向本土化的單向過程。幾位評論者認為這是一種全新的方法論，可用於考察其他的觀念、制度和意識形態，不只宗教，還可以延伸到政治領域。此外，評論認為本書的主要貢獻在於對教會經濟狀況的關注（對神學更感興趣的讀者可能會失望），及以之解釋19世紀中期歐洲傳教士和中國基督徒之間的權勢轉移。其中一位行家正確地指出，多數時候發生在洞兒溝村的事情，遠遠無法代表中國其他地方的情況。這一點我也越來越深有感觸：就我所知，以民族志和檔案為基礎對中國其他地區的天主教和新教群體展開研究，大有可為。

在我著手寫作此書時，全球化已如火如荼地展開，可以為全球化的起源提供解釋的全球史研究也因此蔚然成風。不管在研究還是教學中，全球史挑戰了民族國家的歷史敘事和方法論。然而，專注於全球很自然就會傾向宏大敘事和鳥瞰視角，所以也有不少爭論質疑如何把個人與地方囊括進來，如何令全球史更易於把握。同時，不管在中國還是整個世界，大量歷史文獻數字化，更容易引入新的歷史研究方法，在不同的國家和檔案庫追溯某個

人的生平。當然，這在為歷史學者大開方便之門的同時，也帶來了問題：在過去，歷史學者可能經年累月深耕一套檔案，現在的人只要線上搜索某個名稱或術語，即可在眾多檔案中找到一大堆相關記錄，但不可能對每條記錄的地方和文本語境有同樣深入的了解。這是今日歷史學者面臨的主要問題。牛津大學近代早期中東史學者格布理亞爾 (John Paul Ghobrial) 新近建議了一種應對方式：從微觀史的角度觀看整個世界。[1] 梅歐金 (Eugenio Menegon) 和我一樣研究中國天主教會史，也需要處理龐大的檔案資料和跨文化的地域範圍，自然也對上述問題非常關切，他提出應當結合微觀與宏觀兩個層面，開創一種新的微觀全球史。[2] 上述學者將《傳教士的詛咒》作為一個範例，認為它展示了如何得以將全球史和地方史寫作相結合。當然，每個歷史學家都可以從自己的研究興趣和風格出發，在這方面有所推進。

　　《傳教士的詛咒》之後，我又接著去寫李自標的故事：此人是中國天主教教士，乾嘉年間任職於晉東南地區。在為寫作本書查閱檔案時，我在梵蒂岡檔案中發現了李自標的書信，本來想把他寫到這本書裏，然而並沒有證據顯示他曾到過洞兒溝。很快我又發現他早年曾在乾隆朝廷為首個來華英國使團擔任翻譯，這本身就是一個很大的故事，很難在此書中用一兩章說清楚。於是，順著他的信，我開展了一項新課題：探討李自標的一生，與他對照的是另一個最早一批學中文且擔任翻譯的英國人斯當東 (George Thomas Staunton)。我的新書 *The Perils of Interpreting: The Extraordinary Lives of Two Translators between Qing China and the British Empire* (普林斯頓大學出版社，2021；暫譯《口譯的危險：兩位清代中國與大英帝國翻譯的非凡人生》) 更進一步，用微觀史學方法分析捲入經典國際關係史中的重大事件的人物生平，試圖對清代中西關係的傳統敘事圖景做出調整。

在這一點上，還有其他許多方向可以嘗試。我希望這本書對新一代的中國研究者可以有所啟發。要想在這條路上走得更遠，學語言、對檔案做細緻研究都是十分必要的，這也會深化、甚至轉變我們對中國歷史以及我們所生活的這個世界歷史的理解。

讓我對郭博士在翻譯《傳教士的詛咒》一書上所花費的時間和精力表示感謝。最後的成品優美、流暢，本身就稱得上是一部學術成果。天主教會史涉及大量專業術語，令這本書翻譯起來殊為不易。好在郭博士專業扎實，甚至對不太常見的近代早期意大利教會體制也不乏了解，因此能理解本書所要傳達的想法，並向中文讀者解釋清楚。他的翻譯工作耗時多年，核對了所有中文引文，並且指出了原書中的一些錯誤。史實是否準確對一部歷史學著作來說再重要不過，這部中譯已經訂正了這些錯誤，使之較英文原書更為精確，相信會讓中文讀者受益。

我也要感謝香港中文大學出版社，以最大的用心和專注將本書帶給中文世界的讀者。若沒有他們高度專業的工作，中文版是無法面世的。

沈艾娣

2021 年 3 月

致 謝

本書內容涵蓋的時間跨度三百年，我用了十年的時間調查和撰寫，期間往返中國和歐洲，使用五種語言的材料，得到很多幫助才得以順利完成。我想感謝的人很多，但也因此擔心書裏仍然有好多不該有的錯誤。

對於研究中得到的幫助，我要感謝山西各位神父教徒，特別是李神父多年來的支持。劉安榮不僅陪我採訪，更與我分享她自己追溯洞兒溝家族源流的採訪筆記。在其他採訪中，六合村的王女士也是熱情的夥伴與助手。Roger Thompson、戴德中（Alessandro dell'Orto）、趙文詞（Richard Madsen）、科大衛（David Faure）以及馮筱才都很慷慨地饋贈自己複印的資料，這都不是我一己之力能找到的。

感謝行龍教授和山西大學社會史研究所的熱情接待。我也很感謝羅馬萬民福音部（Congregatio pro Gentium Evangelizatione；舊稱「宗座傳信部」，Propaganda Fide——譯者按）、方濟各會總部（Franciscan General Curia）、方濟各會博洛尼亞分部（Franciscan Province of Bologna）、位於里昂的信仰傳播善會（Propagation de la Foi）及羅馬耶穌會檔案（Roman Jesuit Archives）各處檔案館的管理員，特別是來自羅馬的宗座聖嬰傳教善會（Pontificia Opera dell'Infanzia Missionaria）的 Leonello Malvezzi 熱情招待與好意相助。

　　這些章節較早的版本，都曾在哈佛費正清中心 (Fairbank Center at Harvard University)、普林斯頓大學 (Princeton University) 以及哥倫比亞大學 (Columbia University) 的當代中國研討班上宣讀，並且收到很多有價值的評論。我特別感謝戴德中安排我在羅馬的宗座傳信大學 (Pontifical Urbaniana University) 宣讀了一篇論文，那裏聽眾的熱情令人感動——由此我得到的幫助也使這本書更深刻和豐富。與很多哈佛學生的交談，也讓我受益匪淺，特別是廖慧清 (Melissa Inouye) 關於「真耶穌教會」(True Jesus Church) 歷史的一些看法，對我的思考有很大影響。作品初成時，馬薏莉 (Elizabeth McGuire) 就很熱心地通讀過整部草稿。我也很感謝 2011 年 2 月份在哈佛參加工作坊討論手稿的這些人，特別是宋怡明 (Michael Szonyi)、鐘鳴旦 (Nicolas Standaert)、梅歐金 (Eugenio Menegon)、Lily Tsai、羅柏松 (James Robson)、魏樂博 (Robert Weller)、歐立德 (Mark Elliott) 和白神父。他們的評論、建議和友好的討論大大提升了這本書的品質。

　　寫這本書，需要翻譯很多種語言的材料，這個我並不在行。非常感謝 Catherine Keen 在意大利語上的協助 (以及多年來有興趣聽那麼多有關山西天主教的對話)，還有 Muriel Hall 在拉丁語上的幫助。圖書館管理人員，特別是在普林斯頓高等研究院和哈佛—燕京學社圖書館的館員，對我幫助也非常大。書中的地圖，出自哈佛大學圖書館的 Scott Walker 之手。此外，研究中還得到很多非常有用的幫助：Luca Cottini 轉寫了很棘手的意大利文本，圖表則由 Lucy McCormac 和 Ruyi Lu 製作。

　　對此項目的資助，來自拉德克利夫高等研究院 (Radcliffe Institute for Advanced Study)、哈佛大學 (Harvard University)、英國學院 (British Academy)、蔣經國國際學術交流基金會和曾由部分庚

款設立的大學中國委員會 (Universities' China Committee)。感謝這些機構,尤其是支持著它們運行的捐贈者和納税人。

我還要感謝熱情接待我的歷任洞兒溝堂區神父,以及在洞兒溝及其他地方的採訪對象。這本書所講的故事,對晉中地區的天主教群體來說意義重大,也把此書獻給他們。此前從沒覺得我寫的歷史對哪些人有用,這次則是令人振奮又很有啟發的體驗,不過相應地,真的把研究成果出版,也著實令人緊張。我知道,幫過我的那麼多山西天主教徒,未必都會同意我的這些結論,不過他們本來就開放而包容,但願可以接受關於他們歷史的另一種可能的版本。我更擔心細節中錯誤太多,雖已盡力糾正,但恐怕還有好多我意識不到的。現在我能做的,就是提前道個歉,並且對我所學到的一切表示誠摯的感謝。

序章

　　滿佈車轍的乾燥村道，塵土把兩邊高牆都染黃了；天空也被　　1
附近地區採煤、煉鐵和快速推進的工業化污染得灰黃；沿牆塗寫
的標語，號召人們遵守一胎政策；各處的院門都半敞著，路過就
可以窺見院內枝繁蔭濃的樹、洗菜的婦女、閑聊的老人和玩耍的
孩子。這就是夏日午後的洞兒溝，中國華北眾多農村中不起眼的
一個，但比起其他地方，也有些不同。在這裏，門邊瓷磚貼成的
對聯上，祝福語寫的是「虔誠信主守誡命，愛人如己寄長生」，橫
幅則是「永享真福」；這裏的街上有座教堂，眾多婦女正趕著要搭
下一批公車前往宏偉的新七苦聖母堂朝聖。有這些特別之處，是
因為這裏的人是天主教徒，在這部涵蓋華北及以外廣闊地區的天
主教歷史中，他們是其中一部分。

　　村民了解的有關他們村莊的過去，都在故事中。每個人都知
道些，但能把故事講好的不多。有位老人，去世前為孤兒院看了
好幾年的門，他可以算是講得好的其中一個。有關本村的過去，
他能從三百年前首批落魄村民入教開始講起，到他的哥哥文革中
不堪迫害教堂院中投井的事。老人講到，他哥跳到井裏後，在井
中大喊：「聖母我不想死，只是受不了，你讓我上去吧！」於是聖　　2

母就顯靈，讓他爬出來逃走了。但其他與本村相關的故事，大部分沒有時間點，只是單純描述事情的來歷。一則故事講到，有個傳教士曾經詛咒這個村子會遭受七年的天災；可能最初就是為了解這條咒，所以建了這座聖母堂。另一則故事提到，中國教士在過世後，只能埋在洋人傳教士腳的方位，有個中國教士不滿洋人傳教士如此不公，隻身前往羅馬向教皇申訴。到了之後他就下跪攔路，向教皇喊冤；教皇一眼看到他貼在帽子上的申訴書，最終給予公正的判決。這是一個很傳統的向清官或皇帝攔轎喊冤的中式故事，只不過場景設定在羅馬，講起來似乎到那裏申冤就跟到北京一樣近。

事實上，這個村莊的早期歷史在羅馬就有記載。「羅馬萬民福音部」的檔案，以白色皮質封面裝訂成卷，收藏了幾百年來海外傳教士寄回羅馬的信件。從17世紀的文獻讀起，這些故事所在的那個世界就變得生動起來：1781年，曾有個勤勉、善良、從不言人過的中國教士，首次記載了對洞兒溝天主教眾的探訪；有個方濟各會士過於熱情，在聖誕節那天牽了兩頭綿羊到教堂裏，因此惹怒了教眾；還有個中國教士惹上麻煩，因為他砸了一大筆錢與人打賭某女子不敢看她的未婚夫；某個傳教士因一些遭遇精神失常，被主教關起來，絕望中他在小紙片上用毛筆寫下字跡難辨的求救信。在1873年的檔案中，有四封長信，是一頁頁工整的拉丁文，署名王若瑟 (Josephus Van，即後文中的王廷榮——譯者按)，此人即是到羅馬投訴歐洲傳教士的那個中國教士。[1]

——✦——

寫一個村莊三百多年歷史的不多，因為一般來說，歷史學者處理的問題，要麼覆蓋的空間更廣，要麼持續的時間短一些。[2] 不用傳統寫法，是為了更方便地用新視角來看待問題：比如可以想像，在你面前擺著幾張同一地區但比例尺不同的地圖。它們展示

的東西是一樣的，但由於比例尺不同，語境和意義也隨之變化。
對歷史學者來說同理，選擇不同的比例尺，更改地理和時間的刻
度，都會大大地影響我們的視界。改變敘述的尺度，可以讓我們
把故事講得更生動清晰。在這裏則有助於我們理解：洞兒溝的歷
史，不僅是本土故事，也是全球敘事的一部分，更與中國歷史的
主流分不開。這些敘事中的任何一個，對我們解讀其他敘事，都
會互相影響。[3]

　　1907年，一位從未走出過歐洲的法國神父萊昂·若利 (Leon
Joly) 出版了一本亞洲傳教史的著作，提出一個後來研究中國基督
教史都會觸及的根本問題：為什麼經過幾百年的傳教，皈依基督
教的中國人仍然那麼少？又為什麼傳教運動在中國會失敗？若利
的答案很簡單：傳教失敗是因為基督教一向被視作外來的宗教。
他提出的解決方案是，歐洲傳教士應該退出，讓天主教會由中國
人自己管理。若利的著作遭致強烈的抗議，為回應來自傳教士及
其支持者的攻擊，他又寫了本《一名老教士的劫難》為自己辯護。
若利隨後不久就去世了，但事實證明，他的想法有很深刻的影
響。[4] 他點明了普遍存在的對差會不滿的情緒，而到了1926年，
梵蒂岡便開始任命中國人當主教，這是自17世紀以來的第一次。
我們後面會講到陳國砥的故事，他便是早期中籍主教之一，曾是
洞兒溝方濟各會初學修士。儘管梵蒂岡這個舉措很有象徵意義，
但一直到1950年代中共接管政權、驅逐傳教士並設立獨立的中國
天主教會之前，實權仍然掌握在西方傳教士手中。

　　若利的這一重要設問和他自己的解答，至今仍是很多學術作
品的基調。這種看法認定基督教在中國是失敗的，問題只在於：
基督教與中國文化的不相容，以及它與西方帝國主義的牽連，兩
者哪個的錯多一些。爭論中西文化是否相容、西方列強影響，本
質上是討論如何理解現代中國與西方的關係，[5] 更本質的是，中

國人如何回應和調適源於西方的觀念、行為和制度。對中國人來
說，基督宗教便是如科學、民主、共產主義和當代全球資本主義
這樣需要去調適的觀念形態，至於天主教會，則類似於共產國際
和紅十字會這樣因地制宜而多樣的機構。

4 　　所以，改變敘事的尺度如何影響對歷史的理解呢？首先，聚
焦在一個有幾百年基督教歷史的中國村莊，這提醒我們，在某些
地方基督教已經成了中國文化的一部分。雖然與若利拿來作參照
的羅馬帝國不同，中國並沒有整個國家都入教，但各地都有基督
教徒，他們所建的群體則代代相傳。考慮到這一點，那麼所謂基
督教與中國宗教文化不相容的說法，就很值得懷疑。以往學者研
究宗教，多從哲學和教義體系方面來考察，近年來則多關注宗教
生活的日常體驗。[6] 從這個角度我們可以看到，首先，中國宗教
和基督教兩大傳統各自包含很多的習慣、信條和理念；其次，這
兩種傳統是有交集的。中式的宗教場景中，有來自儒釋道的崇拜
習慣和神職人員，也有來自統稱作民間宗教的各類廟宇、敬拜方
式和地方神祇形象。這些宗教傳統中的每一種都經歷過長時間的
演變，在地域上南北分化，因人群貴賤而不同，支派之間也有差
異。同理，基督教崇拜習慣的地域差別也很大。多數到洞兒溝的
傳教士來自意大利的方濟各會，所以觀察村裏日常的宗教習慣，
可以看到中國北方偏遠農村的宗教文化與意大利南部的有很多相
似處，比如十誡條目、定期齋戒、集體唱誦連禱 (litany) 和玫瑰經
(rosary)、全村朝聖祈雨、靡費和繁複的亡魂超度儀式，以及普通
人都有的在異象幻覺中通靈的體驗。對新教來說，這些根本不是
基督徒的崇拜方式，甚至今天大部分天主教徒也不認同，但幾個
世代以前的南意大利天主教徒對此卻很習慣。

　　對於基督教崇拜習慣和中國地方宗教文化，多數學者認定這
兩種文化系統在本源上是不同的。他們感興趣的是考察文化間的

相似處，並以此檢視「文化適應」(acculturation) 這一進程：某個外來宗教被本土文化吸收後，便逐漸具備本土文化的一些特徵。[7] 這種觀點在全球基督教 (global Christianity) 研究中比較流行，常被用來反駁那種認為外來基督教與地方文化不相容的論調，相反卻主張，基督教具備成為一種地道的地方宗教的能力。從 1970 年代開始，「文化適應」也成為天主教會的官方立場，認為基督教需要通過地方文化來表達，也不應當強求本地皈依者接受外來的風俗習慣。[8] 因此，雖然洞兒溝堂區教堂是羅馬式的，新的七苦聖母堂則建成中式古典風格，在大堂上方鎏金瓦鋪的屋頂上，十字架兩旁用木頭雕上龍。本研究便要提出與上述觀點完全相反的看法：基督教與中國宗教文化本來有很多重合之處，而此地區的天主教習俗和本土民間宗教之間的差距，正是在後來幾個世紀間慢慢擴大的。

　　傾向認同「文化適應」的漢學家，研究的多是 17 到 18 世紀的差會。當然，早在 7 世紀就有基督教在中國活動的記載了，但這些群體已無跡可尋，我們的故事只能從 1582 年耶穌會士利瑪竇的到來講起。耶穌會士在歐洲開辦貴族學校，到中國也用他們的知識結交那些士大夫，在明清兩代陸續成為宮廷天文學家、教師和畫家。他們的神學觀認為，所有人都自然而然會認識到存在一個「上帝」，在介紹上帝時就用「天」來表示，因為這個字既指頭上的天空，也用來指稱中國眾神信仰中的遠古最高神之一。他們採取的一個策略，就是用中國儒家精英所能接受的方式呈現基督教。比如，迎合中國社會對孝的推崇，他們也強調十誡中孝敬父母的誡命，如此便允許基督徒參加喪禮、祭祀和其他儒家禮儀。這些舉措鼓勵把基督教融入到中國文化中，但在歐洲是非常有爭議的做法。此後幾經爭執，羅馬否決了這些措施，而雍正皇帝則禁絕基督教。這一時期的耶穌會，飽受各方指責，不久也被解散了。後來雖然又恢復，且皇帝的禁令效力有限，但傳教事業還是被反

對耶穌會的其他派別取代了。對此階段，學界傳統的看法是：早期漸進的文化融合到此告一段落，此後隨著西方帝國主義在19世紀中期到來，便開始了傳教的一個新階段。[9]

6 然而，當我們觀察幾百年來洞兒溝的崇拜習慣時，可以看到其他解釋的可能。洞兒溝天主教村正是創建於耶穌會傳教時期，那時村子裏的崇拜習慣與周邊文化很相近，即便後來耶穌會離開，再後來倚仗列強勢力的新一代傳教士到來，都沒有突然的變化。相反，每一次讓本土習慣更趨近世界其他地方天主教的改變，都是教眾、中籍教士、方濟各傳教士，以及教會高層相互妥協的結果。儘管某些參與的角色已經換了，但直到今天這個進程還在延續著。現在的中國天主教不同於中國地方宗教之處，是在此後幾個世紀中被創造出來的，這是因為，本來就很本土化的天主教日益被綁定到國際天主教網絡和體制中去。

這又回到我們講的，改變敘事尺度如何影響對中國基督教史的理解。它的第二點影響是：促使我們重新思考，從1838年鴉片戰爭到1949年解放之間這一段帝國主義鼎盛期，中國基督徒與西方傳教士的關係是怎樣的。最近幾年，很多有關全球基督教史的作品，都淡化傳教士的作用，反而強調宗教在本土的自然生長。[10]傳教士的勸化效果，確實往往效果不佳，但他們作為西方人，很影響教會在人們心目中的形象。1840年後，英法強迫清政府承認基督教合法化，解除針對傳教士的禁令。此後傳教士大量湧入，不只天主教的，新教的也來了。作為強權國家的公民，他們基本上是游離於中國法律之外的，有爭端便向派駐北京的本國政府代表申訴。於是在新形勢下，儘管現在傳教士的動機還一如既往，但以前他們的安危存亡繫於和當地教眾交好，如今就完全不需要這麼做了。與此同時，列強在外交和軍事上持續擴張，終致1900年的暴亂：整個華北地區，義和拳民以寺廟為中心聚集，襲擊

外國人，大量屠殺中國教民。清廷把拳民編入民兵，並向列強宣戰，更縱容了拳亂。

若利之所以會問傳教事業為何敗於中國，正因為有庚子事變，而事變的原因歷來爭論不休。[11]拳亂的形成，清廷的支持很關鍵，這一點是有共識的；但為何華北農村的民眾對他們身邊的基督徒又恨又怕，學者意見不一。對此有兩種主要解釋，它們之間又相互關聯。第一種解釋是：仇恨源於基督教和華北民間宗教之間的文化衝突。但假設如此，為什麼當基督教於17和18世紀傳入中國時相安無事呢？若不看基督教教義，只關注崇拜習慣的話，就會發現文化差異其實並不大；而從長時段來觀察，很明顯的一點就是，暴亂相對激烈的很多地方如洞兒溝，天主教已扎根了幾個世紀，此時並沒有什麼特別的變化。第二種解釋是：傳教士和中國教民之所以受到民眾的攻擊，是因為他們與帝國主義在華擴張勢力勾結。指責傳教士充當西方帝國主義的幫兇，在當時甚至現在的中國仍是強有力的政治話語。這些爭論多上綱上線，討論傳教士的作為時常要牽扯到他們的動機，自然很難得出客觀的共識。[12]不過，從洞兒溝的例子來看，中國天主教眾確實曾激烈抵制過傳教士權力的擴張。

帝國主義在此過程中的確扮演重要角色，但它並不能解釋傳教事業的本質，而對中國教眾來說，傳教士權力太大也不是什麼好事。鴉片戰爭前，傳教士還需要當地天主教眾支持，1840年代後，中歐實力對比越發懸殊，傳教士相對中國教士和村民就越顯強勢。在洞兒溝，歐洲運來的資金和後來列強從清政府榨取的庚子賠款，都掌握在意大利傳教士手中。他們用這筆錢投資建設各類機構，以此他們的權威也得到了鞏固。村裏有孤兒院、神學院和修道院，也正是通過這些機構中國人開始與傳教事業產生聯繫：他們把孩子送到孤兒院，到神學院學習，也曾與修道院因葡

萄園用水而爭吵。不管是窮困潦倒以至於把孩子送到孤兒院的非教徒，還是從傳教士手中租地借錢的教徒，對傳教勢力都一樣又恨又怕；中國教士也怨恨他們擅權獨斷。村民在講那則中國教士到羅馬申訴的故事時，會提醒孩子們，他們屬於一個偉大的國際組織，但也記得提到，一直以來他們都在和外國傳教士鬥爭。

這樣回頭看若利的問題可能會困惑，因為顯然無論是「文化不相容」還是「帝國主義幫兇」，都不是在華基督教的核心特徵。可能這個問題本身就是錯的：也許基督教並沒有失敗。確實，考察1949年解放後的情況，我們可以看到研究中國宗教的學者關注的又一個重要話題：為什麼基督教在1980年代後迅猛發展。這段時間的發展遠超出以往傳教士的任何成果。對其原因有很多解釋，有的認為這源於對西方發達國家的嚮往，有的則認為是政府採取壓制民間宗教的政策所致。[13] 洞兒溝的歷史，提醒我們還要注意：基督教在該地區有很長的一段歷史，而1960年代對宗教的壓制反而促使教會更具活力和擴張性。當時神職人員鋃鐺入獄，信眾在運動中被迫棄教，這些製造了一種末世來臨的氛圍，此中就連普通村民都生出抵抗的使命感，而他們力量的來源，來自體驗到的各種異象、超自然力量的啟示，以及天命在己的自信。正是這些人出走四處傳道，推動了1980和1990年代的大規模皈依。不過現在的情況是，與新教類似，以受難的經歷獲得威信的平信徒傳道員逐漸老去，成型的教會慢慢取而代之，所以儘管教會還有增長，但似乎大規模基督教化的時代已經過去了。[14] 近期的一項政府調查顯示，在中國現有2,900萬基督徒（2,300萬新教徒、600萬天主教徒），佔總人口數的2%。[15] 按若利拿羅馬整個帝國入教的標準來比較，中國的傳教事業是失敗的，但在絕對值上基督徒數量仍然很龐大，而且還在持續增長中。

　　從洞兒溝的角度來看待中國的基督教史，我們也許可以換一個問題問。不問「是否基督教已成為中國宗教？」，而要問「中國人是怎麼與作為世界宗教的基督教產生聯繫的？」。換一個觀察的視角，用微觀史學的方法，跳出帝國主義的話語框架，可以看清歷史的大敘事如何與地方的小體驗互動，也可以看到中國內地的村莊與廣闊的外部世界是怎樣聯繫起來的。最早的入教者是一些商人，他們從西伯利亞和中亞販賣貨物給東南沿海的洋商。後來的傳教士和中國教士，他們的表現都深受意大利的統一運動影響：19世紀抵制傳教士權力最激烈的那個中國教士，在那不勒斯親身經歷了1848年革命；那些在二戰中支持日本的傳教士，則由蔓延於博洛尼亞的法西斯主義所鼓動。今天，遍及全球的大眾通訊網絡把普通天主教眾都連接到國際天主教群體中去了，現在提「反帝」，對他們來說沒什麼意義。在地方層面，我們可以看到，生活在平原和山區的天主教群體，歷史發展各有不同：在汾河河谷地帶鄉村裏的天主教徒，是當初來往行商的後代，他們與其他群體雜居；而由貧困移民創建於山區荒地的村落，全員天主教身份就顯得很重要。傳教士和中國官方常說天主教是窮人和無產者的宗教，對他們來說這麼描述沒問題，但在省會和平原地帶的農村，數百年間也曾維持著一種天主教精英文化。當同樣面臨20世紀初山西經濟崩潰和共產黨接管時，這兩種群體的體驗也各不同：平原農村的天主教徒更擔心受到附近人群的攻擊，而山區有些天主教村則能更團結地抵制國家的力量。認識到這些不同體驗，對於地方歷史以什麼線索編進全球網絡中，會看得更清楚。

　　因此，與所謂「文化適應」的進程相反，我們發現，洞兒溝的天主教習慣的確是越來越接近國際準則的。隨著時間推移，人們會越傾向於本土化的習慣，但作為世界性宗教的一分子，天主教

徒同樣希望參與到這世界性的教會中去，因此總有本土化與全球化的衝突。但全球化的力量最終還是勝出了，即便是洞兒溝這樣的內地村莊，幾百年來與外部世界的聯繫也越來越緊密。當17世紀洞兒溝第一批居民自稱是天主的追隨者時，他們只學會天主教崇拜的一招半式；可能是到訪傳教士隻言片語教的，但更可能是參加過天主教儀式、接觸過傳教士，或者讀到過傳教冊子的某些中國人拼拼湊湊學的。只是到後來，隨著中西教士往來亞歐，村莊才與外部世界聯繫起來。但早期的這些旅行者，遠離故土，在被放逐的地方，他們是沒有太多影響和控制力的。此後的19世紀，西方興起帶來科技的進步：銀行、郵政、匯兌和航運。中國的教士和他們指導下的村民，越來越把他們自己看作屬於總部設在羅馬的一個組織。每當出現宗教習慣對錯的爭論時，不管爭的是該不該限制貸款利息，還是聖誕節彌撒的標準做法，教士與平信徒都會寫信到羅馬求援。天主教徒在各種爭論中分裂、和解、又分裂，但他們開始追求作為一個國際組織成員所當有的權利，即便他們在本土仍被視作外來宗教成員而受到攻擊。1949年解放後的政策，以國家權力重構教會體制，凍結了遺留的這些爭論，但隨著國際通訊技術的發展，這些措施很快失去意義。廉價航空、勞工移民、旅遊、留學以及互聯網，把村民連接到國際天主教的流行文化中去，即便在形式上他們的教會仍然獨立於羅馬。因此，以前貌似緩慢發展的地方天主教會，在今天的普遍感覺是，飛躍著接近國際天主教整體的發展實況。隨著全球化加速，村莊裏的天主教崇拜方式與世界其他地方的習慣越來越像了。也在這同一進程中，村民把他們自己看作屬於一個跨越民族國家邊界的共同體：就像他們經常說的、也是多年來被壓抑著的一句話：「天下教友是一家。」

——✦——

撰寫一部跨度三百年的歷史，內容不得不有所取捨。本書中我著墨較多的，是洞兒溝村民自己認為重要、在世代相傳的故事中出現的那些事件。每章都以村民講的一則故事開頭，結合檔案和其他文字材料闡發其主題，分析背後的其他故事。常會提到在歷史大勢推動下發生在村莊外的事件，但故事還是聚焦在村民眼中看得到的教會。這是一段還活在今日村民意識中的歷史，塑造著他們認知自己、做出人生選擇的方式。他們在這些故事和日常崇拜中體驗那些生活背後層層深埋的過去。那些打下基業的先祖、中國的教士、令人生畏的外國傳教士、有關奇跡的記錄，以及戲劇化的迫害事件，都在本書故事場景的中心；而教會制度史和諸多大事件如太平天國、二戰和大躍進中的饑荒，都退至幕後。讓這些口述歷史與文字記憶交互印證，可以讓我們在理解這個群體時照顧到他們的自我觀感，而在此過程中，不管是口述史，還是歷史學家的專業看法，都會因此有所調整。這些故事幫我們透過當下的爭論和假設，發現中國基督徒被忽略的多方面體驗。

11

這一段中國農村的口述活歷史，與英文書中的中國史很不一樣。天主教群體會用故事的形式傳承記憶，在建構過去的同時生成當下的身份認同。這種方式與歷史學者的做法完全不同：因為前者是當面講給人聽，而歷史學者是把故事寫給尚未謀面的讀者看。故事每被講一次，都是聽眾和講述者都參與重新創造的過程。本書用到的故事都流傳甚廣，有些版本從訪談中收集來，有些通過郵件發給我，很多都已出版過了。作為一個對當地方言和天主教術語都比較陌生的外國人、新教徒聽者，我聽到的版本顯然與講述者講給自家孫子的不同，與他講給別村教士聽的也不

同，更別說那個教士後來在當地官方歷史雜誌上發表的了。並不存在唯一真實的版本，而講述這些不同版本的故事，反而為人們創造一個機會，讓他們在爭論中形成身份認同，也明確所屬群體在這個世界中的位置。[16]

把這些口述材料整理出一個時間框架，操作起來也有些困難。流傳在村子裏的這些故事不像本書寫的那樣，按時間順序編排事件，且能說明不同年代的特徵。相反，它們講的只是事物怎麼來的、是什麼樣的。因此，有些年代集中了很多故事，有些年代則一個都沒有。所以，為了填補19世紀早期歷史的空白，我插入了一則今天不再流行的主教和狼的故事。這則故事來自1890年代由某個傳教士編的一部地方口述史，其中有很多清前期禁教相關的故事，也曾一時流傳，而後漸被遺忘。在時間軸的末端，有很多跟文革相關的故事流傳，我挑了其中一則與四位名字帶有「香」字的女性相關的故事，因為這故事比較有名，而且涉及的主題也很能解釋那個年代。

遺憾的是，研究中國最後需要審慎考量的是，當涉及當代歷史，哪些是該說的。由於本書引用了大量常見的文字材料，隱去這個村名是不可能的，因為此村在山西已經很有名了，而根據他們的朝聖教堂也很容易想到。然而北京與梵蒂岡之間的緊張關係至今仍是未解的政治問題，導致這個話題顯得敏感。與我交談過的每個人都懂得，也會談及，也因此有些人我沒找過。為了保護那些與我談過的人，我避免提及還在世的人名，除非我使用的材料來自公開出版物，或者得到明確允許這麼做。[17] 我盡量引用文字記載的內容，但都結合口述歷史來解讀。出於相同的原因，我也沒有提及現今村莊與國際天主教會多重的聯繫。讀者應該理解，這些聯繫比我描述的要密切得多。

　　我採訪到的還有很多人希望能講講他們自己、家族和村莊的故事，不管有無危險。洞兒溝和其他類似的天主教村莊，在中國歷史的大敘事中是不存在的；它們的故事，村裏孩子在學校裏學不到，或者就像在庚子事變中一樣，只能作為反面教材出現。這些群體中的年輕人，當他們加入神職階層，學習教會歷史，還會發現依然沒有他們自己的歷史，因為學到的重大事件都集中在歐洲，而中國只在耶穌會傳教故事中出現。且這一版中國教會史，重點都在皇帝、高官，以及科學知識的傳播，那是離村裏長大的孩子很遠的一個世界。在經典的中國史和教會史敘事中，像洞兒溝這樣的村莊是完全邊緣化的；不過假如我們調整一下視角，以洞兒溝為考察對象，對更好地理解中國史與教會史還是有啟發的，也更清楚我們所處的這互聯的世界是如何形成的。

第一章
打下基業的先祖

　　有關洞兒溝村怎麼來的，故事有三個版本。很多人會跟你
說，某個外國傳教士駐紮在這裏之後，就有了這個村子；而段氏
和武氏家族都宣稱，他們祖上是最先來的，在差不多八代之前就
到這滿是野墳的荒地上開墾了。武姓的祖上，據稱來自一個叫做
武家崖的地方。跟很多窮人一樣，他就一輛推車維持生計，從山
裏拉煤賣到位於平原的村裏頭。山腳下有一條流向平原的小溪，
他每天中午就在這附近吃著妻子送來的飯。不久，他發現這是塊
無主荒地，就在上面種了些莊稼；有些作物被偷了，就搭了一個
棚子夜裏看著。最後全家都搬到這裏來了。段家則說他們的祖先
來自鄰近的清源縣穆家莊；本來他們家在北京做生意，段家兩兄
弟段天和、段萬和在那皈依了基督教。兄弟倆回老家後遭鄰里欺
負，於是離開家鄉另謀去處。他們一路行醫來到這裏，挖了一孔
有四間房的窰洞，洞兒溝之名由此而來。段氏說有證據證明他們
來得最早。據他們説，最早的窰洞一直保留到最近才被拆，可能
建於明代，因為煙囪是包在牆裏的，那時明朝皇帝規定普通人家
得這麼建，而後來的煙囪都在牆外。他們又説，最近因為建高速
公路，這座房子被拆掉，在某面牆的白灰後面，發現了一幅天使
畫像（或者可能是耶穌像，説法不一）。[1]

像這樣的家族始祖到新地方拓殖繁衍的故事，在中國是非常普遍的題材，也能幫助我們更好地審視村莊的歷史。這並非要把他們的描述當作事件真實的記錄，因為段氏和武氏家族誰先來這兩個故事，本身就相互矛盾，也無法證實明代對煙囪是這麼規定的，而且如今在世的人，都不曾親眼見過牆上的那幅畫。儘管如此，至晚在19世紀，本地眾多天主教家庭講的故事裏，就反覆出現一些共同要素，對於理解他們的歷史很重要。其一，皈依基督教標誌著一個家族的新生，因此家族記憶一般從某個入教的祖先開始。其二，入教者一般都是離鄉背井的人，要麼是在北京加入教會的生意人，要麼是創建新群體的移民。第三，也是最讓人意外的一點，就是在這些故事裏都沒有傳教士的身影。[2]

按照八代算，那就追溯到18世紀了。那時候傳教士活動的中心離洞兒溝還很遠。那為什麼洞兒溝的這些家族要加入這個新宗教？對他們來說意義又在哪裏？牢記這個作為家族史開端的事件，對他們來說為什麼那麼重要？我們第一次在檔案裏看到這些村民的時候，離最初有人入教已經有一段時間了，那時洞兒溝已發展到八個家族，當時的這些村民，寧受笞刑也不願背棄信仰。要理解箇中緣由，我們需要知道他們相信和踐行的是什麼，以及這些是怎麼到他們身上的。

— ✦ —

山西人第一次遇見基督教，是在兩大貿易體系的交接點。這個省的形狀，由流經該地區的水系所塑造。北有蜿蜒穿過蒙古草原中間高地和山脈的河流，南有灌溉古老中國中心地帶的黃河（見地圖1）。有幾百年的時間，蒙古強大的軍事力量持續威脅著中華帝國，而山西則是通往蒙古邊境的要道。從14世紀開始，政府把食鹽專賣證書作為報酬支付給運送物資到前線的商人。這讓

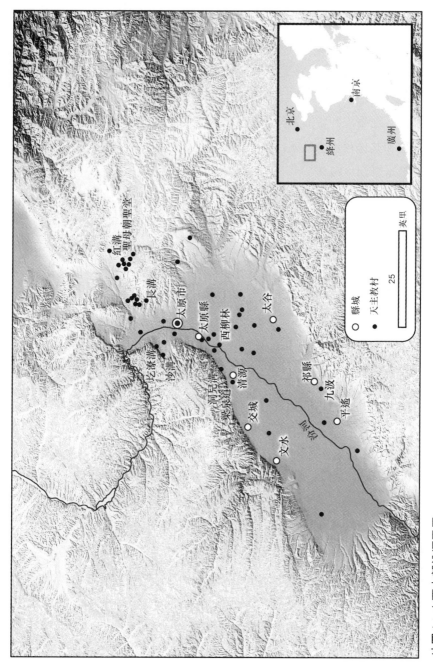

地圖 1：山西中部汾河平原

内圖例：
北京
南京
絳州
廣州

圖例：
○ 縣城
● 天主教村

英里
25

紅溝
聖母朝聖堂
長溝
太原市
太原縣
西柳林
太谷
乏漿溝
沙溝
洞兒溝
梁泉道莊
清源
祁縣
九汲
安城
平遙
文水

15　他們得以開展長途貿易，不僅販鹽，還買入草原特產的羊、馬、毛皮和藥品，把糧食、布匹、茶和其他來自中原地區的物資賣給蒙古人。[3] 晉商足跡遍佈帝國各大主要城市。最初很多人自然聚集到首都北京，但到了16世紀，他們已活躍在遙遠的南方城市廣州，把毛皮和藥品賣給葡萄牙商人，而後者也大量採購茶葉、瓷器和其他珍貴物品運往歐洲市場。正是這些葡商把第一撥歐洲傳教士帶到中國來。

　　在各家族代代相傳的故事裏，晉商首遇基督教的地方，通常是作為華北重要商業中心的北京。耶穌會於1601年在北京開創了他們宏大而影響深遠的傳教事業，用他們的數學和天文知識贏得明廷的支持。當時知識界氛圍相對開放，很多讀書人對外國人比較好奇，並被這種新形式的實學所吸引。與主流的儒學一樣，新來的西學也摻雜了一套宇宙論、禮儀和生活倫理；很快傳教士就聚集了一班信眾，這些人不只學了新知識，還接受了新禮儀，聽從新的倫理教導。[4] 有些在北京謀生的山西人也加入這些群體。商人和傳教士一樣，大半生都離鄉背井：為了維持對所屬商行的忠誠，他們不得不遠離山西老家，在生意往來的地方住下，幾年才回一趟家。[5] 中國人的很多崇拜習俗都立足於家庭和本地群體，而遠離家鄉的商人，更傾向於供奉地域分佈較廣的神。侍奉同一神祇，可以讓他們建立有效的貿易聯繫，形成更緊密的群體。關帝、媽祖之類的中國神祇和佛教的一些神，比較適合承擔這個角色，而當時人們所熟知為「天主教」的基督宗教，顯然也是有吸引力的選擇。

　　在北京接受洗禮的人，非常期盼能邀請到耶穌會士探訪他們及所屬家族。其中就有一個有錢人叫段袞，來自晉南富庶的絳州附近的一個村子，回家後就勸說他的家族成員都加入這新宗教。段的朋友中，有另一絳州商人的幾個兒子，他們老爹發財後捐了

17　個功名。這幾個年輕人受過良好教育，對軍事也感興趣。他們最

開始被耶穌會士的數學、彈道學知識和新引入的西式槍炮所吸引。1620年，有傳教士到絳州，這也是第一個到訪山西的傳教士。這個耶穌會士，由於清政府高層對傳教士的持續打壓，不得不離開南部的大城市南京，同行的是一個被派往西北任職的官員。這個傳教士的目標是尋找可以釀彌撒用酒的葡萄，因為中國人不喝葡萄酒，而從歐洲把瓶裝酒運到中國則花費甚巨。山西是種葡萄的，只是第一次行程並不成功，他到絳州也沒有呆多久。但這事也啟發絳州的基督徒想辦法提供一個住處，甚至提出派駐耶穌會士的要求。[6]

　　派來的傳教士叫高一志 (Alfonso Vagnone)，此人因為個性張揚在南京時就惹了麻煩。他曾經被捕，受了笞刑，裝船檻送澳門，並被驅逐出境，但他換了個中文名字，又偷偷潛回來。現在他需要避開清政府眼線，而絳州與鄰省陝西的基督教群體聯繫密切，離附近大城市又有好幾天的路程，比較容易藏身。但低調並不是高一志的風格；相反，他憑藉淵博的學識和流暢的中文與當地官員交好，並把絳州發展成一個基督教寫作、出版和慈善事業的中心。段袞與高一志密切合作，因此，在寄往歐洲的信件中，段袞被盛讚為證道的典範，也有關於他浪漫的、巴洛克式虔誠的如下描寫：他在冬日街頭救了一個剛被掩埋的棄嬰，而當他的僕人都表示厭惡、拒絕接受這小孩時，他親自清洗並照料她。高一志和派來幫他的耶穌會士經常往山西各處走動，包括太原府城，但他們活動的中心還是絳州。[7]

　　高一志是利瑪竇傳教策略的堅定支持者，即主張傳教事業要適應中國文化。這源於他們深信：凡是人，只要通過理性思考，就會認識到存在一個「上帝」；而在中國，對上帝的理性認識可以在傳統儒家思想中找到。耶穌會士故意把基督教包裝成與儒家理念差不多，一開始就把「神」(Deus) 翻譯成「天」或「上帝」，因為

商周時對最高神就是這麼稱呼的。使用古代神的名字，讓基督教
更像一種追尋古代中國價值的信仰，而不是引入的外來宗教。[8]

18　　高一志所教導的倫理內容，也切近正統儒家倫理。在絳州
時，他編成古代希臘和羅馬哲學數卷，內容就按照中式的知識範
疇挑選和編排。[9]對那些已經入教的信眾，他注重用「十誡」來教
育，這也是當時歐洲基礎宗教教育的重要內容。他解釋說，十誡
始於教人尊崇天主：敬愛至高無上的天主；不要妄稱天主之名，
也不要妄用天主之名發誓；要謹守瞻禮主日。接下來就是指導人
際關係的第一條誡命：孝敬父母。照他這麼解釋，指導人與人如
何相處的第一條誡命就是孝，這就很符合儒家百行孝當先的倫理
教導。而不管是儒家的孝，還是十誡中的孝敬父母，都引申到對
統治者、主人和老師的服從上。[10]不久之後，這條誡命也被用來
為貧窮或文化層次低的教徒供奉孔聖人牌位辯護，而在這之前，
一般是讀書人家裏才會供牌位。[11]十誡的其他內容，規範的是最
基本的社會道德：不可殺人，不可偷盜，不可姦淫，不可做偽見
證，不可貪戀別人的妻子和財物。這些都與中國各種宗教傳統中
的「誡」很相似（只是高一志沒有提到這一點）。佛教和道教有與基
督教相同的五點誡命：不可殺人，不可偷盜，不可姦淫，不可妄
語，不可酗酒。[12]唯一不同的是不要酗酒，而不是貪戀別人的妻
子和財物。高一志的教導非常契合傳統道德，因此當地長官寫下
這麼一句誇獎他：「幸有西儒高先生，修身事天，愛人如己，以
教忠教孝為第一事。」[13]高一志在絳州呆了20年，在那裏逝世，
此後不久就爆發了1640年代導致明朝滅亡的農民起義。

——✝——

　　山西出現大規模皈依基督教的情況，正是在清代早期。洞兒
19　溝村就創建在此時，而這個時期也形塑了後來幾代基督教群體的

圖1：洞兒溝南山坡。《清源鄉志》（1882年）。

形態。作為通往北方的走廊地帶，山西這一重要位置，在生意往來的同時也常伴隨著戰爭：16世紀的蒙古入侵不斷，被迫逃往山區的難民，常常劫掠附近定居的人群以生存。類似的持續暴力衝突匯合成最終滅亡明朝的農民起義。農民軍往北進攻，途經該省時吸收了眾多支持者，包括絳州的一些基督徒實力派。起義軍在北京被擊潰後再往南撤退；緊隨而來的是滿清王朝的追兵，帶來的破壞更嚴重。清朝早期某位巡撫曾報告說，該省半數以上的人口罹難，所有財物被劫掠一空。家園被毀，田地荒廢，剩下的少數人則逃往其他有塢堡護衛的村落。雪上加霜的是連年乾旱，顆粒無收。因此新政府不得不推行新政，允許人們開墾無主荒地。[14]洞兒溝村創建的具體時間並不清楚，但它很可能是戰後這些墾荒區中的一個。鄰近的清源鄉是1640年代抗清的主要根據地，因此破壞非常嚴重。這個鄉的登記人口（此數據用於收稅），晚明有

29,051人，到順治時直減至9,962人。[15] 19世紀修的方志內有幅插圖（圖1），畫的是洞兒溝的南山坡，其中山地低處用做墳地，而窯洞則依山坡而建。一條小河從山間流下，圍牆圍起的院裏葡萄藤爬滿架子。插圖的前景是清源縣的城牆。由於長期戰亂，廣建以高聳的崗哨武裝自衛的農莊，是這個地區的一個特色：1826年有一項調查顯示，從太原縣往北，洞兒溝附近幾乎所有的大村莊都有高牆圍護著。[16]

　　或許如武家的故事所說，洞兒溝的首批村民只是當地墾荒的窮人，他們來了後才皈依新宗教。又或者如段氏的祖先，他們在北京就已入教了，但由於1724年雍正禁教，不得不離開北京，又被趕出原來的村子，於是帶著他們的信仰來到這個群體裏。[17] 1781年是檔案中最早提到洞兒溝的時間，當時有個認真負責的中國教士到訪；他每年往羅馬寄一份統計表，用工整的小字把他訪問過的所有村莊及其規模、他所主持的每次洗禮都列上去。他在洞兒溝施洗的有四個成人、他們的兩個孩子，以及17個生在基督徒家庭的孩子。這個村莊到此時應該已經存在相當一段時間了，因為這個群體已經擴大到包括136個成人和63個小孩，都是基督徒。這使洞兒溝成為當地最大的基督教群體，只有其他兩個村莊有50名以上的成年基督徒。群體規模擴張得也很快：到1780年代，差不多每兩年就會有一個教士去一趟，每次都給成人舉行好幾場洗禮。[18]

　　有張周邊地區的地圖，圖中由蜿蜒水路灌溉的肥沃平原與產煤的陡峭山脈形成鮮明的對比，洞兒溝就座落在山腳下一個小山谷裏（見地圖2）。圖中這些20世紀的天主教堂區，都標記上文獻記載中教士最早來訪的時間。這些時間點表明，到18世紀末，主要的天主教群體都已成型。[19] 根據地理環境和入教的過程，可以把這些群體分為兩類。一類是相對富庶的平原村落，在那裏一般

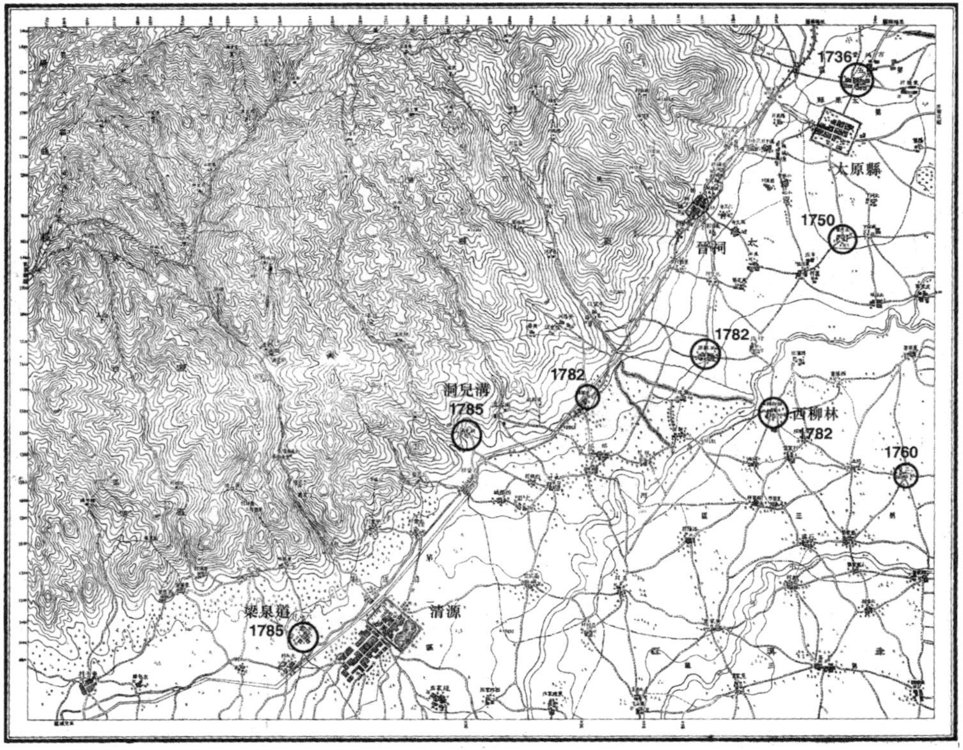

地圖2：清源縣地圖，顯示有洞兒溝、大原和清源縣城，以及普祠寺廟建築群。獲中央研究院近代史研究所授權使用，檔案編號：P/04-B-0920。

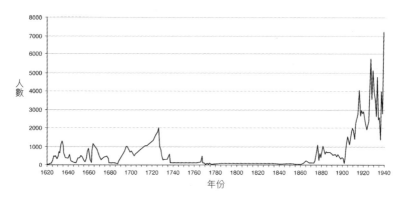

圖 2：山西省的成人洗禮數據，1620–1940 年。

是整個家族或家族的一支皈依基督教。那裏的多數天主教徒，是在外入教的某些商人的後代，通常在村裏只佔少數。另一類則是像洞兒溝這樣的，多是 17 世紀戰亂後移民開墾邊緣荒地形成的小村落。這樣的村莊多由天主教徒開創，新來的也要改宗才能融入，所以常常整村都是天主教徒。在清源縣附近的梁泉道則有些例外：它現在有山西最大的天主教群體，在我們的故事中將扮演很重要的角色，但作為移民村，它沒有依山而建，而是建在沼澤上。隨著過去幾百年來山西氣候越發乾燥，梁泉道依靠肥沃的地力興旺起來。如行商常年在外，來到這些村莊的移民，遠離他們的小家庭、大家族和地方神祇，更能接受新的宗教。

　　這些成人洗禮的統計數據，也說明了基督教的大規模皈依發生在清代早期。圖 2 標示的是，從 1620 年代基督教傳入到二戰爆發這一段時間，山西每年成人洗禮的數目。這些數字並不是基督徒的總數（因為若是基督徒父母所生的孩子，一般在嬰兒時期就洗禮，所以不包括在內），只是由中外教士主持的成人施洗數量。這樣的統計往往存在很多問題，尤其是在這麼早一個時期：有些數目像是猜的，傳教士則喜歡誇大他們的成就，而由平信徒施洗則不計在內。然而，比起統計基督徒總數，洗禮次數還是比

較容易算的，而數字變化的情況符合當時歷史發展：比如，1640年明清鼎革時，洗禮數下降；1724年禁教，數量又急遽下跌。總體上，這些統計說明，不算20世紀的話，17世紀至18世紀早期，成年人入教的數量比其他時期都多。[20]

所以，洞兒溝村民入教，不太可能出自某傳教士一人之力，因為如果這樣的話，他們會非常興奮地向在羅馬的上級報功的，然而1780年代前並無有關洞兒溝洗禮的報告。1930年代，一個有心人觀察並記錄到，該地區很多天主教村教堂鐵鐘上所鑄時間為17世紀，儘管此地很晚才有關於基督教群體的記載。[21] 1670年代，奧地利耶穌會士恩理格（Christian Herdtrich）探訪太原城，要討回30年前朝代更迭中失去的教產，他在報告中是這樣寫的：「城市中很多人在喧鬧的市場和忙碌的生意中聽到福音的號角，於是效仿基督，遠離城市到附近鄉村小鎮裏，因此聖靈就如低語如微風，吹到了荒野裏。」[22] 這種寫法與民間故事很不同，不過它描繪的是同一個過程：商人在大城市裏接觸到基督教，並把它傳播到偏遠的鄉村裏。

當然，這種通過本土關係網絡改宗的方式，傳教士在檔案中幾乎不會記載。不過我們也聽到一個故事，事情發生在1640年代，某個來自晉北山區的官員，會見了一個辦事來訪的基督徒。這個基督徒說服他加入基督教並為他施洗。此官員後來到北京去，讓傳教士又給他施洗一遍，順便買了些宗教書。回山西後，他把家裏其他人都勸入教了：合家崇拜基督教形象，念誦基督教祈禱詞，以及敬守十誡。這些人都是通過他們的貿易網絡與北京的教會直接聯繫的，但考慮到各省需要，便由絳州的傳教士負責山西所有教務。此後20年，這個家族的皈依者不斷寫信到絳州，請求派來傳教士並行施洗，但一個也沒來。後來，這家有個老婦人病了，希望在去世之前能受洗，於是她丈夫只好把她帶到絳州

去。這對夫妻於隆冬時節翻山越嶺長途跋涉的虔誠，深深打動了傳教士，終於在三年後有個傳教士北上到達這個家族的居處，並為200人施洗。另一個傳教士在16年後再次訪問這個地方，又為80個人施洗。[23] 這個例子說明，那時的基督教主要通過商人、書籍和到北京探訪這幾種渠道傳播；此外，傳教士確實來了，只不過是在這些人入教23年後，而他們又得過很多年才能再等來一個。

— ✛ —

這樣的宗教群體，建立在數日談心和幾本書的基礎上，最終接受的自然是容易記住和理解的宗教元素：十誡條目、聖徒名字，以及祈禱用語。沒有傳教士在場引導，他們只能根據以往的經驗把這些片段拼起來，結果就發展成適應本土需求的宗教，不過在當時的語境下，這麼做也很有必要。首先，敬守十誡的教導，對於鞏固現行的道德觀是有好處的：每當基督徒被捕時，他們都會這麼辯解，這是一種勸人向善的宗教。其次，這種宗教崇拜的是傳統信仰中偉大的神 —— 天主，這也是朝廷上地位煊赫的那些教士崇奉的對象。第三，這種宗教也按照民間熟悉的方式來組織群體，如基督徒定期聚會；其他宗教群體中比較虔信的，也一般這麼做。前兩個因素，由於耶穌會設計以儒家精英能接受的方式呈現基督教，把宗教義理與傳統儒學聯繫起來，而第三點中，新群體的日常宗教儀式更接近流行的佛教和道教，雖然佛道皆遭傳教士不遺餘力地排斥。

整個教會內部對利瑪竇的策略爭議很大，但高一志和北京的耶穌會士仍然持續影響著山西基督教。反對意見中特別激烈的，是針對用「天」和「上帝」來表示「神」的概念，於是教會不得不正式採用另一個新詞：「天主」。但山西天主教徒還保留舊用法。康熙曾為北京的耶穌會親筆題寫了「敬天」二字，恩理格拓了一版帶到

太原城，刻在木匾上，很隆重地掛在教堂大門上方。而山西其他
教堂也把「上帝」字樣寫在門口或祭壇上。[24] 有一本中國文人手寫
的小冊子，曾在18世紀中期流傳於山西基督徒中，從書中可以看
出其措詞用意便是努力把基督徒比作儒生。作者引了《中庸》解釋
為什麼人都應該侍奉「天」：「故君子不可以不修身；思修身，不可
以不事親；思事親，不可以不知人；思知人，不可以不知天。」[25]   25
他據此論證道，只有那些既了解又侍奉上帝的人，也就是基督
徒，才可能是真正的儒生。對於那些可能因基督教是外來宗教而
反對的人，他解釋道，「天主」只是「天」的另一個名稱，是中國經
典裏尊崇的神，並不是西來的新觀念。他又解釋道，每個國家都
有各自對「天主」的稱呼。在西方，拉丁文裏叫 "Deus"。在中國，
有各種不同的名字：「天主」、「上帝」和「天老爺」；穆斯林把他叫
做阿拉 (Allah)，滿族人則稱作阿布卡 (Abka)。[26]

　　基督教和國家權威之間的聯繫，有賴在朝廷居一席之地的傳
教士護持。有了國家的認可，耶穌會士常以精英的姿態出場，於
是像恩理格這樣從朝廷來的人訪問山西時，對地方震動很大。
恩理格是當時資深的學者和知識分子。那時耶穌會第一次把《四
書》翻譯成拉丁文，並編成長卷《中國哲學家孔子》(即 *Confucius
Sinarum philosophus* —— 譯者按) 出版，進獻給法王路易十四，恩
理格即參與其中。他也是位卓越的數學家，雖然耶穌會最初派他
往山西傳教，但他作為天文官，大部分時間不得不滯留北京，數
年間只短暫地去過幾趟山西。終於有一次，機會來了。當時俄國
送來一對河狸，康熙召集耶穌會士來辨認；耶穌會士給了中文、
滿文和拉丁文名字的建議，皇帝寫下這些名字時笑了。這是難得
的好機會，在場的耶穌會長者乘機把恩理格帶到皇帝面前，呈請
允許他往山西養病。由於在非正式場合被皇帝接見過，恩理格到

山西後向巡撫遞上名帖，自然受到了熱情招待。在訪問期間，他把教會失去的教產要了回來，也通過展示光學錯覺實驗和表演撥弦鋼琴，把當地的官員哄得很開心。[27]

多年後，山西一些基督徒被指控參與白蓮教起義，該地區包括基督教在內的宗派都被禁；一個傳教士注意到，當時能拿錢消災的富人並不著急，他記道：「他們肯定會說：『這些狗官知道什麼？我知道歐洲人在北京混得很好，不會被為難。』」[28]後來另一個傳教士抱怨：康熙在位那時候，人們並非出於真正的宗教熱情入教，只是看到歐洲傳教士受到省府官員的禮遇。[29]儘管恩理格和在宮廷任職的耶穌會士實地探訪的次數和時間都少，但通過把基督教打扮成與儒學相適的樣子且被清政府接受，他們在宗教傳播上還是起了很重要的作用。

但既然會被當作白蓮教，說明很多人認為基督教看起來更像佛教的某些派別。佛教這樣的分支很多，官方通常統稱為白蓮教。用上「白蓮」一詞，說明這些群體具有的共同特徵是，相信末世來臨，歸附「無生老母」的代言人方可獲救；然而，如在此事中，基督徒常被指作白蓮教徒，說明教義上的問題清政府並不操心。18世紀這些派別的起義讓清政府很頭疼，但大部分人只是屬於廣義上的世俗佛教群體，或祈禱或齋戒，完全是平和的，與政府沒什麼瓜葛。[30]不管是普通民眾還是官府，都能注意到這些群體與基督教眾的相似處。地方廟會慶祝期間，按習慣會演幾齣戲，在某齣戲裏，出現一段基督徒教師與佛教徒辯論的場景。兩人都勸對方歸化己方。基督徒宣稱他們不怕魔鬼，並且能驅魔；對此佛教徒回道：「哈哈，你們的天主連從貓嘴裏救下老鼠都做不到，還指望能魔鬼手裏救人？當心啊，惹到這些惡鬼，牠們要折磨你可比什麼都厲害。」[31]這個時候，魔鬼就衝上台，把基督徒抓到地獄裏去。一位傳教士特別報告了這則故事，因為據他說，

演佛教徒的演員當場倒地斃命（據他看來大概真的遭了天譴），不過這明顯是兩方都諷刺的一齣戲。

人們會作這些比較，是因為基督徒和世俗佛教群體的崇拜習慣確實很相似。基督教中，特徵明顯的崇拜習慣是群體禱告和定期齋戒，而這也是世俗佛教群體的典型特徵。1785年，山西巡撫調查了這些天主教徒，總結道，這些人加入這新宗教是為了「行善邀福」，本地人之間相沿傳習，沒有勾結洋人，而且只是「吃齋念經，刊刻一定日期名曰瞻禮單」。[32] 有個意大利方濟各會士，先是在耶路撒冷傳教，當時已來華並在西柳林村呆了一個月，也持同樣的看法。他抱怨說，在這些村子裏，「會背誦和唱念多種祈禱詞，還有吃吃齋，只要做做這些表面的事，就算基督徒了」。[33]

1780年代，清政府逮捕了一批基督徒並查抄到一些祈禱書；這些書大部分是手抄的小冊子，也有一本帶木刻插圖的印刷本。除此之外，就是一些木製十字架和一本日曆。這些基督徒說，他們每日早晚都在一起禱告，沒祈禱書的教徒就把禱告詞背下來。這還是有文化的商人的做法，而洞兒溝窮村民的做法應該更像另一個天主教山村圪潦溝的情況。那裏的村民向官家說，他們只知道祖上口傳下來的祈禱詞。山西流傳下來的祈禱書經過幾代人手抄傳承，自然每本各不相同，不過它們都源自耶穌會1660年代在北京編的《聖教日課》。清政府官員檢查祈禱書後，在報告中提得最多、在沒書的人那裏也最常聽到的，是叫作《天主經》的祈禱詞。那些基督徒很可能故意讓官員看到這個，因為裏面強調「天」（有「在天我等父者」句）和請求「爾旨承行」（此句高一志解釋作要謹守十誡），都會強化此宗教的儒家形象。[34]

基督徒聚在一起唱誦祈禱詞的這種方式，是從佛教徒那裏學來的。傳教士對此態度各不同。某個法國耶穌會士到山西時，在信中盛讚道，那些聚在一起早晚禱告的人，分成兩個唱詩班非常

投入地唱歌；他們不知道聖咏或歐洲音樂，不過所用的歌調很合
適，唱得甚至比歐洲的很多群體都要好。而那個譴責西柳林村民
無知的暴脾氣方濟各會士則抱怨說，這些人拿著很像佛經的手抄
小冊祈禱書參加喪禮，還模仿和尚的音調唱祈禱詞。和尚誦經的
一個顯著特點是，沒有確定的旋律，只有規律的節拍，一個音節
落一個節拍上，跟著領誦的唱完一段後，所有人都各念各的。這
樣的誦經方式，讓後來到的一個傳教士很惱火；他要求大家與領
唱的保持一致，結果和教眾吵起來了。教眾則向主教抱怨說，那
個傳教士企圖篡改古老的祈禱和唱誦的方式。唱誦的方式並非只
有這一種：在佛教和山西天主教的崇拜習慣中，有些祈禱詞是有
固定曲調的。20世紀初整理的天主教唱誦，使用了中國的五聲音
階和混合音調、格里高利聖咏 (Gregorian chants)，以及意大利歌
謠 (可能要追溯到19世紀) 等多種唱法。不管用什麼風格，以唱
誦的方式念祈禱詞，說明祈禱並不是私人與上帝的交流，而是一
種公開的群體行為。每日的祈禱詞唱誦，讓各個家庭和村子聚集
在一起，給他們以現實和情感上的群體歸屬感。[35]

　　基督徒所用的祈禱詞類型，也非常像和尚、道士和民間宗教
使用的。恩理格訪問絳州時報告說，那裏的基督徒每日合家誦念
玫瑰經 (敬獻聖母和耶穌的串經)、連禱，以及其他祈禱詞。這些
祈禱詞好多都很長，不停重複，還夾雜一連串難以理解的詞彙。
其中的玫瑰經，是一系列用念珠計數的祈禱詞，通常包含多次重
複的簡短版《聖母經》和《天主經》。珠串上加個十字架戴在脖子
上，這在早期山西的天主教墓葬裏偶爾會發現。佛教儀式中，念
珠也用來計算祈禱的次數，而且成串的念珠也普遍成為正式服裝
的一部分。[36]基督教的祈禱詞是翻譯成中文的，但由於翻譯的人
保留了關鍵詞如「榮耀」和「教會」原來的拉丁文形式，意思並不太

容易懂。比如，《聖母經》的開頭「萬福瑪利亞，滿有恩典」，拉丁文為 "Ave Maria, gratia plena"，變成了「亞物瑪利亞滿被額辣濟亞者」，這裏只有一個詞 "plena" 被翻譯成中文「滿被」。[37] 佛教中，很多人們喜愛和常用的祈禱詞也轉寫自梵文，同樣難懂：如從17世紀以來，佛教僧侶的晨禱開場也念很長的經咒；書寫這些咒語的中文字用來記錄梵文發音，並不表意。道教晨禱儀式中所唱念的，也被視作把天書唱出來，而不是傳達實際的意思。[38]

另一種流行的祈禱詞形式是重複耶穌和瑪利亞的名字。人們習慣把寫有耶穌和瑪利亞名字，以及縮寫IHS（代表耶穌名字的字母組合）的字紙放在自家門上和屋裏。這些習俗當時在歐洲南部很常見，但也非常近似佛教念「阿彌陀佛」：這個時期中國佛教各派共有一個核心內容，那就是反覆誦念「阿彌陀佛」之名，祈願保佑信徒往生西方極樂世界。[39]

佛教、道教和基督教都使用連禱來懺悔、贖罪，或者求保佑。基督教的連禱是很長的呼喚—回應式的祈禱詞，在當時歐洲的天主教和新教中都很流行。祈禱對象是一長串名字，這意味著領誦的經常要看著祈禱書念；在山西的舊祈禱書中，可以看到「聖徒連禱」的部分一般都被經常翻，以致讀者手上的油脂把頁邊浸到微微透明。開場祈求天主慈悲之後，接下來就是呼喚—回應式的祈禱了：「聖瑪利亞，為我等祈！天主聖母，為我等祈！童身之聖童身者，為我等祈！聖彌額爾，為我等祈！聖嘉俾厄爾，為我等祈！……」後面還有天使、先知和聖徒，多達57個名字要念，接下來是一系列的罪和災難：「於諸凶惡，主救我等！於諸罪過，主救我等！於爾震怒，主免我等！於卒爾死，主免我等！……」後面還有更多。[40] 類似的長祈禱詞在佛道中也有，它們的信徒祈禱懺悔自己的罪行時，也會念一長串的神名和頭銜。[41]

山西的天主教眾很習慣連禱的方式，以至於19世紀的主教杜約理（Gabriele Grioglio）批評說，那些基督徒都不知道自己在念什麼，於是把祈禱書中一些名字刪了。[42]

有一則故事可以說明，在山西的基督崇拜中，這些祈禱詞有多重要。故事裏有個人，父母都已皈依基督教了，但他拒絕接受洗禮。當他死了，眾人在棺前哭靈時，他突然開口說話，要求接受洗禮。他解釋說，他死了之後被帶上路往地獄去，但卻被手裏持矛的聖彌額爾攔住去路，質問他為什麼不遵守聖教。他回答說：「因為我不懂得祈禱詞，而且也記不住。」聖彌額爾又問他：「讚上帝和聖母瑪利亞的名字，向他們求助來解罪，有那麼難麼？」聖彌額爾隨後解釋道，上帝允許他還魂並受洗。經過這些戲劇性的波折，這個人受了洗，幾天後才死去。人往地下世界走一遭，是中西都有的重要文學題材，但報告此故事的傳教士遭到上級的責難，因為教會高層認為這個故事不合情理，甚至非常荒謬。於是他又辯解說這是從中文翻譯過來的。[43] 羅馬神職人員反對的理由是這個所謂奇跡沒有意義，因為沒有證據顯示有任何人因此入教。不過對那些發過誓保證此事真實性的山西人來說，故事有明確的教化價值：作為一名基督徒，學會誦念祈禱詞是很關鍵的，不能因為它難就推遲受洗，因為就算只念耶穌和瑪利亞的名字，效力也是一樣的。

其他特徵顯著的崇拜習慣是齋戒。該時期歐洲天主教的齋戒規定更多，特別是在禮拜五和四旬齋（Lent）期間禁止吃肉。另有一則故事，講的也是人死了又被救活的事，出自高一志《聖母行實》這本到20世紀還在山西流行的書。此書部分取材自中世紀歐洲傳統的宣揚聖母神力的故事。其中有一則講到，有個強盜被砍了頭，頭掉地上後高喊，要求給他告解的機會。教士召來後，強盜的頭和身體被接起來，他便跪下來做了告解。教士隨即問他，

憑什麼一個強盜可以擁有如此恩典做臨終告解。強盜解釋說，他還是孩子的時候就知道，那些為瑪利亞的榮耀而在禮拜四和禮拜六齋戒的人，他們的罪會獲得完全的諒解，免去永殃的懲罰。儘管他做了好多罪惡的事，但他從來沒停過齋戒。[44]

　　齋戒也是中國佛教和道教崇拜習慣的重要部分。在佛教中，不要殺生的誡命一般被理解為要求人們素食，但通常的做法是在特定日子吃素（與天主教每週齋戒類似）。更虔誠些的佛教徒和很多宗派則一直拒絕吃肉。道教徒則靠齋戒來淨化身體，避免吃刺激性的食物，如肉和大蒜之類。[45] 有這一文化背景的中國天主教徒，以此來理解教會的齋戒習慣，就常嚴格地堅持素食，而傳教士、清政府官員和有些基督徒精英都反對這麼做。上文提到的那個宣稱信天主才算真儒生的中國文人，在他的書中用一整章告誡基督徒不要像佛教徒那樣齋戒，他說道：「吃佛教的齋，是逆天之事。」[46] 有些傳教士要求教眾在洗禮前必須吃肉，並拒絕給不肯吃的人洗禮；另一些傳教士則要求教眾，在接受任何聖禮之前都要吃肉。[47]

　　從墳裏起死回生和頭會說話的故事告訴我們，不管是祈禱還是齋戒，最終的目的是死後的拯救。現實中人們希望通過獻祭瑪利亞來獲得這樣的拯救。在中國的傳統中，「天」是地位很高的神，但沒有擬人化；傳教士在他們的作品裏經常直接把耶穌當作「天」，以免讀者誤會基督教裏存在多個神。高一志提到耶穌時，要麼稱作「天主」，要麼作天主（三位一體中的）「第二性」。如此，耶穌就等同於作為造物主和仲裁者的上帝，基督徒的祈禱詞和連禱則專門獻給瑪利亞和其他聖徒，因為他們是上帝和教眾之間的中保。《聖母行實》另一則故事講到，有個中國文人，年輕的時候曾信奉瑪利亞，後來卻被其他俗物所迷惑而懈怠。後來他罹患重病，病危時他看到坐在王座上的天主，旁邊是瑪利亞和聖伊格那

修（St. Ignatius）。聽到上帝對他的罪下了永罰的判定，他忙跪到聖伊格那修的腳下，懇請代為求情。這位聖徒幫他求了情，最後上帝採納瑪利亞的建議，先讓這個文人康復，讓他在死前做了告解。[48] 強調瑪利亞在拯救上的意義，如在流行的連禱中冠之以「上天之門」的頭銜，也體現在《聖母經》的反覆誦念上，而這段誦念的結尾，便是祈求瑪利亞「為我等罪人，今祈天主，及我等死後」。

有著無邊法力和對人類的慈悲，高一志所描繪的瑪利亞很像佛教裏的觀音。瑪利亞之成聖，是被造物主上帝揀選出來作為他的母親：奇跡生育，青春永駐，撒旦近身不得。上帝作為仲裁者，以強大有力的形象示人，但出於對她的厚愛，對她滿是慈悲的請求都會批准；因此瑪利亞有能力幫助那些向她禱告的人。高一志沒有以「處子」，而是用「聖母」來稱呼瑪利亞；在中國的神話譜系裏，這是對級別最高的女性神祇的稱呼，也是時至今日瑪利亞在山西最為人所熟知的名稱。觀音都沒有這樣的頭銜，雖然她也一樣是權力和慈悲的化身。山西寺廟中的觀音，周身環繞著隨時扶危濟困的一千隻手，威嚴的形象很鮮明，不過若在家中供奉，她就被塑造成一位衣帶當風的美麗女性了。

有一幅來自陝西的畫軸，畫的是中式風格的聖母瑪利亞像，它與羅馬大聖瑪利亞（Santa Maria Maggiore）教堂裏一幅有名的奇跡畫作有很多相似點，那幅畫據說繪自路加（St. Luke）時代。耶穌會士把這副畫的一些副本帶到中國來，其中一幅在北京的教堂祭壇上展示了一段時間。這幅畫裏，瑪利亞頭飾上的褶皺，紅色的光環，孩子手裏的書、手勢，以及往上看他母親的目光，都是羅馬那幅聖像畫中元素的重現，儘管風格和形象的感覺都是中式的（圖3）。不過這形象也像觀音，因為觀音有時也被畫作懷裏抱著嬰兒，象徵她會保佑信徒生兒子。確實，這時期中國的一些地方，畫觀音的手藝人也會被請去畫聖母瑪利亞。這幅畫裏的形象

32

圖3：聖母和聖子，陝西，作於
1500–1850 年之間。菲爾德博物館
(The Field Museum) 允准使用，編號：
A114604_02d, Cat. No. 116027。

構圖與觀音太相似，因此學者中有少數意見認為這畫的根本不是
聖母和耶穌，只是送子觀音。[49]

　　因此，通過祈禱書、宣教作品、教徒之間相沿傳習，以及中
西方教士偶爾短暫來訪，早期山西天主教徒依靠這些崇拜習慣的
片段建起他們的群體。傳教士已調整基督教的一些元素來適應儒
學，而本地天主教的崇拜習慣，體現的則是一種深受佛教影響的
流行宗教文化。中國的宗教文化開放而融合，這是同時期的歐洲
基督教所沒有的。

　　離洞兒溝數英里遠 (見第23頁，地圖2) 是晉祠，其中建於12
世紀的一座壯觀的聖母殿最為著名。廟裏柱子上盤著的，聖母寶
座上裝飾的，是會呼風喚雨的龍，因為聖母是河之靈，而這河則
是由廟前的泉水匯合而成，灌溉著附近村莊的田地。每年這些村
莊的農民都成群結隊前往祭拜聖母。作為周代的晉王 (唐叔虞) 之

33

母，官員和地方紳士也以儒家之禮祭拜她。聖母殿周圍還有很多其他宗教建築，其中有一座古老的大佛寺，一座建在山坡上的道觀，一座黑龍王廟，一座汾水河神廟，而在偏殿有個神龕專供一位民間神：送子娘娘。佛教和道教的神職人員是有明顯區別的，不過一般人佛道的儀式都參與，祭拜聖母的同時也向送子娘娘祈禱，很高效地利用同一個宗教場所。[50]

這種宗教氛圍有時也有基督教參與其中，因為就有基督徒成為佛教團體首領的例子，而且還能把該團體擴大發展得很好。這個團體成員說他們也拜天主，以至於來訪的傳教士分不清裏面誰算是基督徒。[51]基督教崇拜習慣也逐漸融入到民間宗教中去：在1830年代的山西，有個基督徒小販在山裏看到一座屋子，屋外的舊十字架前點著香。這座屋子的主人不是基督徒，他們解釋說這十字架是前人留下來的，可以辟邪。[52]不過，雖然基督教在外人看來與其他本土宗教無甚區別，現實發展中也可能漸被其他宗教同化，但虔誠的信徒依然拒絕把天主看作地方多神譜系中的一員。在一個山村裏，幾個基督徒家庭在半山腰挖洞造了座小教堂，裏面擺上耶穌的塑像。知道此事後，其他村民列隊把本地廟裏的神像抬來，放到耶穌像前，好似神之間的交友儀式。他們在神像前跪拜，並表示全村人都要拜這兩尊神。基督徒拒絕合作，於是就打起來了，接著花不少錢要打官司，但長官拒絕審理，理由是宗教糾紛與政府無關。[53]

大天使聖彌額爾（St. Michael the Archangel）的形象，可以很好地解釋基督徒對本地神祇的抵制；前面提到的洞兒溝第一座房子牆上畫的天使，很可能就是聖彌額爾。聖彌額爾的形象是帶翅膀的武士，保護基督徒免受魔鬼的傷害；在《啟示錄》中，天堂爆發戰爭，聖彌額爾帶領其他天使把撒旦化身的赤龍趕走。在北京的教堂聖壇上，早期很多入教的山西人應該見過這麼一幅畫，畫上

圖4：大天使聖彌額爾，17世紀。澳門天主教藝術博物館藏品，天主教澳門教區歷史檔案及文物處允准使用。

兩旁護衛天主的是聖母瑪利亞和大天使聖彌額爾。[54] 現藏澳門有一尊17世紀來自葡萄牙的雕像，聖彌額爾全副武裝，一支手高舉火劍，另一支手持天平，因為人們認為他也負責把將死者的靈魂帶去審判（見圖4）。這是一件在歐洲製作的器物，但非常像在中國流行的小型便攜木雕神像。大天使聖彌額爾的功能與韋陀菩薩類似，後者被看作保護佛教僧團的聖鬥士。韋陀的塑像坐鎮廟門口，信徒日常也會對他念經祈禱，就像連禱時基督徒也會唱誦大天使聖彌額爾的名字一樣。[55] 但有一個重要的區別：韋陀被吸收到中國民間的眾神體系中，但聖彌額爾卻被認為與這個體系是對立的。聖彌額爾的經典造型是手裏握著矛，腳踩一條龍。晉祠的聖母殿用龍作裝飾，而龍王掌管降雨，可以說是山西最有力量的神祇之一。從圖1（第21頁）可以看到，臨近洞兒溝的山邊墳地旁有一座小建築，標作白龍王廟。村民入教後，不會就此否認龍王的神力，但卻把龍王當作敵人。自羅馬帝國以來，教會的神學教導說的都是：「異教徒的神都是魔鬼」（《聖詠集》95:5）。[56] 與這樣強大的神祇交惡，後果是很可怕的。有一則故事講到，有個山西人生了場大病，某夜突然驚醒大喊，說他看到聖壇上聖彌額爾腳

下踩的龍突然騰起，吐著分叉的舌頭，噴著火，落到傳教士房門前要吃他。[57]

— ✛ —

18世紀的山西基督教崇拜習慣，遭到清政府和教會高層兩邊攻擊。往往是，新來的傳教士到山西，起先致力要做些改變，但他們只是偶爾來訪，根本沒有能力強制推行教會的規定，也不被當地基督徒富商認可。本地官員權力很大，想要下手的話也很容易，但他們對沒什麼直接威脅的宗教習俗不感興趣，遑論像洞兒溝這樣又小又破的群體。直到1780年代，在中央政府的壓力下，他們才開始採取行動。因此，這一段時間裏，山西基督徒一直延續著從第一代信徒那繼承來的崇拜習慣。

1724年，雍正皇帝頒佈針對基督教的禁令，把它與白蓮教和其他容易識別的非法佛教群體同等對待。官方對基督教群體的寬容，甚倚重耶穌會士在朝廷的恩遇，但本來這樣的局面就很脆弱，更隨著耶穌會在歐洲受到甚囂塵上的批評而最終崩潰。教皇被迫採取不利於耶穌會的舉動：教廷認定，中式喪禮和祭祀應當算作祖先崇拜，基督徒不應該參與。皇帝完全無法接受這樣的裁定，如同教皇對地方習俗的類似決定，其他歐洲君主也常不買帳。這就把基督徒直接拋入與本土基本價值觀和社會結構的衝突中，因為喪禮和祭祀是儒家孝道的重要體現。本來，憑藉與康熙的私人密切關係，以及遠自羅馬含糊的規定，耶穌會將他們的事業維持了一段時間。雍正政變上台後，即勒令宮廷外的所有傳教士離開中國。他還頒佈了《聖諭廣訓》，科舉必考，其中明確聲明，「西洋教宗天主亦屬不經」，「因其人通曉歷數故國家用之」。[58]

山西基督徒的崇拜習慣，也遭到新來的方濟各會傳教士的攻擊。方濟各會是在耶穌會失勢之後來的，他們此時面對的喪禮與

其他基督教禮儀一樣，中西元素都混在一起。棺材前面放著聖壇，聖壇上擺著十字架、香和蠟燭，有時還擺上用盤子裝的食物。弔唁者跪拜在聖壇前，拜十字架，也拜躺在後面棺材裏的死者。羅馬嚴禁跪拜棺材，方濟各傳教士一來就下令把棺材從房間正中移走，只拜聖壇和十字架。但這樣的舉措並不算成功。[59] 如40年後一個主教向羅馬報告的，在山西比較富裕的市鎮，「若一項規定碰觸到人們的敏感之處，在情理上是很難推行的」。[60]

更常遇到的問題是祭祖儀式。某些家庭把祖先名字刻在木牌位上來祭拜，但在山西更普遍的情況是，家裏保存畫著歷代祖先的卷軸，過年時擺出來祭拜。由於當時方濟各會士只能秘密行動，所以通常都藏在有錢的基督徒家裏，比起親歷喪禮，他們更經常看到的是這些東西。第一個到訪山西的方濟各會士，在基督徒家裏發現這些牌位時，他就把所有的都收走並燒毀。[61] 這樣僵化的政策自然以失敗告終。山西的基督徒領導人，從一開始就支持耶穌會，反對這項新政策。他們致信教皇在北京的代表，寫到當被告知要扔掉和毀壞祖先牌位時，「我們大驚失色，汗如雨下，祖先父母是我們的根本，就算已經故去，他們的養育之恩也不能忘」。[62] 接著又寫到，毀壞祖先牌位的人會被親戚鄰居唾棄，也必然會被告到官府去。依據清律，毀壞自家祖宗牌位是要殺頭的，而毀別人家的牌位則要受杖責。如果教會針對祖先牌位的禁令真的實行，那麼基督教就真的是「無父無君的學說，教外人士更有口實，以此指責教徒不守孝道」。[63]

這樣的道德立場理由充分，所以方濟各會雖竭力在省內貫徹新政策，山西的教眾領導人自然不會放任他們一意孤行。有個方濟各會士毀了太原城某教眾領導人家裏的牌位，當地和鄰近村莊的大部分基督徒都拒絕參加他主持的儀式。他要探訪商業重鎮祁

縣的教眾時，兩位領導人找到他，告知他當地教眾不會接受方濟各會士主持的聖禮。這些領導人暫停他這項權力的同時，寫信向北京的耶穌會申訴，後來雖然他的權限得到恢復，但教眾仍然不許他摘下教堂裏鐫著「上帝」的牌匾，也不許他拜訪太原城外的任何鄉村，於是很快就逼得他回了北京。[64] 幾年後另一個方濟各會士又試圖這麼做，太原城附近20個基督徒群體的領導人開會決定驅逐他。有一次，他前往一偏遠鄉村施行臨終聖禮，但那裏的基督徒領導人出來阻撓他施禮，態度粗暴地對待他，致使他竟跪下了(據他自己陳述，當時都準備受死了)。最後有其他人干預，才把他放了。[65] 正如某個務實的中國教士給羅馬的信中寫到的，一些基督徒確實還納妾，還留著祖先牌位，但教士對此束手無策。[66]約定俗成的道德觀念已深透入基督教中。一項政策若被視為不道德，傳教士根本無法強制推行，更別想把那些拒絕服從的人趕出教會。

　　對洞兒溝的村民來說，這些爭論可能意義不大，因為在那個時候，供祖先牌位和與之相關的禮儀，儘管在華南地區已很普遍，在山西才開始流行。這些東西是社會地位的標誌：正如山村的窮人對傳教士說的，他們並沒有供祖先牌位的習慣。[67] 在1780年之前，沒有任何傳教士探訪洞兒溝的記載。清政府的禁教令對這裏的村民本沒有影響，只是在1784年他們被指控參與了某非法宗教組織，不幸的事情才開始。縣令親自調查此事。據當時的主教說，當縣令到村裏時，

> 他看得到這些窮村民處境有多慘，也清楚那些詭詐的異教徒是什麼樣的，但還是從八個家族中各抓了一個基督徒關起來，只是沒給他們戴上枷鎖。兩天後，他們都被提審；在持續數小時

的審問中，會眾當中有個佈道人在上帝存在和其他宗教問題上據理力爭，現場的長官和其他圍觀者顯然都被説服了。但是，儘管理性那麼明顯，權力總能凌駕其上，官府開始毒打折磨這些窮基督徒，逼他們棄教，但他們依然堅定地坦白信仰。長官不想在這件事上作惡太多，於是下了判決，認定他們都是傻子，第二天都打發回家了。[68]

顯然縣令並不覺得這些窮移民值得他費心，不過在這份記錄中，還有兩點值得注意。首先，村裏出了個厲害的護教辯者，能純熟地使用儒學詞匯來解釋天主教理論，讓縣令和他手下折服。這會是作為遊醫剛從北京回來，並在這裏建了第一座房子的段氏兄弟之一麼？很明顯，段家牆上的天使畫，説明那曾被用作教堂。這個村莊的擴張、定期成年洗禮，也説明出現了強有力的宗教領袖。其次，村民忠於他們的信仰，就算被關押、審訊和毆打都不肯放棄。顯然，對他們來説，對天主忠誠很重要，而能讓他們這麼虔誠的，是每日基督崇拜背後對獲得拯救的信心。同時，這八個人代表了村裏八個家族，他們之所以拒絕放棄信仰，也是對圍繞天主信仰形成的群體的忠誠。

— ✛ —

第一代天主教徒的信仰和實踐，很大地塑造了後來山西天主教的歷史。此後，天主教就是最初的村莊創建者在家族中代代相傳的一個宗教。當然，會有外來女性嫁入這些群體中，山村也常有新移民到來，入教的家族也未必在很多代以後還是基督徒：一個傳教士哀嘆，很多家庭在三四代之後就不再信教了；另一份報告稱，由於無知、迫害，以及好多人遷往長城外，基督徒數量減少了。[69] 儘管如此，此後的幾代人一生下來就在這個信仰環境

40

中，也繼承了早期皈依者深受儒學和佛教禮儀影響的崇拜習慣：
強調十誡和孝道、唱誦祈禱詞、素食齋戒、中式偶像，以及崇拜
上帝之母瑪利亞，這些都是拯救靈魂的方式。他們也繼承了這麼
一個群體，與廣泛分佈的佛教崇拜人群很相似，但對龍王之類的
地方神祇有著深深的敵意；這個特點在民間宗教中是沒有的，但
卻可以在儒家精英不談怪力亂神、敬鬼神而遠之的思想中看到一
絲痕跡。他們的很多崇拜習慣延續到現在，而幾百年來改變的，
是本地天主教眾與全球化的教會越來越緊密的聯繫。這個進程在
18到19世紀之交，隨著清政府加大力度禁教和首次有駐地教士到
來，開始影響到洞兒溝村的人。

第二章

主教和狼

20世紀初，洞兒溝有個方濟各會士發表了一則他聽來的故
事。故事講的是在19世紀初，主教金雅敬 (Giovacchino Salvetti) 派
出一個中國教士到戈壁深處的伊犁，為發配到那裏的基督徒主持
告解和聖餐禮。這個教士就騎著騾子出發，來到長城腳下。

> 看著面前浩瀚的沙漠，他不知道該往哪走，而主教答應派來的
> 嚮導也沒出現。躊躇間，他看到有一匹大狼從旁邊往前走。於
> 是他騎著騾子跟著狼的步伐走了一整天，黃昏時來到牧人搭著
> 帳篷的地方。此時狼就消失了，是夜這個教士受到貴客般的禮
> 遇。第二天清晨他再出發時，又看到昨天帶路的那匹狼。[1]

那匹狼領著他走了60天，直到被流放基督徒的居住地，之後
又把他安全地領回家了。回來後，教士向主教報告，不過還未開
口，金雅敬就問他：「那條狼是不是好嚮導？」[2]基督徒向來對狼
的性質爭論不休，有的認為是天使，有的看作魔鬼，還有的說是
從煉獄中來的魂靈，但這主教說，那只是一匹遵照上帝意志行動
的狼而已。

狼是傳說常用的題材：神秘生物引領英雄穿越沙漠。1890年
代，安懷珍 (Barnaba Nanetti) 在這個地區搜集了好多口述史材料，
他聽過這個故事的另一個版本：那匹狼跟著教士的騾子「像一條

忠實的狗那般作伴，於是他也很高興，任何不法之徒看到這嚇人的動物，肯定不敢來騷擾他」。[3] 狼在山西成災，經常叼走小孩，重傷成年人，既被人們所畏懼，也被認為是有神性的，因此常成為民間故事的題材。[4] 但派狼去為教士帶路這樣的故事，在中世紀歐洲的傳說中也能找到原型：一匹狼時常襲擊古比歐 (Gubbio) 小鎮的居民，阿西西的方濟各 (Francis of Assisi) 說服狼抬起爪子發誓，只要人們每天餵牠，就不再傷人。[5] 中國村民講起這則狼帶路的故事，也把方濟各會的主教金雅敬看作方濟各這樣的聖徒。故事展現的是金雅敬的神性和精神力量，但這個故事之所以流傳下來，也是因為在他死後，頌揚他成為譴責後來傳教士行為的一種方式。[6]

這一章要講的就是神職人員的故事。王雅格 (Jacobus Wang) 的中文名早被遺忘，但他留在羅馬檔案中的信件表明，他就是那個獨自經歷那場冒險旅程的教士，只為完成教士才能施行的聖禮：告解和彌撒。這兩項禮儀通常被視作天主信仰的核心聖禮，但在晉中地區早期天主教群體中，基本上是沒有的。直到18世紀下半葉，才有第一批常駐該地區的教士到來。他們中大部分是像王雅格一樣在本土訓練的中國人，也有在那不勒斯受過訓的中國教士，以及少數歐洲方濟各會傳教士。這些人來了之後，告解和彌撒得以落實，因為他們需要把這些新禮儀推廣開來，並以此謀生。因此，這一則故事講的既是教士們的神性和勇氣，也是關於告解和彌撒重要性的故事。

漫長艱險的旅途，形塑了這些教士和他們所服務的商人的人生。我們通常簡單認為，中國基督徒都固定在一個地方，是歐洲傳教士主動接近他們的。實際上，基督教早已通過連接中國和歐洲的遠距離貿易網絡傳播，此外，基督徒也常因為被流放而擴散到中亞甚至更遠的地方。住在洞兒溝這樣的內陸窮山村的天主教

徒，固然通過歐洲傳教士與外部廣闊世界發生聯繫，但中籍教士
和基督徒商人也扮演同樣溝通的角色。這些中籍教士通曉歐洲政
治，能用拉丁文與羅馬教廷通信，有些人甚至到歐洲學習過。商
人們則帶著書信，不惜違法打通商道。山西人和意大利人一樣，
都會學外語，了解異域文化，甚至環球旅行。與後來相比，那時
的旅行困難且花費多，因而溝通的成本很高，況且還有來自清政
府的迫害。不管是來自歐洲還是中國，做這樣旅行的人數量都不
多，他們要經歷各種危險、孤獨、時常嚴重的心理疾病，以及被
放逐中的無力感。

—＋—

1784年洞兒溝村民被捕一事，只是山西天主教災難的開始。
後來的幾十年，清政府常常出其不意地發動對基督教的打擊，頻
繁擾亂村民的日常生活。我們再次遇見洞兒溝村民是在1810年的
檔案中，那時正當路類思 (Luigi Landi) 彌留之際，剛從歐洲來的
金雅敬趕到這個村莊陪伴他。兩人都來自托斯卡納 (Tuscany)，金
雅敬被指派來接替路類思的主教職位。事實上，他會來是因為路
類思向家鄉的方濟各會去信，要求指派可以勝任的人來接替。這
並不是一個理想的職位，因為過去前面七任主教派來後要麼旋即
被抓，要麼很快就死了。[7] 金雅敬和路類思當時會在洞兒溝，也
是因為他們正躲避追捕。

這是傳教士首次正式進入晉中地區天主教徒的生活中，但因
為缺少歐洲的資金支持，活動也受到清政府的限制，他們很難成
為群體的權力核心。相反，他們的資金甚至基本的生存，都得依
賴當地天主教富商。在這種情況下，他們沒有機會傳教，大部分
時間都躲在平原富裕天主教村莊中，為人施禮以自存，融入當地
小社會圈子裏。

43

路類思曾住在九汲村，離祁縣不遠，而祁縣當時正崛起為山西與蒙古貿易的中心之一。范家在北京經商的一支在明代皈依了基督教。九汲人如今聲稱，山西的第一個天主教群體不在絳州，而是他們村，只是因為當時他們的祖先沒錢去把傳教士請來，所以不太有人知道。清軍入關以來，得益於長城外新開拓的疆域，與祁縣很多家族一樣，范家也通過貿易變得富有。有一首舊時歌謠，形容這村裏都是瓦片鋪頂、修得精緻的房子，不像洞兒溝或其他村莊都是平房和窰洞。[8]九汲的基督徒供得起傳教士住在本地，不過路類思還是得逃跑，因為他親自培養的中籍教士中有一個在陝西被捕並遭嚴刑拷打。被捕的這個教士謊稱，外國來的傳教士正在平遙，於是給了路類思逃跑的時間，可也導致平遙基督徒遭入戶搜查，他們的領導人也繫獄受審。那時路類思已奄奄一息，在夜裏被人用車偷偷推出去。洞兒溝是天亮前推車能到的最安全的地方，金雅敬也跟著去了。[9]這地方好躲：貧窮、不起眼、位於兩縣交界處、背靠遍佈煤礦的大山，而且村民都是基督徒。

隨著清政府對基督教的打擊越來越嚴厲，歐洲傳教士要到山西的話，變得極端困難而危險。路類思1784年（當時洞兒溝村民剛被捕又釋放）來的時候就引起一次大規模的迫害。與他同到的是一群剛從埃及和巴勒斯坦調過來的方濟各會士。他們被時局嚇壞了，又不會用中文溝通，也不信任安排他們行程的山西基督徒商人。最後，由於他們激烈爭吵，鬧分裂，引起當局的注意。乾隆皇帝發現有這些人，懷疑他們與當時中國西北的穆斯林叛亂有關係，因為煽動當時穆斯林叛亂的，正是沿著中亞商道傳播的伊斯蘭教新思潮，因此他命令全國搜捕外國傳教士及其中國信眾。拒絕棄教的中國基督徒被流放，傳教士們被解往北京，很多人死

在獄中。路類思當時還身強力壯，是少數幾個活到有機會被驅逐出境的。他在菲律賓待了三年，又很不情願地回到中國（本希望回托斯卡納老家），這一次成功地潛到了山西。[10]

金雅敬第一次試圖潛入中國的時候就被捕了。當時，一個山西人前往澳門談生意，本欲陪他北上，事洩遭流放，而金雅敬在廣州被關了三年。他在獄中戴著鐐銬，監獄看守正好利用他受苦的樣子向歐洲商人勒索：為贖他總共付了 1,900 塊銀元，半數從一個英國商人那裏籌來。鐐銬是解開了，不過金雅敬的後半生因為這些傷，腿總是浮腫著，而且他也深知再被抓到的話會被處死，而不只是驅逐出境而已。然而，金雅敬的人生哲學可以用聖經中他喜歡引用的一句話來概括：「我赤身脫離母胎，也要赤身歸去；上主賜的，上主收回。願上主的名常受到讚美！」（《約伯傳》1:21）。約伯甘心受苦，因此有這些話，這也刻畫了金雅敬作為傳教士的整個人生經歷。他被釋放後就馬上出發，繞遠路取道越南，穿過中國西南部的連綿群山，踏上前往山西的艱辛旅途。[11]

除了洞兒溝的路類思和金雅敬外，還有另一個傳教士也在這片區域活動。此人與金雅敬一樣，也是跋山涉水到達這裏，所以與他初次見面後，路類思就想，肯定是悶熱天氣和艱辛旅途「對他的心靈造成巨大傷害，對這可憐人我也不好意思說什麼，其他人也不好批評他的行為，雖然我確信有些事情正常人是不會做的」。[12] 路類思把這個人帶到九汲居住，但他禁食了幾天，胡亂談論聖經和聖徒，而且常恐懼腳下的地面會塌下去。此人有天晚上想要逃跑：換了一身衣服，溜出教堂大院，跑到經過村莊去往北京的大路上，但是被村民發現了。村民把他抓回去，警告他如果再這麼做肯定會被抓住，還會惹來大規模的迫害。從那之後，九汲人就不讓他繼續在那住了。後來在路類思臨終時，他是從太原

附近的基督教村圪潦溝趕過來探望的；在那裏他像隱士一樣，在村莊上面的山洞裏住了幾年(那個地方至今大家還在紀念他)。[13]

路類思的墓在洞兒溝，這給後來人一個印象，好像該時期傳教士都住在這個村裏。其實並非如此，雖然這地方好躲，但是太窮，養不起傳教士。傳教士以前在歐洲能得到資助，到中國後資金就沒有著落了，就得挑富有一些的地方住。不久，金雅敬回到九汲，寫信向羅馬報告路類思的死訊，信的開頭便提醒他那些被歐洲混亂局勢困擾的讀者，要謹記「在中國，魔鬼也沒有沉睡」。[14]

羅馬需要有人提醒，因為此時天主教君主都陷在各自的煩惱裏：1789年法國革命後，新政府沒收了教會財產，取消十一稅，驅逐修道院裏的修士和修女。隨後建立的政府，雖然沒那麼大敵意，但是他們發起的戰爭，依然摧毀了天主教歐洲的經濟，並把共和理念散播開來。在意大利，曾有個共和國宣告成立，把在羅馬的教皇庇護六世(Pius VI)囚禁；隨後，拿破崙攻佔羅馬，把庇護六世的繼任者廢除了。1808年之後幾年，教廷負責傳教事務的部門就名存實亡了：教產被沒收，檔案被運到法國。[15]這些災難最終更激起教會新一代領導人強烈反對革命、啟蒙的價值，以及他們18世紀前任的理性主義。這些人在19世紀將推動一場聲勢浩大的傳教運動，但在當時，歐洲的教會還自顧不暇。自願參加傳教的人很少，僅有的一點資金都用來支付他們前往中國的旅費。抵達目的地後，傳教士就只能靠自己了。

人力和資金短缺，最直接的解決辦法，就是訓練中籍教士。第一個被培訓成教士的山西人，曾在1708年跟一個意大利耶穌會士到歐洲。回國後，他寫了一長卷的旅途見聞進獻給康熙，書中描寫了印度尼西亞群島和那裏的香料貿易，非洲沿岸的葡萄牙殖民地，被葡萄牙國王召見，羅馬及其宮殿、引水渠、噴泉和華麗的教堂，最後是洛雷托的聖母堂(Santa Casa di Loreto，據説由天使

從巴勒斯坦搬過來）。[16] 後來那不勒斯設立了一所學院專門培養從中國和奧斯曼帝國來的學生成為教士。在那學習的中國人數量一直不多，但學成後，大部分都回到華北方濟各會的教區服務。[17] 這些人在歐洲待過一段時間，會流利地講意大利語和拉丁語，自視中國神職階層中的精英，所以很多年後，即有他們其中的一個——王廷榮，激烈反對歐洲傳教士的權威，不過那是下一章的話題了。

前往歐洲的旅途花費甚巨，路上又危險，因此路類思的前任主教就把學生送往北京培訓。那裏申請入學者不少，本地資助也很充裕，由晉陝兩地商人的捐贈建起了一座神學院。後來，由於留在北京的少量耶穌會士經濟狀況日益窘迫，學生都被帶回山西，安置在九汲，由低調潛伏的傳教士路類思和金雅敬來教這些學生。[18] 穿越沙漠到達流放地的王雅格，是路類思臨終前任命的最後一個教士。與同時代大部分中國教士一樣（佛教的和尚也如此），他取了個教名叫雅格 (Jacobus)。可能是受了耶穌同名門徒的啟發，因為昔日的雅格曾穿越地中海往西班牙地區傳福音。雖然王雅格從未越過洋，但很清楚歐洲發生的事。他還寫信給教皇庇護七世 (Pius VII)，祝賀他在拿破崙戰爭後重返教皇寶座。[19]

路類思和金雅敬選擇住在九汲，雖然祁縣附近有錢的基督徒對傳教士並不那麼恭敬：在1730年代，就是他們把第一個方濟各傳教士趕走的。後面幾年一直有衝突：九汲范家有一軸祖先畫像，在家族四個分支間輪流存放，新年時拿出來拜祭。1798年，儘管傳教士極力反對，該家族後代的基督徒一支仍然參與這些儀式。[20] 傳教士不得不接受現實，因為他們自己的生存得依靠范家的財富、人脈和勢力。九汲是北京往西安要道上一個繁忙的商業中心，各色人等絡繹不絕經過，誰來了都不容易被察覺。[21] 如果外國人的出現引起官府注意，村裏的頭人也有足夠的資財和權勢

47

幫他們擺平。路類思的一個前任曾在祁縣被捕，但那是他自己要
到官府自首的。此前他已經在一戶商人家裏躲了幾個月了。據後
來傳說，士兵們搜查這戶人家時，這個傳教士就在他們面前念彌
撒，但他們就是看不到。這被附會為他的神力所致，不過恩主家
的勢力和財富顯然也很重要。[22] 另一個故事裏，平遙有個基督徒
受邀參加縣公廨舉辦的宴會，當時應該是喝得大醉，便宣稱有個
外國基督徒領導人在祁縣，還有另一個外國人剛到。這顯然會招
來官府調查，但他的兄弟和其他基督徒讓他趕緊閉嘴，後來總算
沒事。[23]

　　商人不僅保障傳教士的安全，也大力資助他們的事業。商人
出資建了神學院並供應運作所需；神學院裏建有供教師和六名學
生使用的房間、一座小教堂、一座花園（思鄉心切的路類思希望
能在此種點意大利的蔬菜），外面還有圍牆。曾在那不勒斯培
訓、當時負責晉南地區的李自標（常被叫作 Jacobus Ly）和路類思一
起籌到一大筆銀子，達三千兩，用來定期資助學生和教師。他們
也寫信向澳門教會求助，得到從馬尼拉送來的一份贊助，但這只
是全部資金的一小部分而已。在山西募集的捐贈，部分交由當地
一個行商（此人曾經做得很好，不過後來被流放）和一個糧商打
點，還投資了兩座水磨坊、一座油坊，還有提供購地抵押貸款的
票號生意。這些投資漸成為主教和他所掌握的設施主要的資金
來源。[24]

　　傳教士對晉商的依賴，不管是為資助，還是為自身安全考
慮，自然影響到他們的工作方式。當地基督徒中，已經有可以帶
領祈禱、佈道、施洗和管理教產的人。傳教士通常把他們稱作
「基督徒學長」，但也常把他們稱作「傳教先生」，這會讓人誤以為
他們的角色只是負責基礎的基督教教育而已。但在中文裏他們被
稱作「會長」；在與早期方濟各會士的爭執中，他們扮演的角色與

佛道教眾群體的領導人（也稱會長）類似，而後者的職責就是管理寺廟、負責邀請佛教或道教的神職人員作法。[25] 一個祁縣商人被查到曾陪同一群傳教士從澳門前往陝西，按他的合夥人之子的供述，兩人定期前往廣東：「上年聽得他們商量說，廣東西洋人念的經好，要請兩三個人來教經。」[26] 照他說的，那些商人像是寺廟成立的委員會成員，負責聘請禮儀專家，而不是在大多教會檔案裏看到的那樣，是負責接送羅馬派來教士的信使。另外，富裕家庭中有些女性宣誓守貞不婚，一直住在父母家裏，一生致力祈禱和事工，漸成中國天主教家庭一習俗，這在此時的歐洲南部天主教地區也很普遍。宗教迫害愈嚴重，信仰愈熱忱，這些時候守貞女與教士的數量反而是增加的。[27] 領頭的天主教商人和守貞女，自然而然成為天主教群體的領導人，教眾群體也習慣由這些人來主持宗教儀式。

此時教士硬要插進來一個角色，他們就推廣彌撒和告解禮，因為這些禮儀只有教士才有資格施行，也是他們的收入來源。最早提到這些禮儀的檔案中，有一份官員的報告，他於1810年逮捕了一個山西教士；正因此事，路類思逃到了洞兒溝。這個官員不知道他抓到的是教士，不過當他問起宗教問題時，聽到的是告解和聖餐，而不像多數被捕的天主教徒，說的都是祈禱和齋戒。他向上級報告，解釋所謂的「領聖體」，意思是先以餅酒供耶穌，然後分給參加聖禮的教眾；教士念完《天主經》、《聖母經》和其他祈禱詞後，「餅酒即化為耶穌血肉，可以助人靈慧，增人氣力」。告解的時候，違反十誡的基督徒向教士祈求諒解。他們跪下來悄聲坦白自己所犯的錯，接下來教士祈求聖母向天主求情，原諒他們的罪。他又強調，只有教士才有權力施行這些儀式。[28]

由於教士數量尚少，大多基督教群體幾年才有一次告解和聖餐禮。儀式以整個群體一個個分別懺悔開始。教士坐在聖壇前

49

面，人們逐個跪到他兩邊。他們按照十誡的順序，歷數自己的罪行，並説明犯了哪一條、犯了幾次，這跟在歐洲的做法是一樣的。有些準備得比較正式的，按十誡列舉罪行的過程就如同當時流行的做法，建一套叫作「功過格」的道德檔案，在裏面好的壞的事情都定期計算總分。有一部傳教士用的雙語手冊，裏面針對每一誡都列了一系列問題。比如關於第一誡的敬拜上帝，教士會問：是否請人算過命？是否否認過自己是基督徒？是否燒過紙錢？屋裏是否供過灶神像？是否相信靈魂住在祖先牌位裏，還會出來幫人？(這些問題説明一個很有意思的現象，在基督教家庭中，民間信仰仍然延續著。) 在實際操作中，由於教士短時間內要面對整個群體或正在本地的教徒的告解，他不可能去仔細盤問這些人。聽完列數這些罪行後，他就安排相應的補贖措施，然後宣讀標準的拉丁文赦罪詞。人們相信臨終告解對獲得拯救非常重要，因此在九汲，傳教士一項重要的職責就是向臨終的人施禮。[29]

在有罪的狀態下吃下聖體，是以凡俗褻瀆神靈，會在死後招致嚴厲的懲罰，因此在告解之後，彌撒就開始了。彌撒禮中的基督教神學贖罪觀與中國的宗教傳統很不一樣，但禮儀形式上與佛道教很相似：參與者在舉行儀式的前夜不能吃東西；施禮者須穿上特別的服裝，戴上裝飾華麗的帽子(如在下一章裏趙毓謙戴的那樣，見圖6)；彌撒詞用拉丁文念，教士面對聖壇，背對信眾，施禮時男女各跪房間一邊唱誦祈禱詞。齋戒、華麗服飾、聽不懂的儀式語言，以及教士與一般信眾的區隔，也同樣是佛道教禮儀的特點。該時期的歐洲，這也是普遍的情況：彌撒之前是齋戒，連禱用拉丁文，教士盡量小聲念，以免被信眾聽到。歐洲某些地區，也曾是男女各坐教堂的不同角落，儘管這樣的現在已經很少了。在彌撒禮中集體唱誦祈禱詞是在中國的創新。祈禱書中有用

於彌撒中的各類祈禱詞，其中有一套源自17世紀西班牙的一種很華麗的默禱，不過識字程度不高的人群，可能就簡單地念念玫瑰經而已。歐洲人也會在彌撒中大聲禱告，念玫瑰經或苦路經（Stations of the Cross），不過他們是自己念而已。不管在中國還是歐洲，當教士舉起化成基督的肉和血的麵包和酒時，便把教眾的行動統一起來了。教眾此時捶胸三次，痛悔自己的罪行。教士咬一口麵包，啜一口酒，然後把剩下的麵包分給那些悔過和被赦罪的人。[30]

施彌撒禮是教士收入的一個來源，因為施禮所得的福報可以轉交給他人，特別是祖先，否則他們便要在死後受苦。這是中國人熟悉的觀念，因為在佛教中，祈禱和做功德求得的福報，往往也是為別人的。按天主教的神學觀點，假如彌撒要對某人有用，需要教士在念的時候頭腦中想著這個事，因此，為教士施禮付費，自中世紀以來就是很經常的事了。晉中地區依賴富商的傳教士和教士也靠彌撒禮來籌措資金。比起面向全中國三百錢的統一定價，山西的收費標準相對較高，而由主教主持的彌撒可能更貴。路類思在1806年寫到，在此前13年，他完全靠做彌撒過活。通過做彌撒賺錢，是傳教士被看作禮儀專家的另一原因，就像和尚和道士為人家和寺廟提供有償服務一樣。[31]

照理說，教士可以通過拒絕給予赦罪或聖餐而把人逐出基督教群體，這在歐洲是很普遍的做法。[32]九汲的范家就因為祖先畫軸的事被禁領聖餐數年，不過隨著宗教迫害的加深，這項權力很少施行。教士深知，若得罪他們所管轄的群體，那就隨時可能被出賣。一個曾在那不勒斯受訓、被意大利傳教士戲稱作「知名那不勒斯紳士」的教士，記下了當他拒絕對某人赦罪時發生的事：彌撒過後，那個人向他走來，抓起可以證明他勾結外國人的拉丁

51

文祈禱書，要拽他到官府去；那人指責教士羞辱他，不讓他像其
他人一樣領聖餐；其他基督徒要過去打這個人，不過教士自己被
嚇壞了，以為必死無疑，於是從山西一路逃到北京的家裏。[33]

　　被孤立在教會之外的基督徒，有時也直接敲詐教士和傳教士
的錢財。神學院一般比較有錢，往往成為目標。有一次，一座神
學院被勒索了兩百兩銀子，不得不搬到另一個村子去。最糟糕的
一件事是，一個基督徒向在北京的傳教士勒索 50 萬兩，還向北京
官府報告歐洲人在山西的行踪。當這人又開始敲詐山西教眾時，
金雅敬不得不躲起來。他向羅馬解釋，為什麼耐心和謹慎地對待
中國基督徒那麼重要，「因為在這種環境裏動不動就收到告官的
威脅」。[34]

　　傳教士自己身處險境，無法貫徹教廷禁令阻止基督徒參與祭
祖和儒家禮儀，基督徒則還習慣繼續用中國經典來理解他們的信
仰。很多教堂裏還掛著康熙皇帝所題的匾「萬有真原」，基督徒也
還會向人解釋，中國的「天」和「上帝」，與基督教裏的「上帝」是
一樣的。金雅敬經常向羅馬寫信，為基督徒使用中國傳統的命數
經典《易經》辯護；與 18 世紀早期的耶穌會士一樣，他也辯稱，這
本書就像古羅馬女先知的神諭，也有預言的性質，也一樣早就揭
示了基督教的真理。基督徒在喪禮中向父母的棺木磕頭，金雅敬
也為之辯護，更強調他們參加異教徒喪禮時一定要送錢，否則鄰
居就要尋他們的麻煩。從一開始，教廷就禁止這些做法，無奈習
慣仍然延續下來。[35]

　　傳教士與晉商恩主之間的其他隔閡，特別是涉及個人道德
的，習慣上都靠有償贖罪來克服。作為教士收入的另一重要來
源，這在當時的歐洲很普遍。懺悔自己罪行的信徒，會得到教士
賜予的補贖機會。補贖的形式，可以是歸還盜竊的物品，但更多

的是通過祈禱或施捨，也就是捐錢給教會或付錢做彌撒。人們常
直接把錢給聽他們懺悔的教士。在山西，這些收入總量是很可觀
的。有個傳教士就被指責，説他罰了一個高利貸商人500兩，但
沒有仔細調查這個人到底賺了多少。路類思和李自標為建九汲神
學院籌的錢，據説部分就來自罰金，繳納自那些把子女許配非基
督徒、在禮拜天工作（包括讓家人和僱工幹活），或者忽視給子女
基督教教育的教徒。報告這些的那位澳門神職人員解釋説，這是
支撐傳教活動順利運行的老辦法，有位主教就是放著這辦法不
用，難怪要失敗。[36]這並不奇怪，因為這套操作對教士和富商都
有利。富商需要融入基督教群體，在其中活動並謀取和維持他們
的社會地位，比如安排子女聯姻、與其他人談生意、培養子嗣參
加科舉，以及放貸等等。這些罰金對有身份的中國人來説，反而
是捐贈的一種形式，他們也習慣以此展示其社會地位。在九汲這
個例子中，他們願意繳納罰金來辦學，但其他時候，也可以用這
類錢來超度自己先人的靈魂。

53

———✦———

如同當時其他非法的流行宗教，基督教與地方政府之間的微
妙平衡，偶爾會被粗暴地打亂。通常一遇到戰爭或叛亂，地方官
僚就會受到上面的壓力，於是就會出狀況。每次鎮壓之後都會逮
捕很多基督徒，並把他們流放到中華文化區外帝國新征服的土地
上。在故事裏的這些人，不只傳教士和教士，還有一般教眾，都
常要長途跋涉，與不同人群雜處。他們知道，作為全球組織的教
會其中一員，他們命該遭此一劫。

1816年有一次嚴厲的鎮壓，當時白蓮教有一場大起義，而山
西基督徒則被指控參與作亂。被此事牽連的那些無辜教徒，也被
迫棄教；拒絕的就被流放，而女性一般罰錢了事。祁縣有將近40

人被逮捕，他們都是若干家族商號的僱工。有個家族的成員同意
棄教，並腳踩地上的十字架明志，但有另外20人，大部分來自九
汲范家，他們拒絕棄教。這些人中，除兩人外，臉上都被黥上「外
遷」兩字，發配到清朝新征服的喀什地區，到與清曾是戰時盟友的
穆斯林貴族那裏為奴。把人送到喀什是政策調整的需要，因為以
前被判刑的基督徒都發配到伊犁，那裏是清政府在新疆地區的大
本營，也是晉商的聚集地。金雅敬報告說，此次審判的消息傳
出，引起巨大恐慌。圪潦溝和太原邊上某村的村民，都決定到縣
衙自首，集體棄教，並且把他們的祈禱書、神像和十字架都交出
來。縣令接受這些象徵性的舉動，儘管並不相信他們的誠意。[37]

54　　　　數年後，金雅敬派王雅格去尋訪這些被流放者。此行需要巨
大的勇氣，王雅格也因這次壯舉被稱作「韃靼人」。他是個很有宗
教熱情的人，後來的一個歐洲傳教士稱他為「出名的狂人」。[38] 他
的熱情，體現在他寫給教皇並敦促他禁止天主教女性裹腳的一封
信中。他稱這種習俗是「魔鬼發明的滔天大惡」。[39] 還說，即便他
很小的時候，嘴巴裏放進石頭跟麵包都嘗不出區別，那時就知道
裹腳是不對的。把幼小女孩的腳裹上，伴隨的是咒罵、責打，讓
母親和女兒彼此痛恨。這麼做僅僅是為了勾起男人的性欲，從而
引誘他們破壞誡命。裹腳會摧殘身體，因為從女孩兩歲起血液循
環就被破壞，導致很多女性病重、早夭、跛腳殘廢，甚至影響到
成年期經常性小產。就算腳裹成功了，女性即便在平地上走路都
很困難，更別說在崎嶇或潮濕的路面上了。這樣的女性很容易摔
倒，常常雙腳嚴重發炎以致脫落，然後死去；王雅格確實給很多
這樣死去的女性施行過臨終聖禮。他反覆請求他的傳教士上級下
令禁止這一陋習但未果，因而轉向教廷，請求將他的申訴呈遞到
教皇那裏。這封信很可能根本沒到教皇手裏，因此也沒有什麼效
果（教會視裹腳為當地習俗，直到20世紀才正式否定之），不過這

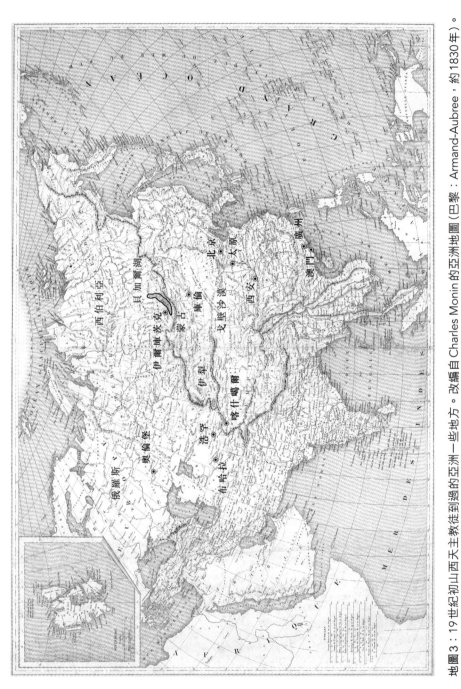

地圖 3：19 世紀初山西天主教徒到過的亞洲一些地方。改編自 Charles Monin 的亞洲地圖（巴黎：Armand-Aubree，約 1830 年）。

貝加爾湖
西伯利亞
伊爾庫次克
蒙古
庫倫
戈壁沙漠
北京
大原
西安
廣州
澳門
伊犁
喀什噶爾
浩罕
俄羅斯
奧倫堡
布哈拉

封信寫得很有力：譴責裹腳的道德錯誤，王雅格對他這一理念感性而熱烈的堅持，都在裏面體現出來。

這位與羅馬教廷爭論、譴責中國陋習的中國人，現在踏上征途往擴展中的清帝國最邊遠的地方去了。走這趟路用了兩年多。他可能有一幅像地圖3那樣的19世紀早期亞洲地圖，上面他所到訪的地方都有標示。他在向羅馬的報告中寫到，他的地圖顯示了基督徒散佈在沿俄羅斯、亞美尼亞乃至印度的邊疆各地。他的同僚李自標也說過，那些被發配的人流放的地方，比起中國，離巴勒斯坦可能更近。[40] 王雅格沿著古老的絲綢之路從山西一路走到甘肅。因為很多人都是在商人的關係網中入教的，沿著主要的商道散佈著基督徒群體，他可以直接從其中一個走到下一個，但危險還是有的。九汲基督徒被逮捕的前幾年，陝西一個基督徒曾向官府告發王雅格的教士身份，導致他不得不躲起來。[41] 他確信自己還在陝西官府的通緝名單裏。在甘肅時，他需要穿過隔離中國內地和邊境地帶的長城。山西教士到蒙古去，有時也要這麼做，不過場景很嚇人。18世紀中葉清與準噶爾交戰時，有個到過長城的意大利人寫到，城門堵滿了軍官、士兵和守關官員，盤問所有要過關的人去哪裏，為何目的。這個意大利人不敢往前，不過他覺得，當時一大群基督徒商人要過關，其實可以混在他們中間一起過去。[42] 那個被稱作「那不勒斯紳士」的中國教士，他負責的基督教群體分佈在長城內外，所以經常要過關。他需要帶著做彌撒用的拉丁文祈禱書和彌撒經、祭服、聖杯和十字架，時常擔心有些基督徒會出賣他。他說，每次過關的時候，都要向瑪利亞、天堂、煉獄魂、聖三一、瑪利亞‧馬德萊娜‧斯特里奇 (Maria Maddalena Sterlich，那不勒斯一位以聖潔聞名的修女) 祈禱。[43]

越過甘肅和長城，就是清政府在70年前征服的新疆了，那裏的官府比內地的更警覺和緊張。位於北部畜牧區即伊犁的本地居

民是蒙古族，不過其人口在與清作戰中已被大量削減。在南部喀什噶爾地區的是穆斯林，他們的語言近似土耳其語，與中亞有比較緊密的聯繫。在這兩個地區中間橫亙的是塔克拉瑪干沙漠。只有官員、士兵、流放者、國家徵調屯邊者以及商人，才會被允許進入這片區域。商人們常帶著駱駝商隊穿過這片廣闊地區，他們需要出示列有商隊成員數目和描繪商隊標誌性特徵的通關文牒，一路由官員簽字放行。[44] 王雅格應該曾與某商隊同行，因此他從保祿著名的《格林多書》拉丁文版中改編了一段文字，來描繪這一段經歷：「又多次行路，所到處危險無處不在，劫匪、缺水、懸崖、野獸、收過路費的、虛偽的同行者、看得見和看不見的敵人。難以用筆盡述這些危險，不過上帝的榮耀保護我毫髮無傷地逃離。」[45]

故事裏那條一直陪伴和保護王雅格的狼，原型就是與商隊同行的狗。牠們雖兇狠、危險，卻扮演著看家狗的角色，有時候充當信使，也是整個商隊事務的一部分。1920年代，一個參與末代駱駝商隊的探險者描繪到，商隊廚子負責餵養這些狗，並在商隊啟程時把牠們召集起來。他餵了一條狗之後，那條狗就到他帳篷裏陪他，對任何想要靠近的人都很兇。最好的隨商隊的狗據說來自大盛魁商號，該商號控制著對蒙貿易，部分是祁縣商人投資的。[46]

王雅格能成行，要得益於遍佈新征服地區的晉商網絡。山西商人開始是在清軍征戰期間提供軍需，隨即擴展成他們在蒙古地區的類似生意。他們從中國南方買來茶葉，把糧食從伊犁河谷賣往中國內地；他們也走私大黃根，從喀什噶爾經費爾干納山谷（Fergana Valley）運往貝魯特，再穿過地中海運往歐洲。隨著商路的擴展，他們廣建關帝廟，這些廟既是家鄉人彙聚的地方，也是商業聯盟所在。祁縣是山西最富裕的城市之一，祁縣商人在新疆

特別活躍，以至於北部有座重要的集鎮，其中一部分就被稱作「小祁縣」。[47]

基督徒也是這些擴張網絡中的一部分。1780年代，清政府曾在全國範圍內搜捕一個曾護送路類思及其同伴的祁縣基督徒商人，沒抓到他，倒是把他的交易記錄都掌握了。像很多晉商一樣，他遠離家鄉到西安做生意，在那裏一小群有共同基督信仰的商人把倉庫當教堂使用。每年他都從那裏把中國西北和蒙古草原的大黃根和皮革賣到廣州去。在護送路類思的那一趟行程中，據說那時他買了價值八百兩銀子的大黃根。大黃植物的根有清熱解毒的功能，在18世紀的歐洲是很受歡迎的藥物；俄羅斯控制著通過西伯利亞的商道，由此壟斷了大黃貿易。而從廣州海運低質量的大黃往歐洲，繞過這種壟斷，則獲利頗豐。[48]另一個基督徒商業家族平遙田家，曾經捐了一大筆錢在北京建造神學院，他們從歐洲進口新奇事物（鐘錶、圖畫以及裝飾品），並且在18世紀末開了一間後來享有盛譽的毛皮鋪子。經營毛皮，說明除了往廣州，田家也在蒙古做生意，把那裏的毛皮從新開墾的西伯利亞荒原賣往華南市場。[49]這些家族的成員經常長期在蒙古和新疆生活和工作。1790年代，在「韃靼里」（Tartary，歐洲人對長城外事物的統稱）販鹽的山西基督徒曾問一個傳教士，他們能否學穆斯林商人抬高鹽價，多賣的錢捐給寺廟，而這座廟是由商人集體籌資建的，供的是中國的神祇。[50]今天，范家中的天主教徒在內蒙古和新疆都有很多分支。那些到內蒙古的是去經商的，而在伊犁的家族後代記得他們的祖先是被流放去的。[51]

流放的山西基督徒被送去的並不是一個陌生的世界，不似被發配的官員經常感慨的那樣。[52]相反，他們到的地方，早已有一張同樣促成前幾代人皈依的遠程貿易網。1780年代的第一批流放者，被送到新征服的厄魯特蒙古那裏做奴隸。本來是該終身為奴

的，不過比起強迫不情願的囚犯田地勞作，厄魯特人明顯更願意折現處理。有個流放來的有錢的山西基督徒，在六個月內總共用100兩銀子贖出五個被流放的中籍教士，還把他們帶回城裏。在他的安排下，一個在那不勒斯培訓過的教士靠修理鐘錶賺了些錢，又贖出了八個。另一個山西教士則當起醫生；此人對中國把脈技術的介紹，曾讓那不勒斯的學者很感興趣。[53]

　　王雅格從伊犁向南行，到喀什噶爾附近地區探訪最遠的流亡者。雖然最初傳聞喀什噶爾環境惡劣，不過後來有關這些綠洲城鎮生活的報告卻相對樂觀：李自標向羅馬彙報說，這個地區氣候溫和，水果充足，有葡萄也有酒，人不野蠻但精力旺盛，遵從伊斯蘭信仰。他覺得「此處更適合人生活，而相比之下，中國內地的饑荒比任何一處都多」。[54] 在喀什噶爾的流放者，據說實際上並未被奴役，他們的宗教活動也不被打擾。不過這樣舒適的生活並沒有持續多久。王雅格回去不久，就聽說俄國人夥同穆斯林把那幾個城都佔了。真實情況是，該地區以前一個首領家族的後人領兵從浩罕（Kokand，在現在的烏茲別克斯坦）侵入，得到本地人的支持，而清軍和漢民都遭屠殺。清政府增援時，便徵調在北方的漢族流放者入伍：戰後約40名基督徒流放者被允許回到山西老家，作為他們為清政府作戰的獎賞。他們中帶頭的是在那不勒斯受過訓的一個教士，不過一直沒被清政府發現。他的事業並不順利：最初回中國時，因為勾引婦女而被停職數年，之後才被派去甘肅作教士。他在那被捕，拒絕叛教而被判戴枷流放，接下來的八年，脖子上都一直戴著很重的木枷。後來枷被解開，改判只流放。在伊犁他與一名軍官交好，後者把他放了，編入軍隊抗擊入侵。正如另一個中國教士評論的：「看吶，基督的戰士，中國皇帝的戰士！」[55]

59

流放到喀什噶爾的基督徒幾乎都未能在戰爭中倖免，但有個與九汲人一起被發配到這裏的祁縣人，則被迫踏上另一趟更險遠的旅程。他被入侵者捕獲，翻山越嶺地被帶到浩罕汗國（khanate of Kokand）去。在那裏他被賣作奴隸，但跟另一個同時被捕的中國穆斯林商人一起逃了出來。他們穿著當地服裝，包著穆斯林的頭巾，一村村地乞討，一路到布哈拉（Bokhara，烏茲別克斯坦西部的城市），在那裏又遇見一些有同樣際遇的中國穆斯林。這群人計劃取道往俄羅斯的商道回中國，於是他們跟隨一個商隊，幫忙牽駱駝、抬貨，換些吃的，勉強扛過來。他們到達奧倫堡（Orenburg）附近的俄國邊境時，就投奔邊境守衛了。按條約規定，俄國必須將在他們領地上發現的清國子民送回，因此給了他們一輛推車，讓他們穿過西伯利亞前往伊爾庫茨克（Irkutsk）。到的時候已經衣衫襤褸，一個好心的官員讓當地一個貴族送給他們一些衣服和現錢，供給他們食物。等冬天到來，那時貝加爾湖（Lake Baikal）結冰，他們正好可以從湖面穿過。俄國人把他們交給在庫倫（今天的烏蘭巴托，Ulaan Bataar）的清朝官員後，穆斯林被詢問一番之後就放回家了，但那祁縣人依然拒絕放棄最初導致他被流放的基督教，於是再次被流放到喀什噶爾為奴。[56]

那個時候，很多教士、傳教士以及被流放的山西基督徒，都有長途跋涉的經歷，王雅格只是其中之一。他們的旅程與信仰相關，與全球貿易也緊密相連，只是正當其時長途旅行極其困難。很少人能順利回家：來自托斯卡納的傳教士死在山西，來自山西的基督徒商人在流放中死在新疆。倖存者在異域文化中也只是倍感孤獨和無助。[57] 在寄往羅馬的行程報告中，王雅格在結尾處要求，未來遴選傳教士一定要挑聰明的，因為那些剛來的讓金雅敬很煩惱。這是委婉的說法，事實是當時有三個歐洲人在山西省，其中有兩個完全無法應對局勢。最新來的那個試圖逃跑，被抓住

時暴力反抗。他後來解釋說，當時他只想殉道了事，但若他這麼
執意主動尋死，這就嚇壞九汲人了，因為這很容易連累到其他人
被逮捕和流放。與歐洲主教處理有問題的教士類似，金雅敬把他
關起來，還用鐵煉拴住。被囚禁期間，此人用筆劃參差不齊的毛
筆字在小紙片上寫信向教皇申訴，信寫得絕望而漸放肆，抱怨說
他因為抗議教皇命令執行不力而被迫害。他認為這些山西教眾桀
驁不馴，顯然他是不會容忍這些人敢在教會裏尋求權力的。[58] 過
了一段時間，金雅敬已經不指望這可憐人能勝任傳教工作了，於
是把他帶回自己的住處，用神學院的錢養著他。只是還得等到十
年後風聲不緊了，一些基督徒才同意把他帶回澳門。那是少數能
順利回到歐洲的傳教士之一。向來慈悲的金雅敬寫信給羅馬，說
很榮幸能把他送回去，因為這讓他很開心。[59]

　　在金雅敬的眼裏，中籍教士如王雅格有勇氣、有激情、夠謹
慎，這些品質讓他能挑戰這艱辛旅程，與兩個不中用的歐洲人比
簡直是天壤之別。作為主教，他習慣每年一次向羅馬報告他治下
所有教士和他們的業績。在 1825 年的報告中，他先列數了兩個歐
洲人的很多問題，後面列的中籍教士，從李自標開始（「最聰明也
最有智慧的」）到另外六個，他都誇好。[60] 金雅敬很欣賞那些承受
數年流放之苦歸來的中國教士，想讓其中一個掌管神學院，不過
那個教士在回來一年後就去世了。他也對那個被戴枷流放數年的
教士表示無限的敬意，稱他為「敢於坦白的信仰者」。[61]

—✦—

　　清政府的衝擊持續到 1830 年代，長期的威脅持續影響著山西
教會的形態。金雅敬有幸活到老年，一直住在九汲，與他近距離
接觸的是一小群中籍教士。在他們的領導下，告解和聖餐禮成為
當地主要的宗教儀式，不過除了教士偶爾臨場監督外，天主教儀
式還大致保持如 17 世紀的樣子，還是很像世俗佛教團體，也還強

調儒家倫理。由於教士們還多依賴富商教徒的捐贈，一個世紀前就已經頒下的有關祭祖和喪禮的規定，多被無視。

1835年，山西一個叫做「先天教」的佛教支派，因為擴張過快，被官府懷疑要造反，面臨被逮捕的威脅，因而率先起事。他們攻佔了趙城，燒了縣衙並殺了縣令一家，直到大部隊開到才被鎮壓下去。其後的追捕，不可避免地牽連到附近的天主教村莊。王雅格碰巧在那，與一群基督徒一起被捕，反綁著押往縣城遊街示眾。他們被帶到縣衙後，主審官就想問一問「天主教」與「先天教」有什麼關係。他把王雅格帶到一邊，詢問他們的頭是誰？祈禱詞是什麼樣的？王雅格回答道，他們只崇拜一個上帝，因此這世界上只有一種教導，而且他們的領導在羅馬。他還旁徵博引儒家經典來為基督教辯護。他堅稱，基督徒每七天祈禱一次，因為這是《易經》中寫的；他還寫下一些祝願和平、祝福皇帝及其臣僚的祈禱詞，並向長官介紹「十誡」的內容。他承認基督徒也齋戒，不過只是因為遇到麻煩才這麼做（凡是儒家官員都會理解，一套真心誠意的儀式，對此還是有幫助的）。基督教作為一個外來宗教、還有個羅馬領導這件事，這位長官明顯並不操心，他只想知道基督教與先天教有無聯繫；知道沒有關係後，就寬心了。他告訴王雅格，基督教的錯只在於不拜佛祖，不過也沒有不拜孔子那麼嚴重，便把王雅格和其他基督徒都放了。王雅格後來的報告，戲劇性地描述了他當時的恐懼：

> 當時我以為就要殉道了，儘管我還不值得擁有這項殊榮。我在受難日被捕，我的心願是戴上木枷，在受難週的週四被絞死，如在這個國度裏其他傳教士所受的處罰。啊！我是多麼不幸，多麼不值承受如此禮遇，也許正因如此，我毫髮無傷地錯過了這個偉大的機遇。因此我雙膝跪下，懇求教皇陛下代我請示我

們仁慈的父，以他愛子我主耶穌基督在木十字架上為我和我的罪而死的功德，讓我也以此方式為我的罪孽死去吧！[62]

這些事件引發另一輪既針對佛教支派、也針對基督徒的追捕。後來不久，一個教堂負責人向當地官府報案，說堂中拉丁文書籍失竊，反而遭致一場大搜查。再一次，那些拒絕踩十字架的被流放到喀什噶爾附近地區，這次包括三個守貞女。[63] 這時候，金雅敬把王雅格轉移到洞兒溝附近相對安全的村莊。在那裏，王雅格被稱讚做事「不知疲倦」，不過最後還是被工作累垮了，於1841年在梁泉道去世。[64]

金雅敬也活到終老。他經常要躲起來，不過從未被出賣過。可能出於他的個性、宗教體驗或者個人信念，他很願意順應形勢變化，大半生都為資助他的富裕基督徒施禮。在他死後，他對教會所有禮儀和慶典謹慎而細緻的遵守，以及對方濟各修道會規章的堅守，都使他備受稱讚。比起勸人歸化，他認為這一點是作為傳教士的重要職責：曾有一個年輕的意大利人被派到湖北去，此人頗有個人魅力，在一年內讓185個人入教；金雅敬寫信提醒他了解一條規定：在中國，除非成年人做好準備為信仰忍受酷刑和死亡，否則不能給他們施洗。有時候，中國基督徒的需求不合教會規定，他會站在他們的立場寫信給羅馬，在等回信的同時允許他們繼續原來的做法。他也很慷慨，在迫害期間，神學院難以為繼，他把自己每年接近300兩的可觀收入捐出來做慈善。據說，凡是拜訪他的人，告辭時都不會空著手回去，許多人完全依賴他的資助。[65]

此等善行，為金雅敬贏得了「聖潔」的聲名，也容易使人相信他擁有超自然的力量。另一則故事講到，有一天他正佈道，突然停下來，哭了起來。別人問他為什麼哭，他只是嘆息道：「他們

63

罪孽已多，又犯此錯！」後來大家發現，正當時，一個未婚女基督徒墮胎了；她曾被引誘後拋棄，為了保住自己的名聲，不得不選擇如此。[66] 對守貞的態度，是社會張力的一處所在：若有女子一直未嫁，家庭便需時時操心其名聲，但在一個宗教狂熱到甘願為信仰被放逐的社會，能得拯救的守貞行為也是被重視的。由此導致的矛盾其實很嚴重，因為有些女性為了逃避不理想的婚姻，除了宗教生活別無選擇，在這種情況下女性又得把自己的命運交由擲籤之類的事，來判斷上帝的意志。一些曾經宣誓守貞的女性後來結婚了，不過這麼做就不那麼光彩了。[67] 關於金雅敬先知能力的這則故事，說明他與教眾群體同樣看重這一家庭榮譽，只是沒有明確說出來；同時，這故事也用來教化未婚女性，告誡她們一旦做錯事，真正聖潔的主教再遠都能感應到。

金雅敬聖潔的聲名，來自於他謙卑的秉性；不過對於一個傳教士主教來說，這是一把雙刃劍。謙卑應該是阿西西的方濟各最顯著的品質，而且在18世紀意大利方濟各會的訓練中，這也是必然要強化培養的一種美德。金雅敬如對待成人一般認真對待兒童，對他的手下也很謙卑，稱他們為助手而不是僕人，這點很受稱道。他一直沒學會閱讀中文，直到1830年代，他幾乎只能依賴一個姓王的人打點教產、處理來往信函、諮詢複雜事務等等，以至於傳言「王是主教，金雅敬成了僕人」。[68] 另一則故事講到，他曾經躲在一輛進城的迎親車裏，像狗一樣趴在車篷裏，新娘則在前面坐著；因為就算在城門處，也沒人敢動新娘，因此他就安全進城了。[69] 聖潔也許需要謙卑，不過太謙卑就不被欣賞了。

1830年代後期，有一個流放歸來的中籍教士去世，屍體停放在九汲的住處。正當時，一個意大利青年被派來接替金雅敬，他震驚於教皇禁止在喪禮上向死者磕頭的命令形同虛設，說服金雅

敬派人守著棺材，防止向死者念祈禱詞的時候有人磕頭。但他失
敗了，多個教徒不只在屍體面前磕頭，在墳前也磕了。另一場喪
禮上也出現這種情況，金雅敬頗感壓力，對此他只是簡單解釋
説，一般情況下他都是忽略這些禁令的。[70] 於是在教區中對他的
批評甚囂塵上，各方面的爭吵此起彼伏，寄往羅馬的信件曲盡其
詳地投訴他（這一章的主要內容即是基於這些材料）。讓人詫異的
是，剛從歐洲來的這個年輕人沒有得到輿論支持，反而被迫離開
九汲回了陝西。他對當時事件的觀感，就是中籍教士漸掌控局
面，除非來一次變革，「否則歐洲人就完了」。[71] 金雅敬死於1843
年，教區交由另一個新來的方濟各會士杜約理負責。[72]

—— ✝ ——

　　在這個時期的故事所刻畫的世界中，洞兒溝的村民只是邊緣
人物。故事的中心在太原平原上的商業重鎮及周邊的天主教村
莊。儘管如此，洞兒溝的村民應該認識這些人：路類思在洞兒溝
去世，他死時金雅敬在場，而王雅格在梁泉道住的時候可能來這
裏做過彌撒。洞兒溝人講他們自己的故事，故事裏反映的，是與
平原村莊裏的富裕基督徒共有的那個世界。他們記得那個世界滿
是奇跡，那段時間人們對宗教非常投入，而且那個時候中西教士
親密合作。那時金雅敬因聖潔獲得崇敬，王雅格則因他的勇氣得
到尊重。金雅敬逝世的時候，那個世界就終結了，只是當時的洞
兒溝村民不會知道。1840年，山西天主教的一切都將隨著英國在
鴉片戰爭中的勝利而改變，此後洞兒溝不再是破敗的邊緣群體，
而是整個故事的中心。

第三章
跑到羅馬的教士

　　洞兒溝孤兒院的守門人講過一個中國教士的故事，故事裏的主人公進神學院的時間較晚，是在他妻子去世後。他在神學院裏很用功，成績不錯，只是很不滿中籍教士地位太低，不被尊重：就餐時中籍教士只能坐下席，所以要是有雞肉吃的話，輪到他們時，好吃的部分都已經被挑完了；而且他們死後，也只能埋在外國傳教士腳邊的位置。在神學院忍了三年後，這個教士就跑到羅馬去了。但要見到教皇還是很難，於是他把申訴書寫好，貼在帽子上以引起教皇的注意。教皇看到了，也被他說服了。於是教皇下了命令：將來中外教士要平等，應該面對面吃飯，死了也頭對頭地埋。回洞兒溝時，這個教士雙膝跪下，倒行去見主教。主教問他何以如此，他解釋說，因為中籍教士的地位太低了，隨即將教皇的信遞了過去。

　　這則關於爭取中外教士平等的故事，有好幾個不同的結尾，不過都以這個教士的勝利告終。此人就是王廷榮，有時也被叫做王若瑟。他死後僅數年就成了民間故事中的英雄：在安懷珍於1890年代收集的一個版本中，他後來移民到了美國。在今天還流傳的版本中，他成了一個富裕村莊的堂區教士，屢次拒絕傳教士主教提供的職位，還把外國種植蕃茄的方法和天花疫苗引進山

65

66

西。[1] 這則故事用的是很多中國民間故事都有的模板，故事裏英雄歷經考驗後，得見明主，終求得公道。故事也符合現代中國民族主義的流行敘事：對今天的山西天主教徒來說，王廷榮是耳熟能詳的民族英雄，敢於抵制洋人對中國人的不公。中國政府多年都在宣傳、控訴外國勢力壓迫天主教眾，而在這麼一則故事中，一個教士在如此艱難境遇下堅決抵抗外來壓迫，足以用來證明天主教愛國主義的力量。不過這則故事講的可不僅僅是中國的民族主義，它講的也是屬於某個巨型跨國組織的事情：因為王廷榮申訴的對象，不是中國官員，而是在羅馬的教皇庇護九世(Pius IX)。

如果我們多了解一下王廷榮的生平，就會發現更應該從全球視角來看待這則故事。王廷榮出生於一個叫新立的天主教村莊，這個村居民中為首的是從事大宗布匹和中藥貿易的商人。其實他並不是傳說中那樣，成年了才去做教士，由此才對外國人的控制比較抵觸。事實上，他十幾歲出頭就進了神學院，很可能因為他叔叔是教士的關係。當教士是很賺錢又受尊敬的職業，因此進神學院競爭很激烈，經常是教士和教眾領導人的親戚才有這樣的機會。但也因為家庭的關係，如果這些學生不適合作教士，很難讓他們退學。王廷榮並不見得特別地虔誠，不過在1838年，時當最後一次政府大規模鎮壓基督教，他是第一批被送往澳門避難的神學院學生，其後再被送到那不勒斯的中國學院深造。[2] 在那不勒斯，他親身經歷了意大利日漸高漲的民族主義和1848年激烈的歐洲革命。他後來的中式民族主義便來自在意大利南部的這段經歷。那是深具矛盾情結的一個地方，教會人士受啟蒙運動的理念所鼓舞，卻又抵抗現代國家的推進；他們既抵制教會官僚制，不滿對他們生活日漸嚴密的控制，但又和很多歐洲天主教徒一樣，期待提升教皇地位。王廷榮從那不勒斯回來時，就把這些理念也

帶回來了，只是在中國，隨著西方帝國主義勢力的擴張，以不同
的形式表現出來。

—— ✛ ——

　　王廷榮出發往那不勒斯不久，杜約理前來接替金雅敬的主教　　67
職位。他沒有住在九汲的富商家中，而選擇住到破敗的洞兒溝村
裏。這麼做是因為此時歐洲列強興起，政治形勢變化，也改變了
天主教在中國發展的方式。新一代的傳教士直接接受來自歐洲的
資助和保護，因此也不再依賴當地天主教富商的支持。杜約理沒
必要住在九汲，反而搬到洞兒溝這相對好管理的貧困群體中。他
不僅把之前一直拖延的教皇禁止祭祖和喪禮的諭令落實了，而且
也推行了他自己制定的規則，以使山西的天主教習俗更接近歐洲
天主教。

　　政治形勢的變化，發端於在廣州的英國商人越發不滿與中國
貿易的方式，而清政府則擔憂英國鴉片輸入影響銀和銅兌換的比
價，因為這會令窮人繳稅壓力更大。這些矛盾在1839年的第一次
鴉片戰爭中爆發了。雖然這場戰爭遠在東南開打，對山西沒有直
接影響，但中國戰敗後簽訂的條約改變了傳教士的境況。雖然條
約並沒有明確許可傳教活動，不過其中有條款規定，外國人若在
五個新開放港口之外被發現，都要被送回這五個地方，而且外國
人的任何非法活動都由他們國家的領事處理，不通過清政府正規
的法律渠道。這兩條規定要是落實下來，那麼若歐洲傳教士在山
西被發現，等待他們的就不再是痛苦的監禁或大概率的死刑，只
是暫時撤回上海而已。而且，戰後出於法國的壓力，皇帝頒佈聖
旨，允許中國人自由信仰基督教。聖旨來的時候，一個在省府
衙門幹活的天主教徒看到了，趕緊抄了一份。聽到這條消息時，
人們都是「莫可名狀地歡喜」，而且很快就派上用場了：幾天後有

人被捕，長官要他放棄基督教時，他引了這道聖旨。從此天主教徒再也不用活在被敲詐、迫害和流放的恐懼中了。[3]

鴉片戰爭也改變了天主教對華傳教的籌資形式。拿破崙戰爭結束後，法國經濟漸恢復，新出現一群天主教教士，他們在對抗革命中成型的理念，將會主導19世紀的教會發展。他們的眼界相對保守，志在恢復當年教會的榮耀，但這也是對不斷推進的社會和政治變革的回應。有兩個新的慈善組織在法國成立，他們各自側重的目標，決定了下個世紀天主教在華傳教開展的態勢。其中一個是「信仰傳播善會」(Propagation of the Faith，l'Oeuvre de la Propagation de la Foi)，首要目標就是傳教。它資助教堂建築、教會學校，以及當地傳道員的招募。這些資金寄給傳教士主教們，同時也要求他們發回報告和傳教成果資料，以在本機構的期刊上發表。第二個大的傳教組織是「神聖童年協會」(Holy Childhood Association，l'Oeuvre de la Sainte Enfance)，一開始是為了挽救中國的弒嬰行為，給嬰兒施洗，能活下來就把他們撫養大。這個機構後來擴大到也救助別的國家的兒童，不過還是把大量的資金持續投入到中國。鴉片戰爭後的條約讓這些慈善組織能把資金送到山西的傳教士那裏：信仰傳播善會第一年的資助在1845年送到山西，達834兩之多。次年，神聖童年協會的資金也送到了。到1860年代，這兩個組織送來的贊助金額不相上下。加上神學院自己投資的收入，這些錢讓山西傳教士不需再依賴當地基督徒的贊助了。[4]

這筆錢對洞兒溝來說是意外大收穫。杜約理建了一座教堂，還有一處宅子，供他和他教的神學院學生住宿。這座教堂替代了段家的小禮拜堂，不過它現在屬於差會，而不是某個家族，這是事情正在變化的顯著標誌。杜約理告訴為這些建築出了474兩銀子的信仰傳播善會，這可以叫做「山西主教座堂」了。[5]有一段時

間，附屬神學院的一所學校也讓洞兒溝村民很受益。這座新教堂也招來了新的拓荒者。有一家回憶說，他們的祖先是手藝人，此時到這村裏為神學院做活，與當地姑娘結婚，就留下來了。[6]

　　杜約理用神聖童年協會的贊助建了些設施來照顧棄嬰，總部都設在洞兒溝。他一開始僱了四名乳母餵養11個嬰兒，也請別的家庭來幫忙照顧其他兒童。村民也都樂意收些錢，撫養送來的小女孩，長大了可以給自己家的兒子作媳婦，對此杜約理驕傲地說，他只把小孩給那些虔誠的父母。至於可被收作養子的男孩，本來市場價格就更高，自然更搶手。用來撫養這些孩子的資金總量相當大：有一段時間，每年要支付十兩銀子撫養寄在村裏的兩個男孩。在1860年代，建了一座孤兒院來照顧45個女孩。這座孤兒院花了約650兩，用來修庭院、付工錢、做家具、僱車，買藥品、衣服、床鋪、教堂用品、女孩的識字書、驢子、石磨，還有一架紡車。[7]這些東西有些是外面採購來的，不過顯然很多錢都是在本地花的。圖5顯示的是在1900年左右的這座孤兒院。有差不多100個幼兒和大一點的女孩，排排坐和站在庭院裏；照片中還有紡車展示出來，說明她們正在學女工。在這張照片之外，看不到和聽不到的還有一些嬰兒，他們中很多送到孤兒院的時候就已經病得很重，有些很快就死了。

　　孤兒院吸引了守貞女到教會的這些機構裏來，而在之前她們都跟自己家人住在一起。首位負責人是一個40多歲的守貞女；她父親是位名醫，因此有文化、懂醫藥。她寧願離開舒適的家，到這裏把自己奉獻給孩子們，由此備受稱道。隨著孤兒院的擴大，更多的守貞女加入。照片中的她們站在孩子們後面的台階上，穿著標誌性的黑衣服，挽著頭髮。再有其他孤兒院建成，也同樣由帶著各自妝奩、離家獻身教會的守貞女負責管理。這些都差不多按照提供資助的法國慈善機構的要求來。所以就不奇怪，這裏正

69

70

圖5：1900年左右的洞兒溝孤兒院。感謝意大利Archivio Fotografico, Centro Studi Confortiani e Saveriani, Istituto Missioni Estere, Parma。

發生的事情跟當時的法國很相似：興起一輪建造新教堂的潮流，新設立一批教會福利機構，也新吸引了一撥虔誠的女性從家裏走出到新的宗教組織裏。[8]

　　有以洞兒溝為基地的資金、建築和人員，比起那些依靠九汲商人的前任們，杜約理現在的地位就不一樣了，作為也大不同。相對於金雅敬把自己視作隱忍受難的約伯，最能表現杜約理個性的，是聖經裏耶穌説的一句狠話：「拿兒女的餅扔給小狗，是不對的」（《瑪竇福音》15:26）。那時，一般認為此句意思就是：不要把聖餐餅發給那些違背教會教導的人。[9]手握分配聖餐的權力，杜約理憑此禁止了多項習俗，從參與非基督徒喪禮，到把聖徒畫成穿著中式鞋子的樣子。與歐洲正在崛起的新一代教士一樣，他相信必須嚴格服從以教皇為首的教階制度，也比之前幾代人更有決心把天主教禮儀統一起來。[10]山西之前的宗教習慣，與他現在

要求的差太多了，以至於他寫信到羅馬，請求允許把他某位前任的佈道文都收集起來燒掉。[11]

　　杜約理先從貫徹有關中式喪禮和祭祖的早期教皇禁令入手，而他的那些前任試過這麼做，但都失敗了。他禁止天主教徒參與這些非基督教的儀式。由於大部分天主教徒也是教徒的後代，祭不祭祖並不成問題，但禁止參加非基督徒的喪禮就很不受歡迎了。這些村莊都會集資為當地的神祇舉辦廟會，杜約理就宣佈，若基督徒為此捐錢，或者去看廟會的社戲，就是有罪的。基督徒應否為廟會捐贈，從耶穌會士在的時候就是一個爭論不休的問題，但是當基督教變成非法宗教後，為廟會捐贈就是不可避免的事了，因為基督徒很容易被敲詐：他們向杜約理解釋説，這些錢怎麼處置與他們無關。有些基督徒甚至成為職業唱戲的，也許大半生都得在廟會上表演。[12] 現在，為了滿足這位主教的要求，教眾不得不調整與他們鄰居相處的方式。

　　杜約理對高利貸還下了嚴格的禁令，而17世紀的在華耶穌會士則極力阻止教會頒佈此類禁令。杜約理規定説，在他教區內的天主教徒，不管是貸入還是借出，利息超過5%的，都不得領聖餐。中世紀的天主教會把耶穌説的「借出，不要再有所希望」（《路加福音》6:35）這句話看作是對利息的徹底否定。然而在歐洲，不斷增長的貨幣化經濟促成複雜的契約體系，已經使得利息以各種形式實際存在了。耶穌會表示，違約的風險在中國特別高，這是借錢必須收利息的原因，於是吵了幾個世紀後，羅馬決定支持耶穌會。這個決定是教會的高利貸禁令最終被廢除的前兆，而到了19世紀早期，教會已接受只要貸款利息合法合理就無罪的看法了。但保守的杜約理對利息還是抱有敵意，而且中國利息之高讓他很震驚，如耶穌會的例子表明的，包括貸款擔保在內，常常可以達到30%這樣的法定最高限額。對平原村莊如九汲的天主教徒

商人來說，高利貸是很重要的問題，因為很多山西人把生意從長
途貿易發展成票號，提供借款、典當和匯兌業務。平遙田家的毛
皮生意即轉成票號，由此他們和情況相似的人與教會就起了衝
突。一些天主教徒多年未懺悔，而有些人則乾脆不做生意了。有
個在北京開典當鋪的被迫關門，資產流失，還不起債，不得不躲
到長城外經商。[13]

此時的教堂都建成庭院式，可做住房用，但杜約理大張旗鼓
地把內部裝修得盡量看起來跟世界各地的天主教堂一樣。他禁止
在聖壇上刻字，不單是「敬天」之類的字，而是各類銘文都不允
許。他解釋說，世界各地的天主教堂裏都不會刻這些銘文。他還
禁止使用紙花裝飾聖壇。所有聖像畫，凡是衣服、鬍子或鞋子與
世界上其他地方的天主教畫像不一樣的，不只要從教堂撤走，在
家裏也不能留。畫這些畫的基督徒，被警告說以後不准再畫成這
樣。雖然不准刻字的禁令難行，但從此以後，天主教聖像畫看起
來就是外國的樣式了。[14]

杜約理之所以能強制施行這些禁令，來自於新獲的法律地位
和從歐洲源源不斷來的贊助，這甚至讓他敢於拒絕向基督徒領導
人赦罪和發聖餐。之前試圖這麼做的那些主教都撐不了多久，不
過現在的教眾發現他們與傳教士的關係變了。一位老人到洞兒溝
求臨終告解和聖餐禮（年老的基督徒常常要提早做這些，以免教
士到時沒空）。老人被拒絕了，因為他不遵守新規定；老人很生
氣，直接跑到附近的一個村裏，聲稱那外國人在住的地方做了駭
人聽聞的事。這事報到縣裏，若在早些時候，肯定會遭致對基督
徒的追捕，不過當時縣衙的人對此並不感興趣，只是當這人沒事
找事，直接把他關起來。若干教徒通過敲詐的方式來控制傳教
士，顯然這時候已經不太好用了。但此時的基督徒也沒有感覺很
安全：因為其時正值太平天國運動，他們傳播的也是基督教的教

義，也強調十誡，所以雖然清政府從未對杜約理下手，他還是跑到山裏面躲起來了。[15]

　　杜約理的新規定之所以能施行，還有一個因素是：有法國來的資金支持，他也不稀罕教徒付錢補贖了。當他決心要改革某些事物時，就宣稱這些事物引起的罪是「保留案件」，只有他作為主教才可赦免，而在赦罪之前，教徒不需付錢，但必須在公共場合作出懺悔。而要在公共場合懺悔，按他規定的某些方式，如整場彌撒禮期間一直跪在教堂外，是有羞辱意味的；窮人倒還好，可是對那些作為群體領袖的基督徒精英來說，就很不好辦了。也是這些精英更希望能夠參加祭祖儀式，出席生意夥伴的喪禮，以及放貸收利息。[16]

　　後面有關杜約理的故事，說明不只那些虔誠信徒支持他，在洞兒溝這樣的窮山村，得益於他的投資建設的人也很歡迎他。平原村落的很多基督徒是商人後代，若呼應了降低貸款利息的要求，他們的家族生意就毀了，而這在洞兒溝顯然是天經地義的舉動。儒家思想產生於早期的農業社會，與中世紀的基督教一樣，都同樣不看好作為一種掙錢手段的商業；「士、農、工、商」這樣流行的說法，就很能說明職業的等級高低。到19世紀，隨著經濟發展，不管在中國還是歐洲，精英們早就不這麼看了，只是這種說法一直流傳下來。農村的窮人自然是這麼看的，他們苦於高利貸的盤剝，當然覺得不公平、不合理；而到20世紀，共產黨成功發起減免租稅、打擊放貸者的運動，就更能說明問題了。

　　但眾多有錢的基督徒則極力抵制杜約理的新規定。他們並不糾纏在那些針對中式禮儀和高利貸的禁令，而是集中抗議杜約理對祈禱書做的改動，憑藉這一點就能有力地批評他對地方習俗的整體態度了。不管是基督教還是儒家，禮儀上的爭論其實涉及到背後更重要問題的探討，而祈禱書是山西天主教禮儀的核心文

73

本。杜約理之所以會因為祈禱書惹上麻煩，是因為他與金雅敬不同，看得懂中文。來中國之前，他就在羅馬跟一個退休的傳教士學了兩年中文。到了山西，當他讀到用典雅的古老語言寫的祈禱書，聽到幾近文盲的洞兒溝和其他村村民不知所謂地唱念時，便評論道，這些人「祈禱時就像一群鸚鵡」。[17] 因此他決定自己重寫祈禱詞，把它們改得簡單些。他在新祈禱書的前言裏解釋道，只有當祈禱者知道祈禱詞講的是什麼時，祈禱才有效力，所以理解其含義就很必要。只是這個任務就特別艱巨了，因為如果不改變唱念的節奏，他就要避免改動漢字的數目。更糟糕的是，對杜約理來說更簡單和容易理解的祈禱詞，一般就不那麼典雅了，也未必更容易讓說本地話的人理解。[18] 因此，把原來熟悉的祈禱詞強制替換成佶屈聱牙的新版本，非常不受歡迎，也就不奇怪了。

74

隨後的爭執跟杜約理性格固執很有關係，這也能解釋為什麼比起中國其他地方，在山西的爭論更激烈；不過深層次的問題並不在於態度、性格，或者傳教士的神學理念，而在於鴉片戰爭帶來的地位上的巨大變化。1848年，戰後不到十年，來自包括山西在內的六個省的一群人，決心向羅馬寫信，控訴傳教士在整個中國大變樣的行為。在這封信上簽字的那些山西人，是那些與金雅敬關係密切的。他們形容以前「西方的紳士對人很和藹、善良，用他們的美德感化別人」。相比之下，新來的傳教士無法理解「適合別的國家的並不適合我們國家」的道理。他們發的祈禱書文字不通，行文艱尬；他們的入教程序過於隨意，只關心向歐洲彙報的統計數據；更嚴重的是，他們不再尊重中籍教士和教眾。他們禁止那些不該禁止的事物，不顧當地習俗，不近人情，把提出批評的人都逐出教會。總之，「他們待我們這些中國教士如奴隸，視教眾如蟲豸」。[19] 寫信的這些人最後要求，將來西方傳教士應該樹個好榜樣給中國人看，而不是使用權力去羞辱他們。

——✛——

在事態甚囂塵上時，王廷榮出場了，他於1852年從那不勒斯學成歸來。意大利南部的神職階層，很多人都抵制教皇的強力控制，而這一段經歷，使他看待教階制度的態度與杜約理非常不同，於是兩個人很快就起衝突了。此後數年，爭執愈演愈烈，直到後來杜約理被召回歐洲後才作罷。這些爭執雖說根本背景是歐洲列強的興起，現實中也常因為杜約理攻擊中國習俗而爭吵，但問題的核心並不在民族主義，而是教會的權力分配。王廷榮在意大利的生活經歷，給予他堅強信念，而其他意大利傳教士與他站在同一戰線；杜約理則得到當地信眾和他在山西培養的教士的極大支持。

王廷榮第一次到的時候，那不勒斯是兩西西里王國的首都，歐洲第三大城市。他進入了為中國人開辦的學院；該學院創辦於18世紀早期，主要是為中國學生提供教士培訓。除了有中國和奧斯曼帝國的學生之外，這個學院裏還有負責教學的當地教士和準備前往中國傳教的神學院學生。學院初創時定了很嚴格的規矩隔絕外界對學生的影響，不過此後那不勒斯便遭遇了一場共和革命和將近十年的拿破崙統治，教產被沒收，教會組織都被取締了。為中國人開的這所學院，以不再要求當地學生作傳教士為條件而倖存下來，而且轉型成這座城市幾所好的私立寄宿學校之一。這所學校出名之處，一是那裏伙食很好，裏面人津津樂道；二是學校男孩們和成人職業演員在嘉年華上的音樂表演，他們舞台表演的專業水準，可與那些演員媲美。中國教士在那裏開中文課，出版了一部中文語法書，也受一個法國大項目之聘，參與編寫一部中拉法三語詞典。他們彼此用拉丁文對話，這是他們在中國的神學院裏面學到的第一門外語，不過也漸用意大利語交流。[20] 一個在澳門的資深神職人員，遇到過很多從那不勒斯回來的人；他抱

怨説，這些人説的話，是那不勒斯最糟糕的街頭俚語。他説，學生出去到市裏逛，看到的都是讓這座城市臭名昭著的妓女，即便是尊貴的婦女，舉止也很隨便。人們到神學院裏面閒逛、聊天或者唱歌，學生們經常被邀請出去，在公共場合也受到禮遇。學生與當地神職人員混得很熟，耳濡目染他們怎麼吃、遊玩、調笑，以及和女性廝混。[21] 新從那不勒斯回山西的中國教士，就是這麼一群最可能被指責與女性有不正當關係的神職人員。[22]

意大利南部的神職人員，很多人長期抵制教會日漸嚴密的控制。在西班牙統治的幾個世紀裏，神職人員是一個既得利益階層，社會地位高，依靠體制聚斂的財富多，更重要的是免於納稅。不過從18世紀開始，各地政府沒收了相當多的教產，並解散宗教團體。修道士，尤其是人多勢眾的方濟各會，被指責懶惰、奢侈、殘忍，還有性奴役，於是有一段時間所有的修道院和修女院都被取締了。教士失去收十一稅的權力，漸趨貧困，不過人數還是很多。很多人從屬擁有地產的地方協同教會（chiesa ricettizia，近代南意大利地方教會普遍的組織形態；一般由一群教士共同管理一個教會，共擔教會職責並共享其資產；其主要特點是，通常本地教士才會被吸納入 [ricettizia] 教會 [chiesa] 中；由於他們與地方世俗社會的利益牽連過多，削弱教廷的掌控力，因此是後來改革的對象——譯者按）；這些教士常是未經任何訓練的，衣著如普通人，住在原來出生的家裏，在他們所屬的教會土地上勞作，或者幫教會做些買賣。教士擁有情婦是很正常的事，甚至主教們曾組織起來反對神職人員守貞的規定。法國統治結束後，政府和教會聯合起來，削減這些教士的數量，強迫那些留下來的接受新律令。他們達成一致意見，規定教士在接受聖職禮之前，須通過主教的測試，然後主教才會給他們安排職位。這是個巨大的轉變，而之前，當地的家族勢力會在地方協同教會中為他們的男性後代

安排個責任少又生活自由的穩定職位。主教們也利用修道會實現
對地方神職人員的管控：允許重新開辦修道院，以此邊緣化當地
教士，導致教區教士和修道會之間矛盾重重。到19世紀中期，眼
看著生活水平隨著十一稅的廢除一落千丈，教士們此時還要面對
前所未有的嚴格管束和外界干預，很多人都很抵制這些改變。[23]

　　為中國人開辦的學院也活躍在這些爭論中。學院成員皆是秉
持自由理念的知識分子，但他們所在機構的組織形式與地方協同
教會差不多，因此也一樣受到攻擊。這些成員的收入，來自數筆
價值很高的聖俸（由是可以吃得很好），因此他們積極抗爭，保衛
他們的自主權和共有教產不受羅馬的控制。王廷榮離開後數年，
他們最終接受了國家管理，學院也變成研究東方學的學校（今天叫
做「那不勒斯東方大學」，Universita degli Studi di Napoli L'Orientale），
還有兩個中國教士留下來教中文。[24]

　　1848年是革命的一年，發端於西西里，隨後蔓延到整個歐
洲。意大利的教士都同情革命，有那麼一小段時間，新上任的教
皇庇護九世成為這場運動的重要象徵。18世紀末以來，意大利南
部的教士，要麼受到啟蒙理念和民族主義的啟發，要麼痛恨他們
的貧困處境和主教們日益嚴厲的控制，紛紛加入激進革命組織，
而這些組織的出現，正是此時政治生活的重要特徵。有些人加入
了支持法國大革命理念的雅各賓俱樂部（Jacobin Club），有些人後
來則投奔意大利民族主義政黨「燒炭黨」（Carbonari）。到1848年，
意大利的教士很多加入這些革命組織，在其中為革命軍隊祝福。
在歐洲其他地方，教士都集體要求提高神職人員社會地位，在教
會中選出理事會以削弱主教的權力。這些行動正呼應了此時公眾
對庇護九世的熱切期待：此人擁有自由派改革者的聲名，人們希
望他能領導民族統一，如在中世紀那樣，成為意大利聯邦的領
袖。革命很快就失敗了：庇護九世不支持對佔有意大利北部的奧

77

地利開戰，喬裝打扮逃出羅馬；而在那不勒斯，小規模巷戰之後，所有參與者都遭到瘋狂的報復。[25] 在此時，王廷榮離開那不勒斯，前往羅馬完成他的學業，那裏專門培訓傳教士的城市學院（Collegium Urbanum）接收了這批中國學生。王廷榮在那裏跟著杜約理之前的老師學習，也被授了聖職。[26] 雖然革命失敗了，不過該時期的民族主義，教士們對政治變革的投入，以及把庇護九世視作改革象徵的這麼一個理念，在未來日子裏都持續影響著王廷榮。

乘船輾轉經過擴張中的英帝國一個個前哨站（馬耳他、亞歷山大里亞、開羅、蘇伊士、檳城、新加坡、香港和上海），王廷榮回到了中國；但他並沒有意識到英帝國已深刻地改變了他童年所在的那個教會。如同中外教士過去的做法，他在上海等待差會僱的商人來護送他到山西。沒人來，最後他自己出發了，隨行帶著要給華北方濟各會主教們的三箱書。在他離開中國那年，因為查到一本外國書，清政府就展開對基督教的一場迫害，如今帶這些書，他也是有所顧慮的。他為避免被抓採取的措施，很能體現他的性格，也說明了他怎樣看待自己學的西學：他把自己打扮得像個官員，戴著官員的帽子，兩盞紅燈在前，還有一面寫著「翰林院」的紅旗。[27] 只有那些通過帝國最高等級考試，而且高分通過的人，才有資格進入翰林院。一位翰林學者帶的書，不太可能被搜查，不過王廷榮接受的完全是西式的教育，演翰林院的學者也不會太像。他就這樣一路走到山東主教的宅邸。應該是主教覺得這樣不行，所以之後王廷榮就扮成商人了。他到山西後，先去拜訪他父母，在他叔叔那待了一段時間，然後到洞兒溝向主教杜約理報到。

王廷榮與杜約理的糾葛從那個時候就開始了，因為杜主教對他沒有直接到洞兒溝報到很生氣。儘管兩人爭執得很激烈，以至

於毀了兩人的事業，其實都不是真正因為具體什麼事；更多的是彼此反感對方不尊重自己。杜約理抱怨說，王廷榮對他說意大利語的時候，用詞隨意，而且後者走進神學院花園的時候也沒有向他致意。王廷榮則抱怨說，他報到的時候杜約理個人沒有表示歡迎，在他生病的時候也沒有來看望。杜約理把王廷榮派到梁泉道後，被告知王與那裏的婦女過從甚密，本來印象就不好，現在觀感更差了。有個歐洲傳教士後來去調查了一下，發現王廷榮只不過是與那邊的婦女說了話而已，然而，對那不勒斯的教士來說很正常的事，放到山西村莊裏就很讓人震驚了，也自然使人立即聯想到更不規矩的行為。杜約理的反應是組織一場公開調查：他派了另一個中籍教士去詢問相關婦女，寫了一份報告。雖然什麼都沒查出來，王廷榮還是感覺受到了侮辱，自覺在那裏再無一個教士應有的尊嚴，就回了在新立的家。[28]

後面幾年，杜約理屢次要求王廷榮到洞兒溝學習，把他所有的問題都歸結為他在那不勒斯和羅馬接受的教育不完整。曾有一個意大利教士，因為出身卑微，受教育程度不高，因此也被杜約理如此對待；他描繪到，只給了他很少的食物，把他關在一間屋子裏，讓所有人監視他，屋子裏稻草和蒼蠅隨風到處飛揚。[29] 王廷榮也被要求公開懺悔：他需要到三個堂區去，在教堂內宣告「我祈求你們所有基督徒不要學我的壞榜樣，有一年多我沒有聽主教的話了」。[30] 甚至王廷榮如是懺悔後，杜約理仍然沒有給他安排堂區職務，還時時禁止他做彌撒，導致他沒有任何經濟來源。更糟糕的是，還把他派到山區裏做傳道員，做勸人入教這樣的活。對一個教士來說，把時間花在勸人信教上，不管是王廷榮還是杜約理，都曉得那是侮辱性的處罰。有一次，另一個傳教士向杜約理指出，他的嚴格規定妨礙了人來入教，杜約理漠然回答道，讓人入教這事並不那麼重要。[31]

儘管這些爭執表面上事關尊嚴，但潛藏背後的問題，顯然是
王廷榮的歐洲經歷。杜約理不希望他教區裏有去過歐洲且「親眼
看到歐洲人無數醜聞」的人。[32] 這其實說明，杜約理和王廷榮都希
望把教會治理得像在意大利那樣，不過兩人對其內涵的理解很不
一樣。從意大利北部來的杜約理，堅信教會應當是個統一的階層
制機構，要求內部絕對服從。王廷榮則體驗到歐洲教會很不同的
一面：在那不勒斯，18世紀的理念還持續影響著教會精英，基層
神職人員極力抵制主教侵奪他們的權力，而有一小段時間教皇庇
護九世還是民族立憲政府的希望。對王廷榮來說，抵制新的制度
約束，歐洲教會是個好榜樣。

同時，杜約理的政策和他獨佔歐洲資金的做法，也引起在
山西的其他四個歐洲傳教士的不滿。他們之中帶頭的叫梁多明
（Domenico Cannetti），來山西的時間比杜約理稍晚一些。剛開始，
兩個人關係還不錯：梁多明是個很有能力的傳教士，他的嚴厲、
熱情、流暢的中文，都讓村民們印象深刻。很多年後，他們對佈
道做得很好的安懷珍說：「嗯，梁神父就像你一樣。」[33] 不過在那
個時候，在該教區的歷史中，梁多明的印記幾乎被完全抹去了，
連安懷珍都沒有聽過這個人。梁多明也是個很有激情的人，有一
年，他正好是九汲的堂區教士，在聖誕節彌撒禮上，組織了一群
人，披著羊皮，舉著牧羊人的木杖，捧著裝滿麵包、甜點和錢幣
的箱子，領著兩頭活綿羊到教堂的聖壇上。不消說，他的靈感來
自阿西西的方濟各，後者發明了耶穌誕生的場景展示（presepio）；
梁多明也希望把聖經故事變活了，不過實際卻招致一片混亂和嘲
笑。後來人們都很惱怒，因為聖禮都沒有好好舉行：分別有兩撥
人寫信向羅馬抱怨這件事。[34]

這些歐洲傳教士與杜約理爭執的事由，與困擾王廷榮的差不
多：地位、資金，還有主教的權威。他們抱怨說，到洞兒溝去拜

訪他的時候，被晾在外間一直等；杜約理還在公共場合斥責他們，而且不和他們商量就把他們在堂區之間調來調去。[35] 他收到的來自歐洲的資助，從來不給其他人半分，讓他們依靠做彌撒的報酬過活。[36] 他們還反對他擅定哪些罪主教才能寬免。雖然這麼做也正常，但須是嚴重的罪才如此，而杜約理的名單卻擴展到包括參與祭祖典禮、廟會和喪禮，而這些過錯以前只需向堂區教士繳納罰金就能解決。[37]

80

在這個階段的爭執中，中國人與歐洲人之間並沒有形成對彼此固定的偏見。傳教士抱怨的某些政策，同樣也很不受山西天主教徒歡迎，比如說禁止向廟會捐款、禁止出嫁的婦女在娘家超過三個禮拜。杜約理認為，後一種行為會讓她們有「被虐待」的危險（應該是擔心亂倫）；不過，對山西的婦女而言，丈夫出外經商常要一去數年，她們自然會長期住到自己娘家，因此這一禁令激起強烈反對。[38] 此外，傳教士還抱怨杜約理關於齋戒的規定過於嚴苛，容不得半點鬆懈。中國的天主教徒可以嚴格遵守，可是好幾個歐洲人就受苦了，他們腿腫起來，疲憊不堪，甚至一度數月臥床不起。他們把這些狀況歸因於當地飲食和四旬齋期間40天禁吃肉導致的營養不良。在歐洲，這條規定並沒有太嚴重的問題，因為吃魚還是可以的，不過在山西大部分地區，魚也不能例外，而且當地天主教的習俗是完全嚴格素食的。傳教士希望在四旬齋可以吃肉，這就很讓堂區的教眾震驚了。曾流傳著這麼一則笑話，說梁多明曾經買了一副豬肺和豬心，在自己房間裏偷偷煮了吃。香味彌漫整個庭院，婦女們笑道，他騙得了那些聰明的人，但是蒙不了她們。[39] 然而，當傳教士中的三個忍無可忍跑到上海正式投訴杜約理時，在他們列舉的諸多問題中，頭一條卻是跨越民族界限的，也即杜約理不公正對待王廷榮和另一曾在那不勒斯受訓的教士。[40]

圖6：趙毓謙。感謝 Archivio della
Provincia di Cristo Re (Provincia di
S. Antonio dei frati minori)。

早期的爭執沒有民族主義或中歐教士之間相互敵視的跡象，
不過因為杜約理後來的做法，情況有了很大的變化。教會高層命
令這些傳教士回山西，並從別的省派來一名資深的方濟各會士居
間調停；此時杜約理出去巡視他的主教區，留下個年老的中國教
士代行他的職責，並讓他自己培養的一個年輕教士趙毓謙管理神
學院。趙是杜約理最得意的學生：會用拉丁文寫作，中文也非常
有文采。當杜約理故意在公眾場合貶低他，防止他因有所成就
而驕傲時，他也虛心接受，沒有任何怨言。圖6是他晚年的生活
照，穿著他聖禮用的服裝：一件白色罩衣和繡著圖案的聖帶和帽
子。帽子的樣式是耶穌會時期就採用的，按照中國人的習慣，教
士們在聖餐禮的時候需要戴在頭上。它是參照繪畫中古代中國人
的頭飾設計的，趙毓謙戴上後頗有大官的派頭。而他滿臉的鬍
鬚，則是19世紀歐洲的流行款式，在山西就顯得很亮眼了：多年
後，在庚子事變期間，他不得不把鬍子剃了，以免被認出來這是
外國人的裝扮。年輕時的趙毓謙，嚴肅而虔誠，杜約理很信任

81

他。杜約理暫停梁多明的教士職務時，派去調查梁的作為的便是
趙毓謙。整個事件讓杜約理的上級感到震驚，而他們完全是從歐
洲人特權的角度來看問題的：四個傳教士，一個資深的方濟各會
士，關在一間中式屋子裏（九汲的住處），而竟然由「中籍教士來
做主」。[41] 杜約理從主教的位置上被撤下來，以不體面的方式被召
回歐洲。離開時，杜約理把他的不幸歸因於羅馬決定允許高利貸
存在，而對中國教眾只是說他要到天津去。很諷刺的是，儘管他
努力展現歐洲天主教的美好形象，結果卻是意大利政府取締了很
多修道會，而他則從自家的修道院裏被趕出去。[42]

82

—— ✝ ——

　　杜約理離開後沒幾年，西方對中國的壓力就升級了。第二次
鴉片戰爭爆發，一向把傳播天主教視作帝國主義事業重要部分的
法國，這次與英國並肩作戰。隨後在1860年簽訂的條約，允許外
國人往中國內地任意地方旅行、買地和傳教，而且要求中國基督
徒的宗教信仰不受干擾。[43] 這些條約簽訂後，歐洲帝國主義才成
為山西天主教徒面對的大問題，而王廷榮和上級的爭執，就從原
來在主教權威上的爭議，轉化為中籍教士為擺脫意大利傳教士控
制的獨立鬥爭了。

　　1860年條約後傳教士做法的轉變，讓山西的基督徒精英感到
恐慌；他們理想中歐洲傳教士和國家的關係，還是耶穌會士恩理
格時的那個樣子。梁多明在此時貼出來一份公告，周知與法國訂
約一事，並宣稱此後教士要有縣令級別的待遇。一群山西基督徒
領導人寫信向羅馬抱怨，據他們所說，梁多明隨後舉著旗子，開
著槍衝進山西巡撫衙門。巡撫對此事很惱火，便上奏朝廷，得到
批示，規定如對待和尚和道士那樣對傳教士就可以了，不能縱容
他們隨意見官，而山西教眾還以為那是很容易實現的事。他們還

抱怨說，來調停的那位年長的方濟各會士，其時正由他管理教區，向巡撫寫信時落款自稱「為弟」，這麼套近乎不僅基督徒厭惡，北京的官員看了也不高興。[44] 類似的問題在縣級地區頻繁發生。祁縣縣令報告說，有三個傳教士來拜訪他，這三個人名帖上的頭銜是「大法蘭西傳教部山西神父某」，而且他們在九汲建了一座教堂（由此，兩百年來，在通往縣衙的大路不到兩英里地方一直被忽略的傳教士駐地，現在終於被官府注意到了）。趙毓謙和另一個中籍教士寫信向羅馬請求將梁多明調走，並解釋道，他激憤的言論和誇張的排場讓官員們感到厭惡，導致教眾遭到襲擾。他們宣稱，梁多明已經瘋了。[45] 40 年前，在清政府迫害的威脅下，遏止外國傳教士過激行為的有效手段，就說他精神不正常，不過現在還這麼說的話，便直接被無視了。

　　此時的傳教士還傳發教會的一套新規定：不准基督徒再為廟會捐錢了。山西巡撫看到這些規定，往北京奏稱，據他所知，條約只允許法國人在內地買地和傳教而已，完全沒有提到這一點。從天主教方面來看，成為基督徒的自由，應該包括不獻祭其他神的自由，但這顯然也包括不繳納地方稅收，只不過當時的中國官員一時沒料到。[46] 條約發佈後那年，山西傳教士向北京的總理衙門呈遞了四個案子，其中有三個是關於基督徒被要求向寺廟捐贈的。有一件發生在窯子上（今堯子尚），這是太原北部山區最大的天主教群體之一，那裏天主教徒和非天主教徒長期都是分開納稅、服役和捐贈寺廟的。比如，這個村莊需要繳納全部田稅為 70 單位的糧食，天主教徒繳 30 單位，其他村民則是 40 單位。其他方面的稅收都是按照這個比例分。曾有一戶人家新皈依了天主教，於是拒絕向寺廟集市和祈雨獻祭捐錢，由此發生爭執。請人來調停後達成協議，村裏要求捐多少，天主教徒就只交一半，但其實在 1860 年之前，長期以來就是這麼約定的。對村莊生活來說，廟

會意義重大，而窯子上的例子說明，19世紀後期的天主教徒拒絕為此捐錢而引起爭執，更多的是條約的後果，而不僅僅出於對地方的情感。[47]

顯然，涉及到中國人在教會中的領導權問題，這些案件的處理，完全是列強權勢讓人無法忍受的炫耀。教區內16個中籍教士聯合起來寫了一封信請求羅馬撤回所有歐洲傳教士，讓杜約理回來。這封信是王廷榮和另一個在那不勒斯受訓過的年長教士一起寫的。趙毓謙和另一個同伴被派作代表，把此信送到天津上級教會那裏。在信中，中籍教士模擬這些傳教士的羅馬上級，用憐惜的口氣説道：「我可憐的兄弟們啊，在廣大的中華帝國，他們為了上帝的榮耀都吃了多少苦啊，他們放棄了家鄉的咖啡、酒、奶酪和帕爾瑪火腿，在那裏找不到能吃的食物，然而到天堂上帝會補償他們的。」[48]

他們繼續寫道，這份同情完全放錯地方了，這些傳教士的行為非常惡劣，只是顯然自己不會向羅馬主動交代的，所以中籍教士才下定決心，寫信要求撤走所有的方濟各會士，或者説所有歐洲人。現在形勢危急，由於新近中歐之間的戰爭，上至朝廷命官，下至老百姓，都把傳教士看作外國侵略勢力派出的奸細，這種態度很可能會招致一場迫害。對各個傳教士一大通批評後，這封信結尾處，他們宣佈對方濟各會士展開「護教之戰」：

也就是説，竭盡全力驅逐和抵制他們，不僅在正式場合如此，必要的話，物質上、道德上或者肉體上，方方面面都要如此。總之，只要是上帝允許的，我們會用一切手段對付這些誘惑者和偽君子，不留一絲憐憫。為什麼呢？堅守正義，堅守我們最嚴格的職責，作為民族教士的我們相信，為上帝的榮耀，當用盡全力保衛我們的信仰，不惜犧牲性命抵禦對我們祖國的任何

攻擊，不讓她被這些人壓迫、襲擾我們基督徒的專橫行徑所破壞。這就是我們唯一的目標，為了和平的祝福，靈魂的拯救，更是為了異教徒的歸化。[49]

這封信表達的，有新事物也有舊事物。信中談到的迫害，可以追溯到金雅敬在的時候，那時迫害的威脅，反而讓中國天主教精英得以左右傳教策略。同時，這封信的寫法，顯然受到了正在崛起的中國民族主義的啟發，它提到了外國的侵略、懷疑外國人是間諜的普遍恐慌，以及中國教士保衛祖國的決心。但是他們抵抗教會上級的方式，看得到19世紀早期那不勒斯文化的影子：教區教士和修道團體成員之間公開對抗，類型化地指責方濟各會士是誘惑者和偽君子，以及教士們為同一個政治目標結成聯盟。甚至，為國家獻出生命這樣有民族主義色彩的話，也很可能受到1848年意大利統一運動的話語影響。

羅馬教廷的神職人員只是簡單地把這封信歸檔，但對中籍教士們來說不幸的是，他們其中有一個話癆的，透露了這封信的內容，引起新從山東派來任主教的江類思 (Luigi Moccagatta) 的注意。如在歐洲，教會高度重視等級秩序以維持其有效控制，江類思即被派去解決該教區的紛擾。他的第一步動作便是把梁多明趕走，把所有問題都歸咎於他，讓他收拾行裝到山東去。梁多明自己想去美國或者回意大利，不過糟糕的是可能會被送往新西蘭，而那裏讓他感到害怕的是語言不通和食物怪異，因此他請求獲准至少留在中國。接下來，江類思重申對中籍教士的控制權，要求他們每個人都要交一份書面檢討，解釋究竟怎麼回事。王廷榮回覆說，希望有份固定的薪俸，還要求允許中籍教士作為一個群體集會協商。同時，有差不多一百名教眾領導人，應該是與中國教士相呼應，到洞兒溝求江類思將杜約理請回來。得到江類思同意

接見後，他們就長跪不起；江類思徒勞地一陣吼叫和威脅之後，不得不設法緩和局勢解釋說，他和杜約理以前是同班同學，也希望他能回來。這個戲劇性的場景，後來也沒能撼動江類思的堅決立場，他隨即宣稱，任何不照他的要求來的中籍教士都要停職。王廷榮當即離開，回到新立，在那裏買了些地。其他幾個也被停職了，無法靠做彌撒維持生計，因此最終大部分都屈服了。[50]

　　此時王廷榮與杜約理和江類思的過節，與意大利南部教士和主教的爭執很相似，只是中國的政治語境很不一樣。條約賦予外國人的是連歐洲主教都不曾擁有的權力，同時，在新興的殖民意識形態下，文化的根本差異常成為考慮問題的出發點。正是在此時，江類思在中歐教士之間強行分出嚴格的等級。在故事裏是這麼描寫的：歐洲人坐上席，中籍教士坐下席，祈禱時歐洲人坐椅子，中籍教士則坐條凳，而且到 1950 年代由共產黨接管前，太原教區的高級行政職位再沒有讓中籍教士擔任過。19 世紀晚期，對很多天主教差會來說，這樣的安排很正常，不過在山西的意大利傳教士執行得似乎特別徹底，有可能是因為在歐洲主要強國的觀念中，意大利人也是落後和不開化的民族，因有此心理投射。嚴格持傳統立場的趙毓謙，用《日課書》（*Breviary*）中的話總結這場危機，對那些中籍教士說道：「因為我們的罪，上帝發怒降下的懲罰，終於落到我們頭上了。」[51]

　　與此同時，太原城中建起一座巨大的新教堂，這是第一座以西方風格建造的教堂；這個時候公眾才注意到，外國人與長期存在的天主教村莊之間是有關聯的。傳教士把他們的總部從洞兒溝搬到太原，宣示他們在條約下擁有的新權力，也因此能更方便地與省府官員打交道。很快就傳說有兒童被活埋在教堂地基下，而且直到 1860 年代末，針對外國人的謠言持續不斷：中國和歐洲將要開戰、在北京的教堂被毀、外國人被驅逐、省裏的基督徒和傳

86

教士將會被巡撫處決。[52] 1870 年，天津傳言天主教辦的孤兒院購買被拐兒童來挖器官，事態發展到騷亂，導致法國領事和其他幾個外國人被殺。後來，山西人更恐慌了：謠傳將要與法國開戰，於是在太原，父母會把黃紙畫的符塞到孩子的衣服裏，防止他們被傳教士拐走。[53]

王廷榮與江類思的緊張關係也在此情勢下激化。那時王廷榮已經在家種田、做生意好多年了，但江類思覺得自己有足夠的實力要求王廷榮到他手下作全職教士。他讓王廷榮放下生意到洞兒溝去，差會自會資助他。王廷榮到的時候，江類思帶了一個年輕健壯的傳教士來，此人名叫富格辣（Francesco Fogolla），後來因為在攜案卷往北京途中的大膽表現而小有名氣：他在夜間的山裏遇到一條狗朝他狂吠，於是掏出槍來把狗打死，因此得了個諢名「可怕的人」。富格辣和另一個年輕傳教士逼近時，王廷榮深感遭到威脅，江類思則要他簽一份協議，要他履職後把手中的財產都轉交給差會。這終於惹翻了王廷榮，因為教會並無允許主教徵收教士私人財產的規定，而且以他在那不勒斯的經歷，有什麼樣的規定他都很清楚。當天晚上他就離開神學院，出發往羅馬，把這件案子帶到教皇面前。[54]

王廷榮把自己去往羅馬的旅程寫成一組記事詩歌，到現在很多華北天主教徒還會唱。這組詩歌用的是華南民歌的體裁：

> 正月採茶是新年，辭別廣東上洋船；
> 嘔吐數日如酒醉，誰知海浪竟如山。
>
> 二月採茶茶發芽，船中苦悶如刀扎，
> 頭懸腹度真難過，悲淚不由想歸家。[55]

六個月的海上旅程，期間吃的是腐壞的肉，喝的是惡臭的水，地平線上看到的只是海，歸家再見到雙親的希望也渺茫，此後他終於抵達法國，繼續往南部走，最後抵達羅馬：

九月採茶是重陽，喜至福都見教皇；

親睹聖堂及全跡，謝主洪錫恩無疆。

王廷榮其實並沒有見到庇護九世，後者在1840年代雖曾是改革和民族的象徵，但在1870年代就變成主要的保守反動勢力之一了。真實情況是，王廷榮把一批正式投訴的信件呈遞給主管差會事務的宗座傳信部。在這些信中，自己與江類思的個人糾紛，還有他代表山西教士提出的普遍存在的問題，這兩者他是做了明確區分的，只是兩者明顯很難分開。中國教士不滿這些從此讓他們聽命於外國人的新規定，渴望擁有自主權，而這取決於他們有沒有獨立的經濟來源。

王廷榮要求中國教士能與歐洲教士平起平坐。在信件裏，他模仿教會法的標準格式，用一系列發問開頭：「中國本土教士，不管在城市學院還是本教省授聖職，同由宗座傳信部派出和統轄，是否應該與其他國家傳信分部的傳教士享有同等地位？」後面的提問也都針對同一點：

論尊嚴和榮耀，本土傳教士與歐洲的是否不同？如果有的話，究竟有何不同？

是否真如有些人說的，歐洲傳教士的職級一律比本土教士高？

教會法是否規定，無論在公共或私人場所，在職能或行為上，歐洲傳教士的品級都比本土教士高？或者說，本土教士就算資歷再老，也只能一輩子屈居下品？[56]

這些質問，訴諸理性和公平原則，而不是虔誠和感性，這是王廷榮寫作的特有風格，完全不像別的教士和傳教士那樣都是虔敬的宗教話語。在訴求沒有等來答覆時，他寫道：「憑良心說，我是為尋求正義而來。在我的祖國——中國，把上訴狀遞到上級法庭，案件緣由都會得到認真評判，涉事雙方都會得到個說法。」[57]

王廷榮深知，他要求的教士地位要建立在穩定收入的基礎上。他請求給予教士年俸，允許他們將財產留給繼承人，換句話說，就是應該把他們的個人財產與教區資產分開。設立年俸的提法，可以追溯到18世紀時，當時不管是傳教士還是中籍教士，羅馬都給予薪俸。只是到19世紀早期，教會經濟困難，此項資助就停了，後來再沒恢復。不過，王廷榮竟然獅子大開口，宣稱他一年需要約400兩才能活得稍有尊嚴，否則他就得去種田和做生意了。相比之下，一位年長的中國教士算過，他只需要不到40兩，與鄉村教師的收入大致相當。[58]財產繼承的問題很重要，因為一直以來，通過徵收中國教士的地產，山西差會獲得了巨額的收入，而教會並沒有如是的規定。對於這個問題，以及與江類思的個人財產糾紛，王廷榮很熟悉歐洲的先例，小心翼翼地寫他的上訴狀，最後贏了。[59]王的其他資金要求，直接針對差會手中控制的歐洲贊助：山西有八個歐洲人，19個中籍教士，歐洲人是否可以獨佔信仰傳播善會的贊助？中籍教士能否共享？如果不能，他們能否獨立組團向善會申請資助呢？

儘管王廷榮堅決請求，但從來沒機會被教皇召見，他想為中籍教士贏得的平等地位最後也沒有實現。但從另一方面看，他可以說是成功的，因為儘管傳教士強烈抗議，他還是被送回山西了；他們都知道，要是讓王廷榮回來，就是他勝了；最後羅馬還要求教區支付他的旅費。[60]

十月採茶小陽春，欽錫大恩蒙教尊；

受此私惠無可獻，日藉諸聖相通懇。[61]

　　王廷榮回山西後的生活，一如他離開前。江類思老了後，把教區交到侄子手中；此人紳士而低調，雖然偶爾會抱怨王廷榮耽於鄉下的空氣和他侄輩的陪伴，但當他有新的建築計劃時，有時還聘他作監工。[62]

　　這態度曖昧的結局，反映出教階制度內部的力量權衡。王廷榮去羅馬的時候，第一次梵蒂岡公會議剛開完；當時一大群主教齊聚羅馬，支持「教皇無錯」（papal infallibility）的原則，肯定了19世紀追求統一天主教儀式、教階秩序和教皇權力的思潮。這些發展對在中國的歐洲差會建設，有相反的兩方面影響。一方面，這些發展意在強化主教制約神職人員的權力。但另一方面，這也是教皇權力與方濟各會這樣的大宗教團體之間的較量。宗座傳信部一直希望在傳教地任命當地主教，這樣更好由羅馬直接管理，若經過其他宗教團體的話，難免有二心。因此，在公會議之後的一次傳教士主教集會上，王廷榮的信件得到公開討論的機會。毫不意外，王廷榮的提議徹底被否決。包括江類思在內的傳教士主教強烈反對自己的權力被削弱，而由王廷榮發起的反對歐洲控制的運動，已經從山西蔓延到湖北和湖南，這也讓主教們感到恐慌。他們在回覆中宣稱，中國教士和其他中國人沒什麼兩樣，都「多變、懶惰、野心勃勃、不務正業、小偷小摸、虛偽、愛撒謊、不懂感恩、貪財、桀驁不馴，以及守貞的意志非常薄弱」。[63]

90

—　✝　—

　　19世紀的國際政治新秩序，改變了本已融入中國社會的天主教會。在1840年之前，傳教士主教這樣回覆王廷榮，是不可想像的。隨著西方帝國主義的擴張，在華歐洲人行為模式大變，傳教

士也乘勢廣泛擴展其權力，同時也刻意製造一種強調種族和文化區別的意識形態，為他們的權力辯護。此時，日益強大的西方列強，更新、更廉價的交通和通訊技術，加上不平等條約的安全保障，這些都讓各地教會間的聯繫加強，儼然成為全球性的組織。洞兒溝和其他山西天主教村莊的人，不再需要通過孤獨的旅行者和流亡者與他處教會聯繫，而是逐漸把自己視作全球性組織的一部分：不滿傳教士的作為時，他們的自然反應是向羅馬寫信申訴。討厭新來的傳教士主教的中籍教士，開始把自己看作抵抗外國勢力侵犯的中國人，只是他們民族主義情緒的生長，與這個跨國組織卻分不開。對王廷榮來說，教會是這麼一個秩序體制，在裏面他作為中國人有伸張正義、追求平等的機會，但受到那不勒斯多年經歷的深刻影響，他的抗爭也是歐洲教會內部持續分化的體現。

事情還有更複雜的一面，就是儘管民族主義情緒強烈，中國教眾也確實同情王廷榮，但事實上，帝國主義對他們來說是有好處的。杜約理被遣送回意大利時，教眾是真誠希望他能回來的。有一群山西天主教徒向羅馬寫信，說當他們知道杜約理不可能再回來時，感到很受打擊。他們說，杜約理為山西教會事業日夜操勞，建教堂，辦神學院培養學生，寫作、印發宗教書籍，引導人們懺悔罪行、改正罪惡的習慣，而他所建的孤兒院還在照顧貧病之人。「他所有作為，都是為了彰顯天主的榮耀，拯救人的靈魂，為什麼會像做賊一般悄無聲息就回了羅馬呢？」[64] 帝國主義的好處在洞兒溝尤其明顯，杜約理手裏從歐洲來的資助，帶來了工作、投資，以及宏偉的新建築。本來只是一排排破窯洞的地方，現在發展成真正的村莊了。

從長遠來看，19世紀中期中歐教士之間的鬥爭，為後來的發展埋下伏筆：一方面帝國主義發展到頂峰，另一方面中國神職階

層也逐漸成熟，直至1949年解放後可以取代傳教士。但當時最直接的影響是，王廷榮死後不到十年就爆發了一場危機，而這場危機證明傳教士仰仗外國勢力的不現實。趙毓謙之前就預料到，傳教士的做法將會招來一場新迫害；他的看法被證明是對的，不過後來發生的事，也讓他丟了性命。

第四章
義和團起義和煉獄魂

晉中地區的天主教村莊，都有關於義和團起義的相關故事。村民講他們自己的故事時，這類故事常常就是第一個，而且重點都在講述寥寥倖存者如何死裏逃生。洞兒溝不曾遭屠殺，所以這裏的村民沒有那樣的故事可以講。被問及義和團的事時，孤兒院的看護講了另一個故事，說明村莊為什麼倖免於難：當年有幾個白衣人出現在洞兒溝，拳民因此不敢動手。村民全都從教士那裏領聖餐，所以耶穌理當保護他們；白衣人就是從煉獄裏出來幫忙的。我問他，他所說的「煉獄魂」是什麼意思，因為這不是常用的中文詞。他解釋道，人們做彌撒祭拜時他們就經常出現；他們力量強大，救人於危難，保佑人的安全。你可以合攏雙手禱告來召喚他們：「我求煉獄靈魂保護。」在戰鬥的時候，就需要他們來助你一臂之力。雖然你看不到他們，但可以感受到如同眾人到場助陣。他們有能力幫忙，是得到上帝的偏愛，因為他們不像世間人那樣都是戴罪之身。人們也會請求天使、耶穌、上帝和瑪利亞的幫助，不過那更像是例行公事的祈禱；而求煉獄魂，就如同向你親近的人求助一樣。[1]

最開始，義和團只是聚在山東省內寺廟中練武的人群。到了1900年，他們發展成清政府支持的民兵武裝，一意要驅逐外國勢

93　力，對傳教士和中國教眾就先下手了，因為這些人被視作外國勢
力的代理人。山西是暴力衝突最嚴重的地方之一：在晉中和晉
南，約2,000名基督徒被殺；北部靠近內蒙古的地區死亡人數更
多；衝突中也有部分義和拳民被殺；山西省內的天主教和新教傳
教士大部分罹難。[2] 目前，對這些事件的解讀多聚焦在起義前由
基督教的傳播激化的社會矛盾，換句話說，這些解釋都認為深層
次的原因是由於有些中國人皈依了外來的西方宗教，而這種宗教
與中華文化格格不入。[3]

　　但煉獄魂救了洞兒溝村民的故事，提供了很不同的一種解
釋，因為來幫忙的這些亡靈本來就是村民的天主教徒祖先。故事
中導致村民被攻擊的基督教，其形態深植於歐洲天主教的宗教實
踐，但與中國本土的宗教習俗也非常相似。活著的人可以影響死
去的人，在中國宗教文化中是很傳統的觀念。死去的人也有力量
影響活人，但這要依賴活人對他們的獻祭：死去的人，有子孫後
代祭拜的，就成為祖先；而無人祭拜的，就淪落成孤魂野鬼。中
世紀天主教的煉獄觀念與此很相似。煉獄是指在人死後一段時間
內，因為人在世間犯的罪，靈魂受到懲罰，但活人的祈禱有助於
緩解痛苦。19世紀的歐洲天主教徒，通過祈禱和施禮幫助死去的
人贖罪 (indulgence)；而中國的佛道也有專職人員，施禮把功德傳
遞給亡靈，讓他們免於死後的懲罰。不管在中國還是歐洲，亡靈
受到恩惠，就有責任報答獻祭者。那不勒斯的街道上就散佈著些
小神龕，刻畫身體從火焰中掙扎躍起的煉獄魂。由於要依賴活人
的祈禱來縮短受苦的歷程，亡靈非常願意滿足那些禱告者或獻彌
撒禮者的請求。[4]

　　意大利有部流傳甚廣的關於煉獄魂的故事集，其中一則講
到，有個薩地那公爵 (Duke of Sardinia) 曾把手中一座富庶城市的
收入獻給煉獄魂。後來，公爵的領地遭到西西里國王入侵，就在

雙方將開打之際，有一支旗幟和服裝皆為白色的軍隊開來。四位
騎士出陣，宣稱他們是天主派來的，所帶領的軍隊是公爵從煉獄
裏救出的亡靈，來收復這座獻給他們的城。來自平遙望族田家的
教士田豐蘭，編了部類似的中文故事集；每年11月份是專門獻祭
煉獄魂的時候，這本書就用來在該月的每日祈禱中大聲朗讀。這
本書把薩地那公爵和煉獄魂軍隊的故事也收進去，只是作了些小
修改。在意大利文版本中，西西里軍隊一見到煉獄魂士兵就撤退
了，但是在田的版本中，煉獄魂軍與西西里人並肩作戰，打敗了
薩地那人。田還提到，公爵城市的收入還用來讓一名教士每月做
一次彌撒。在11月份做彌撒獻祭煉獄魂，向來是山西教士可觀收
入的來源，因此他們對這些故事很感興趣。很明顯，身著耀眼白
衣的煉獄魂把拳民從洞兒溝趕走，這則故事是有淵源的。[5]

—┼—

　　然而不管天主教儀式與本土宗教如何相似，當時的人們談或
寫到中國基督教時，總是習慣強調兩者之間水火不容。傳教士和
中國知識分子，幾乎都把天主教視作異質於中國文化之物，是西
方權力的象徵。在傳教任務壓力大的時候，傳教士這麼解釋，不
失為一個好理由。有時入教人數太少，他們就可以辯稱，問題主
要是清政府仇視外國人。這麼辯護對他們來說，有以下幾點好
處。首先，不管是歐洲的政府或商人，他們早有印象，知道清政
府頑固抵制歐洲的擴張。其次，這讓傳教士可以繼續避免外出傳
教，因為那很辛苦，回報又少。有些年輕人一腔熱血到中國來，
一心要讓異教徒歸化，但一來就被告知，要先學好中文，其次是
當地人的習俗當地傳道員更懂。傳教士的一般去處，要麼受僱到
神學院教書，要麼出任原有堂區的教士，或者執掌主教區及其附
屬機構。大部分傳教士逐漸形成維持原有建制更重要的看法，把
傳教的苦活都扔給了當地人。第三，當中籍傳道員招惹到官府而

94

生訟案時，傳教士便可以出面，擔起這有挑戰性、高姿態的使命，將案件帶往省府長官處，有時則直接找到歐洲駐北京的外交官。那個外號為「可怕的人」的富格辣，被任命佐助江類思任主教的侄子。他喜歡引用耶穌送使徒出發傳福音時的警告：「所以你們要機警如同蛇，純樸如同鴿子」（《瑪竇福音》10:16，此處前半句為：「看，我派遣你們好像羊進入狼群中，……」──譯者按），此處他在「蛇」上劃了重點。富格辣經常呈遞訟案到北京，以便由外國領事審理，也給予領事直接干預地方行政的機會，此為中國其他地方競相效仿。意大利作為民族國家剛剛崛起，在山西的意大利傳教士也利用處理這些案子的契機，尋求與其他歐洲人平起平坐，希望能獲准由意大利人來管理他們的事情，不用依靠法國人的領事保護。[6]

中國官員也以抵制西方列強的心態來對待基督教。庚子事變後，山西巡撫的說法：「通商以後，教士來省益眾，教堂林立，愚民之入教者益日多」，是對此問題官方立場的總結。[7]對於那些之前一直忽略天主教村莊存在的官員來說，看到突然出現這麼多，自然誤以為此教增長迅猛，也把處理宗教問題看作與外國侵略角力的機會。1881年，年富力強的張之洞出任山西巡撫，彼時的山西經歷過嚴重的饑荒，情況剛有好轉。他隨即整頓吏治，肅清腐敗，制定旨在自強抵禦外侮的政策，包括在省府成立一個專門機構管理傳教士。這極大地影響了參加科舉的天主教知識分子。科舉考試是地方社會地位的重要標誌，有錢的天主教徒都安排子嗣走這條路，儘管這在18世紀遭到一些傳教士強烈抗議（未給後代提供天主教教育，這被視作有罪，必須交罰金贖罪）。現在基層官員突然要阻止這些人參加考試。文水縣有個來自任家的基督徒即被剝奪了貢生的頭銜。接著，家族中另一人到平遙參加縣試，被詢問是否基督徒；當他承認時，試卷立即被收走，不准

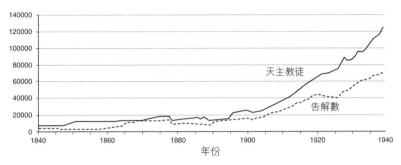

圖7：山西教區天主教徒總數和每年告解數，1840–1940年。

再繼續考了。任家祖上是18世紀在北京皈依基督教的商人，而從
那時起，這個家族在文武科考中人材輩出。一直以來，宗教信仰　　　96
從來不影響他們參加科舉，只是如今官員們要表達對巡撫的擁
戴、對列強不平等條約的恨意，只能拿天主教徒出氣了。[8]

　　如果現在認為，此時的山西在列強擴張下出現大規模入教的
情況，其實這是錯誤的印象，因為實際入教的數量並不多。我們
回到圖2（第24頁）可以看到，傳教士雖然來得更多，也帶來歐洲
的資助，但一開始並沒有增加成人洗禮的數量。這個數目一直很
小，直到1870年代華北遭遇持續幾年的大饑荒時，才有所改觀。
這場饑荒是19世紀世界級大災難之一，中國內外紛紛捐款賑災。
新教傳教士第一次到了山西，也在此賑濟災民，而在上海的賑災
委員會也運來大批物資交由天主教徒分發。除此之外，海外的天
主教徒也在歐洲募集了大量物資。1877年到1879年間，太原教區
捐出了約35,000兩白銀救濟災民。主教不僅嚴令物資只發給天主
教徒（這自然鼓勵人入教），而且把災荒之後到來的資金用來傳
教。[9] 然而圖7顯示的是，在大饑荒期間，天主教徒的總人數是下
降的，可能是新入教的人數抵不過死亡和流亡外地的人數。[10] 當
此地再度繁榮而教會資金再枯竭時，入教的數量就又下降了：
1900年的天主教徒數量，勉強恢復到1877年的水平。這些是整個

山西的數據，而晉中平原地區入教數甚至低得更明顯，但那裏的
義和團鬧得最兇。在饑荒後，幾乎所有入教的行為都發生在貧困
的晉北晉西山區。[11] 皈依新教的也是寥寥，因為新教傳教只是剛
開始：在1898年，山西有1,513名新教徒，相較之下天主教徒有
25,147名。[12]

入教變得困難，在於天主教群體日益與外部隔離開來，且中
國對外國勢力的敵意日益增長。從教區印製的傳教手冊中，可以
看出公眾對天主教印象的變化。有一本舊式木刻小冊子，題作
《農民正談》，書中故事的敘述者講到他一生中有三次與讀書人討
論，並說服他們基督教並不是壞的東西。其中有一次，聽眾問
他：「汝既有如是之才，何必賣菜？」主人公提醒這位聽眾，遠古
時期的堯和舜也是農民，種田也不是什麼可恥的事。[13] 這位農民
並不想說服他的聽眾入教，相反，他只是為天主教徒辯護，說明
基督教與儒家傳統是一致的。第一場對話以這個問題開始：「問
汝奉教人，不敬孔子，果然否？」[14] 農民回答說，天主教徒實際上
是真正的儒家，因為他們遵從孔子所教導的，而不是僅僅拜他做
神。第二場對話的場景在市場上，一位秀才問道：「聞汝家居新
立村……汝既身居新立村，必信天主教。」農民承認後，秀才就
禮貌地繼續：「貴教之精微奧妙，予原未詳查。但聞汝奉教人，
不孝父母，不敬神佛。耳聞斯言，心甚痛！」[15] 這位農民成功地
說服他，天主的追隨者實際上比其他人更孝順，因為他們不僅尊
重父母，也尊重「造物真主」。最後一場交鋒是與一個官員。那官
員說，基督教是邪教；農民回答道，天主教的上帝與中國典籍中
敬拜的「天」是一樣的。天主教徒這樣的論辯可以追溯到17世紀，
而這本小冊子既是傳教手冊，更是為了讓信眾免遭不測之攻擊的
辯護。

　　寫了煉獄魂故事書的田豐蘭，在年老的趙毓謙協助下，新編
了一本手冊《真理敬言世》，用的則是不同的策略。冊子開頭解
釋什麼是「天主」，接下來直接回應這個問題：「西洋人，來至中
華，恐懷別意，而誑我中國人，豈何信乎？」[16] 答案是：西方人根
本不想到中國來，很多人都死在路上，能到的人剛來就發現學中
文、適應生活環境都很難，常常要大病一場。顯然田豐蘭和趙毓
謙都非常熟悉傳教士的生活。他們又介紹了早期耶穌會的貢獻，
比如幫助清王朝做炸藥、算曆法等，接下來回答如下質疑：為什
麼我們看不見上帝呢？天主和道教的太極有什麼區別？既然天主
教徒敬拜天主（把他錯當作掌管天氣的神），為什麼地上不多下些
雨？很多辯護仍然極具儒家倫理特色，比如基督徒不准捐贈當地
社戲這件事，就被解釋為：社戲淫猥，且都是低賤的人在演，以
及男女混在一起看戲不雅（避而不談社戲是演來敬獻其他神的）。
對於以下這個問題，「既生在中國，何必尊西洋教」，答案是這樣
的：中國人需要相信基督教，就如同外國人需要聆聽孔子的教導
一樣。[17] 最後，提問者稱：「吾聞貴教真理，甚願進教。但恐人
說，吾進了西洋教。何以答之？」[18] 這個問題遂引出一段討論，
詳述條約的影響，說明為什麼列強要保護基督徒，最後大段引用
皇帝聖旨中對基督教的許可來結尾。這本小冊子的兩位作者，都
是清代早期入教的天主教家族後代：田豐蘭祖上是捐資興建原來
的北京神學院的基督徒富商，而趙毓謙在1860年代參與反對傳教
士擅權的鬥爭。他們知道自己的宗教有很深的本土根基，但也知
道人們把它視作外來之物。

— ✝ —

　　那為什麼基督教與列強的聯繫，現在成為眾矢之的呢？如果
不是因為入教人數陡增的關係，那就在於傳教士和他們的作為變

99 得越來越招搖了。從1860年代開始，在中國的外國人就很常見了。先前躲在九汲、後躲到洞兒溝的意大利人，在省會建了一座主教座堂。之後新教傳教士就來了，人數比天主教還多。到1899年，這裏有26個天主教傳教士，但新教的有89個，其中很多把家屬也帶過來了。[19] 比他們更惹眼的是他們的新建築。19世紀末是歐美宗教建築大放異彩的時代，傳教士也把這些理念帶到中國來。他們廣建教堂、孤兒院和神學院，而就新教來說，他們又有學校、診所和醫院，並且親自掌管這些新機構。

1870年到1900年之間，晉中地區建了60多座天主教教堂，用的是歐洲的資助，造的風格也是很接近西式的。太原城新建的主教座堂周圍，附屬設施逐步增加，如神學院、孤兒院、學校，最後為新來的修女傳教士興建了一座修院。在1890年代，建造的速度更快了：一位山西巡撫估計，在1892年本省有119座教堂，而在1898年則有226座。這些建築中有一些具有顯著的西式外觀，比如太原北部山區的那座聖母朝聖堂，其巴洛克式的立面即模仿凡爾賽的聖路易教堂。更多的教堂雖以本土樣式建造，但仍然風格獨特，辨識度很高。[20]

1880年代，從洞兒溝往山上去的石崖上，建了一座修道院。跟很多新教堂一樣，它建的位置很顯眼：在幾英里外的平原上，遠遠就可以看到那精緻的磚牆建築；人們傳說，那山崖原本是某個兇悍土匪的老巢，倚此擋住了所有強敵的進攻。那座修院建築雖混合了中意兩國的風格，但在當時看起來異域特徵還是很明顯的。它的建造費用是7,000兩銀子，大部分都花在當地建築材料的購買和運輸上，這讓洞兒溝多了些商機，也更突顯其地位。[21] 兩個方濟各會士從博洛尼亞來，負責管理這座修院，他們是安懷珍和范方濟（Francesco Saccani）。安懷珍生於中下階級家庭，是家裏七個孩子之一，犯有癲癇，精神狀態不穩定。他與意大利和中

國的同事都常鬧矛盾，不過他很有智慧，應該也很有魅力，到了不久中文就講得很好了。在九汲任堂區教士時，安懷珍收集了該地區的民間傳說、家族故事；他在那佈道，也被稱讚說不亞於梁多明。范方濟為人平和，後來也是因為中文很好而為人稱道，但他之前曾想到美洲去，也像他那些18世紀的前任一樣，寫信回老家要意大利的蔬菜種子。對意大利人來說，修道院如同避難所一般，那裏面有意大利食物、蔬菜、花卉，以及草地滾球遊戲；而對中國初學修士來說，來這裏就如同「親身到了意大利」（而不必擔心他們親見歐洲糟糕的真實情況）。[22] 新一代的中國教士，也希望通過修道院開通與上級良好溝通的機會，而不像現在只能通過方濟各會。最早的兩個初學修士之一叫陳國砥，是個非常有能力又虔誠的年輕人，之前因為態度不端正，從荷蘭方濟各會治下晉南地區的神學院被趕出來；很可能他們對有民族情緒的都這麼處理。意大利人對有類似態度的中籍初學修士，也是同樣的嚴格管制；對此，就連某個年輕的傳教士也認為很野蠻。[23]

　　主教區投入大筆資金辦孤兒院，通常新建築也造得很精緻。通過這些孤兒院，教會走入到很多創傷家庭的生活中。到1892年，洞兒溝孤兒院每年接收600名兒童，這還不包括那些送來不久就去世的。[24] 有一則故事講到一個小女孩進孤兒院的坎坷經歷，可以說明這是多麼慘痛的體驗。故事作者是法國的一個方濟各會士，因為他法國人的身份，被排擠出意大利人和中國人為主的教區政治，於是經常向歐洲差會的出版社投稿，描繪他工作地方的鄉村生活，也微微自嘲自己無法達到公眾心目中英雄傳教士的標準。他寫到的那個小女孩，得了天花而失明。她的父親外號黑牛，來自西柳林，但不是天主教徒。黑牛只是一個幹體力活的，妻子去世後，他都無法養活他的盲女，不得不把她送到她舅舅那裏。舅舅養了她幾年，直到她舅媽也去世。此時盲女已經12

100

歲了，又被送回到她父親那裏，然而她父親也無力照顧她。有一天，他把她弄上獨輪車，推到河邊，明顯是要把她淹死，但是在路上遇到一個天主教村民。兩個人坐下來抽煙，這時那個天主教徒就提議，把盲女送到洞兒溝的孤兒院。黑牛當即出發，帶了些錢要給孤兒院，希望能收留他的女兒。他到時，就按正常程序簽了份合同，孩子以後是病是死，教會都不負責任，之後他就走了。小女孩的舅舅知道了，感到很震驚，他堅信那些天主教徒應該已經殺了小女孩並且把她挖眼剖心地肢解了。傳教士聽慣了這類製造恐慌的謠言，所以看到這兩人又來孤兒院並不驚訝。傳教士讓其中一個守貞女把小女孩叫來，等兩人看到小女孩毫髮無傷時，他反而威脅說不收留她了。黑牛和她舅舅也都不想要，又開始談條件，最後不得不請小女孩的爺爺翌日出面，簽了一份聲明，順便讚揚了一下孤兒院的工作。小女孩後來受了洗，學了祈禱，被派到廚房幹活去了。[25] 與此時其他孤兒院一樣，這裏大部分的兒童都夭折了：嬰兒主要用稀粥和糖餵養，自然多遭致營養不良，傳染病流行；其他大一點的兒童則飽受哮吼、天花、霍亂和傷寒的侵擾；洞兒溝的水源供給不足，更加劇這些疾病肆虐。但這個小女孩應該是存活下來了：大一點的孩子，來的時候若是健康的，最後一般都很好。教會會為她們準備一小份嫁妝，眾多盲女也都結了婚。[26] 這個傳教士在法國發表了這則故事，用來說明人們開始懂得孤兒院是安全的，但這也透露了一點：窮人一向擔心把孩子送到那種地方會出事，只有走投無路了才會那麼做。

此時的傳教士也變得更顯眼，因為普通教徒常為個人目的炫耀背後的國外勢力和特權。當然，除了那些窮的、底層的或者有教徒身份的，其他人也會這麼做。安懷珍記了這麼件事：祁縣旁某個村（很可能就是九汲）的一個富裕家庭，請他給家中老人舉行臨終聖禮。他到的時候，發現老人並沒有到快死的程度，就猜想

當是別有所求。接下來吃飯的時候，他無意中聽到這家裏有個人說道：多好啊，能請到外國傳教士到家裏來。他們解釋說，當地有個天主教徒僱主跟一個傭工打架，官司就要開審了。安懷珍不想摻和這事；這家提議借給他一身做工精細的衣服帽子好讓他去縣衙，他也拒絕了；不過還是答應第二天跟他們到縣裏去。到了之後，他被簇擁著走進縣衙的外院：「哦，這樣他們才能看見你（就好像我是奇怪的動物），就知道我們中間有個外國人。他們要怕了，我們膽子就壯了。」[27]富格辣也用類似的方式幫過洞兒溝的村民。他有一次拜訪太原縣令，抱怨村民的推車被軍隊徵用來運輸。兩人談正事之前先喝茶聊天。富格辣說自己來自「大意大利」，但讓他很生氣的是，縣令竟然問意大利靠近日本，還是與法國是同一處。意大利在世界舞台上本來就沒地位，富格辣反而譴責中國官員無知，然後給縣令好好地上了一課。[28]不同於不願被教眾左右的安懷珍，富格辣非常樂於展示意大利人的特權，也相應地很受歡迎。1899年，從意大利回來後，富格辣探訪了洞兒溝，梁泉道的教眾打算以高規格的典禮來迎接他，因為按新近清政府的規定，主教能享有與各省巡撫品級相當的禮儀。他們找來一把高官用的轎椅，轎夫都穿上節日盛裝，樂手跟著隊伍行進，煙花爆竹放了一路。好奇的圍觀者被告知：「這是我們聖教的教主。」[29]

在傳教士和相關機構越來越顯眼的同時，天主教群體也變得越來越排外。杜約理在的時候，他就禁止天主教徒參與祭祖儀式或中式喪禮。比起前任們，他對教徒和非教徒之間的婚姻管理更嚴格，規定經過教士批准婚姻才能生效。未獲批准就出嫁的女性被定性為情婦，她們自己還有父母都有責任。在1850年代，一個曾在那不勒斯受訓的教士就遇到麻煩，因為他給一個嫁給非教徒的女性、一對把女兒嫁到非教徒家庭的夫婦，以及一個允許兒子

102

賣掉媳婦的婦女都發了聖餐。到1890年代，教徒如果違反禁令，傳教士連臨終告解和領聖餐的機會都不給。[30] 此時的天主教群體本來聯繫就很緊密，在教會的此項額外壓力下，天主教父母為孩子安排的幾乎都是教內婚姻。1900年之後，安懷珍整理了殉道者名單。他收集的殉道婦女的信息不只包括她們出生的村莊，很多還包括她們母親的出生地。這些數據顯示，此時的晉中地區嫁到天主教村的婦女中，77%都是從長期存續的天主教群體中出來的。[31]

傳教士也鼓勵那些能把教眾和周圍人群區分開來的宗教儀式。到19世紀末，很多歐洲人不滿18世紀的理性主義和工業革命帶來的社會變革，因而帶著浪漫主義的思鄉情緒懷念中世紀。對天主教徒來說，那時候的基督教實力強大，滲透到日常生活的各個方面。「基督教世界」(*christianitas*) 這個拉丁語詞可以集中體現這一理念：它既可以表示中世紀基督教統治的區域 (Christendom)，也可以表示全面重建基督教世界的現代努力。傳教士在各方面的建設是為了創造這麼一個基督教世界，但他們也發現，中國天主教村莊中的宗教儀式和社會秩序就已經構建了這樣的一個世界，這個詞可以直接用來稱呼中國的天主教堂區了。[32] 19世紀末的傳教士受中世紀浪漫主義式的理念啟發，比起他們不久前的那些前任，對於能把天主教村莊凝聚起來的宗教儀式更有認同感。那些用來唱誦的長祈禱詞、嚴格的禁食，就不再是無知的標誌，反而是歐洲人應當學習的榜樣了。

在洞兒溝任職的一個中國教士講了這麼一則故事，故事講的是他如何發現一位山居老嫗是天主教徒的。有一天，一個人從山上下來告知教士，有一位老婦人想找個信洋教的人說話。第二天，教士就騎著騾子出發到山裏去了。到了一個村子，老嫗的兩個兒子來帶他去見他們母親。她告訴教士說，小時候是在平原的村莊裏長大的，不過她父親很不好，常讓她母親以淚洗面。一天

晚上，母親告訴小女孩，她已經被賣到山裏一戶人家做童養媳了。在走之前，母親告訴她，對神像不要抬手拜，也不要下跪，而且有兩句話要每天念。老婦人一輩子都遵循這個教誨，但並不知道每日念的是什麼意思。她說，如今就要死了，所以想要跟信洋教的人說說話。教士問道，這兩句話是什麼。老婦人就開始念道：「在天我等父者……」。他聽出是《天主經》和《聖母經》。找到一個離群的基督徒，這讓他深受觸動，於是向她解釋了基本的教義，對此她點頭微笑。一年後他又回去給她施了臨終聖禮。[33]這則故事由歐洲差會的出版社印行，作為祈禱力量的明證：每日念誦簡單的祈禱詞，就算不知道什麼意思，也會有大的福報，甚至是最終的拯救。

傳教士也欣賞和鼓勵那些能將天主教群體聯結起來的紐帶。在造訪田豐蘭的家族時，安懷珍以很讚賞的口氣記錄到，進城做生意的任何天主教徒都可以住到他們店裏。在給歐洲差會所辦雜誌的一篇文章裏，他也寫到天主教村莊舉行慶典時，拜訪者自己都不帶錢，因為他們都住到天主教徒家裏，吃喝不愁。在某個村莊裏，安懷珍問其中一個長者，他家並不大，為什麼準備了這麼多吃的；答曰，那是為了款待主顯節 (Epiphany) 來拜訪的人。他又問：「他們有些不是你家親戚，對麼？」那位長者顯然覺得這個問題很傻，回答道：「神父，大公教是為『公』的。」在這裏他用來指稱大公教 (即天主教) 的「公」字，字面意思就是「公共的」或者「為整個群體的」。[34]

傳教士期待天主教群體強大到可以跟國家對抗，因為在歐洲曾經就是這樣的。天主教要在歐洲建立的是中世紀式的基督教統治，這與當時的各個國家肯定是對立的。不管在歐洲還是中國，節日時的遊行都特別會導致出現摩擦。有個傳教士寫到，他向洞兒溝引入慶祝聖體節 (Corpus Christi) 的一場新遊行。遊行隊伍中

有山西民樂中標誌性的大鼓，有念著祈禱詞的男性村民和孩子，有一支樂隊，有神學院學生，有穿著華服的神職人員，以及一路燃香煙霧繚繞。他寫到，婦女們不參加，因為她們的腳被裹得緊緊的，走的時候要晃動手臂來保持平衡，停下來的時候要有靠的地方才行。他還說明，這種遊行在歐洲是非法的。按照天主教的習慣，聖體節遊行隊伍經過時，圍觀者被要求要跪拜，而這在法國顯然是做不到的。[35]

群體的祈雨朝聖，展示了天主教遊行公開張揚的特點，不過這與地方寺廟的崇拜也差不了多少。1880年代的圪潦溝，留下了對此種朝聖的翔實記錄。那年乾旱，土地缺乏灌溉，作為人的主食和主要作物的小米，收成岌岌可危。為應對此危機，官府禁止肉類銷售，客觀上強化了素食齋戒，同時寺廟也開始施禮做法。當時的主教也發佈了一份告示，可能由其秘書田豐蘭所擬。告示開頭是這樣寫的：

> 總理山西北圻教務主教艾（士杰）為：
>
> 曉諭求雨事，照得本處天旱日久，恐遭荒年，實屬可慮。奉教人明知萬靈之生命，萬物之運行，四時更變，寒暑風雨皆由天主掌管。天主切愛世人，欲人在世行善立功，身後永享真福。惟隨天主聖意行善之人少，迷於世俗行惡之人多。天主義怒，降災警醒，使人急速悔改，守規行善，而免死後之永殃。[36]

接下來這份告示要求人們到教堂去，向聖母、聖若瑟、聖方濟各、耶穌五傷（五個傷口）、各處主保聖徒和煉獄魂連續祈禱三日。這聲明書寫和發佈的方式就像政府文書，主教也以政府官員自居；這在道教的文書中也很常見，只是在此時，作為在中國的外國人，這樣子就是十足帝國主義者的腔調了。

105

　　與此同時，屹潦溝的村民正籌備一場以村為單位的朝聖，前
往建在太原北部山區中的聖母朝聖堂。那裏的教堂是座雄偉的西
式新建築，不過那個地方作為崇拜的場所已有一段時間了：至少
從1850年代開始，天主教徒就在那舉行求雨的祈禱儀式了。就像
某些村落會固定到某座龍王廟求雨一樣，隨著時間推移，廟下方
山谷裏的一個個村莊，逐漸都變成以聖母崇拜為中心的天主教村
（見第17頁，地圖1）。這座聖母堂也吸引了更遠的朝聖者，比如
從屹潦溝徒步兩天到這裏。如同參與寺廟遊行，每家都派一名男
性作代表去朝聖。男人們去把存在太原主教座堂裏的旗幟和裝著
耶穌神像、可以扛著走的神龕取出來。一支樂隊在醋匠的庭院裏
開始排練。村裏有科舉功名的私塾先生，把祈雨公告寫在紅紙
上，貼上一根鴿子羽毛，表示這是用來傳看的，然後把它送到遊
行隊伍要經過的村莊。朝聖隊伍出發那天早上，教堂裏擠滿了聽
彌撒的人。之後男人們組織起來準備遊行。領頭的是一支樂隊，
敲著大鼓、鐃鈸以及其他敲擊樂器。跟在後面的是來自堂區的唱
連禱、扛十字架和華蓋的人，以及另一支管弦樂隊，還有更多人
舉著寫有天主教教義的木板，最後是舉旗和扛神像的。遊行隊伍
每經過一個村莊，樂手就開始演奏，歌手就唱起來。有鴿羽信事
先通知，村民此時擺出一罐罐水，讓遊行隊伍喝些再繼續前行。
隊伍在山中一個叫做紅溝的天主教村莊過夜，接著上山走到要參
拜的地方，在那裏他們誦念苦路經，並在那裏又過一夜。[37]

　　向天主的聖母祈願的這些儀式，在形式上很像村民敬拜晉祠
的聖母或能降雨灌溉莊稼的龍王。晉祠聖母是掌管農田灌溉的女
河神，而她廟裏柱子上纏的就是龍。山裏有泉水的地方，或者在
最乾旱時節山洞滴水形成的水潭，都有人在那裏拜龍王。每年春
天，村裏就組成朝聖隊伍，把龍王的神像請下山；等豐收過後再
隆重地還回去。此時聖母像也從廟裏請出來巡視附近的龍王廟。

106

朝聖隊伍中有鼓、鐃、樂隊、華蓋，以及村裏的一大群男人；婦女則在邊上看。神像就放在隊伍末尾扛的神龕中。到乾旱時節，人們又會組織其他朝聖遊行到山上去拜。村裏也是每家出一男丁，也用鴿羽信通知其他村莊。遊行隊伍念著阿彌陀佛，其他村民則把柳枝在水罐裏浸一浸，灑向遊行隊伍。走到龍王廟時，會有以從水塘裏汲水為主題的儀式表演，這與聖母堂的聖餐禮很不同，不過調動情感的程度是一樣的：崇拜者赤腳行走，肩扛沉重的鐵器，整夜不睡，一直誦念阿彌陀佛。而在天主教朝聖堂每年舉行的慶典中，朝聖者也是整夜不睡，不停地對煉獄魂祈禱，有時候還鞭打自己。[38]

就在天主教隆重朝聖的這一天，真的下起了大雨。待圪潦溝村民返回時，河水已經上漲了。有個大村中，只有兩戶基督徒，村裏一位老人對聚在廟前的人群講話，話中就感謝了天主教徒已然奏效的祈禱。這個村的樂手甚至加入到遊行隊伍中。隊伍回到圪潦溝時，女人們被大雨和這樂團的到來所感動，顫抖著喃喃誦念「耶穌和瑪利亞」。此時鞭炮和火槍齊放，如同意大利南部的習俗。圪潦溝堂區確有一把1882年英國造的霰彈槍用來慶祝。（另一個堂區有三門小火炮，曾用來在聖誕節午夜彌撒中開火，把教士住處的窗戶紙都震破了。）寺廟通常不會藏火器，不過與神相關的遊行，通常也在宣示地方的權力關係，因此也常引起爭端。圍繞山上的聖母堂形成了一個天主教村莊網絡，而其他朝聖點也一樣，把某些村莊團結起來的同時，也將它們與別處隔離開來。這種以崇拜為中心形成的網絡，有時會引發一些問題，但它是中國鄉村架構的一部分。[39]

因此，寺廟之所以成為後來麻煩的引爆點，更多地源於宗教的相似性而非不同點，但也因為官方聯合國家和寺廟的力量來抵制基督徒，作為對抗外國干涉的一種手段。寺廟崇拜對地方身份

認同的塑造是長遠而有力的，宗教遊行和年度慶典成為地方的主要節日，但它們與國家之間的關係也比較微妙。神祇和禮儀通常密切配合國家正統，規範社會秩序，但儒家也一向批評圍繞寺廟形成的群體慶典，認為其組織架構多游離在國家掌控之外。[40]

寺廟慶典的組織者，期待群體中的每個家庭都能分擔費用。由於徵稅常不得人心，十誡也明確禁止基督徒崇拜其他神，因此中國基督徒拒絕向寺廟捐款，由此引起的爭執，從清初以來就是司空見慣的事了。早期幾個案例說明，當時這些爭端鬧到公堂上的時候，結果常常很不確定。有個傳教士寫到，儘管法律禁止舉辦慶典及相關的社戲和遊行活動，但若基督徒拒絕捐錢而被鄰人找麻煩，是無法在公堂上申冤的。儘管如此，有些官員確實做出了有利於基督徒的裁決：有個判案的官員評論道，基督徒不指望別人來為他們出香火錢，所以別人也不要指望基督徒捐錢給寺廟。官員常常把人群分成兩組，確定雙方各自出的錢數，這樣簡單地作個調停。1780年代第一次大規模的鎮壓後，此類訴訟就沒有了，往後人們要讓他們的基督徒鄰居出錢，只要簡單地恐嚇就可以了。但是到了1843年，禁教令甫一廢除，太原城的一個官員在審判此類案件時，就裁決寺廟敗訴，認為法律並沒有要求任何人給寺廟捐款。[41]

1860年之後，對待基督徒拒絕捐款的案件，就是完全不同的態度了：官員們幾乎都做出對寺廟有利的裁決，而從措詞上看他們的判決，此時中國的國際角色時常成為考慮問題的出發點。某位長官審問一個拒絕捐款的天主教徒，問他從哪裏來，之後說道：「你既是清國人，為甚麼你要隨洋鬼子反叛教，你們盡是反叛⋯⋯你們一定該出戲錢，若不出戲錢，不准你們在清國住，出外國去。」[42]

另有一案，雖然官員如早期常見的那樣裁決天主教徒勝訴，並指責村裏的頭人敲詐，但人們不會認為這麼判是因為儒家官員反對寺廟迷信，而是外國傳教士強權施壓的明證。[43] 官方態度的這一轉變，是對在中國日益擴張的西方列強的回應，也說明了地方政府日漸倚賴包括寺廟教團在內的精英團體，因為在太平天國戰後，需要他們來提供服務。不管如何，官府和寺廟結成的抵制基督徒的新聯盟蓄積著巨大力量，因為它把人們切身感受到的地方身份認同直接上升到國家主權的層面。不過這種力量也很危險，因為這些寺廟團體及其構建的關係網，國家一向很難有效地管控。

— + —

隨著傳教士及其作為越發張揚，天主教群體越來越難融入周邊人群，以及官方對地方寺廟教團的認可，局勢越來越緊張，最終促成1900年對天主教村莊的暴力攻擊，不過直接誘因來自省外。消息從山那邊的山東省傳來：有人結社練武滅洋教。很快，類似的組織開始在晉祠和其他寺廟聚集，在那裏他們舉行儀式，鬼神附體，操練武藝。他們把自己看作清政府的民兵組織，抵抗列強，期待回到視基督教為非法的舊時代中：假的政府文告到處傳發，讓基督徒棄教並威脅那些拒絕的人。但世易時移，如今同類事件觸發的結果就很不一樣了。以前的基督教，與白蓮教一起被定性為異端時，當地人並不太關注，除非有機會可以藉此訛一把。如今，基督教作為外來宗教被否定，又有一支外國軍隊登陸向北京進發，地方民眾則舉起武器殺向臨近的天主教村莊。很快，捷報頻傳義和團在北京地區與正規軍並肩作戰，受到朝廷的嘉獎。在太原城，新任巡撫開始招募當地拳眾到軍隊和正規民兵組織中；他們在城外紮營，據說巡撫還親自探視和訓練他們。[44]

在晉中平原地區，屠殺開始了。第一個被殺的是梁泉道的一個天主教屠夫，因為自己的職業，他被指責放血施妖術。這事沒人來調查，於是參與此事的義和拳眾藉機鞏固自己的地位。約有100人進到太原縣城裏，要求當地政府供應糧食。縣令出來迎接時，他們直接衝入公廨中，佔了他的座位，拔出劍來並咒罵他。縣令被嚇壞了，寫信到省府要求增兵救援。[45] 在朝的大部分官員都嫌惡這些人，只是清廷對解決此問題的辦法意見不一，導致地方長官一直等待上頭的明確指示，聽任暴力滋長。

洞兒溝民眾也受了驚嚇。有人帶來消息說，本省北部一座教堂已被毀，詆毀基督徒的傳單也到處散發。謠傳太原城裏的主教座堂已被焚毀，洋人都被殺，拳眾還策劃夜襲本村。村民們開始搜羅能用作武器的農具、長棍、劍、刀和矛；也有來福槍、手槍、各式左輪槍、彈藥袋、子彈、釘子，以及其他可以當作彈藥的物品；還有可以用作炸彈的煤油、錫罐和鐵桶。他們在鐵桶中填上土和碎石，填實了後，蓋上一層霰彈鐵球、一條引信，再蓋上一層土和碎石。住修道院裏的年輕傳教士以前常做這些，他記錄到這些東西效果非常好，射程很遠，殺傷面大，只是用起來不安全。他還遺憾無法使用硝化甘油，因為那儲存在太原（可能是在主教座堂那些房子裏）。各個家族把他們家貴重的東西都埋起來。女人們躲到山裏去。男人們築起防禦工事，其中一群人到清源去買彈藥。[46]

附近的村莊和市鎮開始恐慌，以為天主教徒要攻打他們。到19世紀末了，地方精英才第一次在他們的著作中提到天主教徒。此時住在晉祠附近的士子劉大鵬，記下了當時的傳言：洞兒溝基督徒將要襲來殺掉所有人。附近有些村莊的村民，躲到地裏藏了一整夜。在太原縣裏，夜裏聽得到一陣奇怪的嘶嘶聲，聽著很像

110

在喊「殺」；縣官下令擊起鼓，派人嚴守城牆和城門。人們怕受到
直接襲擊，同時也對妖術很恐慌：怕奇怪的嘶嘶聲，怕井水裏投
毒，怕血潑在門口致屋裏人發瘋，也怕會變成士兵的紙人。一支
巨大如輪綠色的手，出現在城門外平原上的夜空中。人們往洞兒
溝的方向望去，據說曾看見火球竄動，還有身著白衣、騎著白
馬、舉著火劍的一群人正在威脅他們。這些閃閃發光的形象，正
是天主教徒一直祈禱求助的煉獄魂。[47]

　　附近村莊震怖於洞兒溝的防禦姿態和戰爭準備，但同時，對
平原上的很多天主教徒來說，洞兒溝是唯一安全的地方。九汲范
家有個人，眾所周知是為孤兒院搜羅兒童的，在路過平原地帶的
時候被殺害。趙毓謙到洞兒溝來的時候打扮得像個搬運工，鬍子
都剃了，基本上認不出來，全身濕透，因為渡船拒絕載他過河。
他在一片混亂中從太原城穿過平原地帶，到曾是他學生的另一個
教士的臨終病床前，之後再到洞兒溝去。他身上帶著戒指、耳環
和銀頭飾，這些是他經過某天主教村時，那裏的婦女請他做彌撒
的報酬；他還講到用聖水製造奇跡、用護身符驅魔的事。數天
後，他與年輕的陳國砥跑到山裏躲起來，只是被發現了，不得不
返回。普通教眾也成群結隊地湧入洞兒溝，但是婦女被攔在外
面，除非她們自己帶著食物。這個村的軍隊迅速擴充到兩百人
（而劉大鵬聽說的是兩三千），安懷珍帶領他們向一群正在靠近的
拳民開槍，後者很快就撤退了。[48]

111　　　第二天，鄰村的頭人帶了一份縣令的公告前來，公告命令天
主教徒棄教，否則論死。兩個武裝的村民去接他進來，敬他茶，
恭敬地聽他講述；他說他很清楚讓洞兒溝人放棄信仰是沒有意義
的，但還是勸他們要與鄰居和平相處。幾天後，他又來了，說政
府軍隊很快就會開到。安懷珍和修院裏的其他傳教士帶上教會的
全部資產，逃到山裏。留下來的只有一個傷寒病重的傳教士，無

法轉移，只好藏在山坡上的洞穴裏。幾天後，富格辣主教連同天主教和新教的其他傳教士都被殺害在太原城裏。[49]

安懷珍成功地轉移到內蒙古，只不過逃到山裏和留在村裏一樣危險。趙毓謙和他的侄子再次逃離，這次與梁泉道的堂區教士和一群身強力壯的年輕人一起。他們渡過黃河進入陝西境內，在那裏跟其他人走散了，又遭遇了劫匪。他們孤獨無助，身無分文，回頭一路乞討路過深山地區。那裏的人在好年成時尚且窮而暴戾，如今乾旱更讓他們絕望，就連劉大鵬都說不敢把他的家人送到那裏去避難。如同那一年很多不幸的旅行者會遭遇的，趙毓謙被指控向井裏投毒。他想逃跑，但被抓回去，挨了一頓毒打，血流滿面。之後，他和侄子兩人手腳都被綁起來，掛在杆子上，被抬到另一個村子去。侄子同意放棄天主教後被釋放了，而趙毓謙拒絕棄教，於是被手腳綁起吊在村裏一座廟的梁上。第二天被放下時，他已經奄奄一息了，但被要求棄教時再次拒絕，說他的家族已經七個世代都是基督徒了。隔天他再被折磨了一番，最後被一把劍直插入肚子致死，身體被肢解後燒掉。[50]

很快，個別的謀殺升級到戰鬥級的殺戮，此時義和團逐漸以正規民兵組織的姿態出現，支援清政府抵抗外國勢力。在這個地區的戰鬥特別激烈，因為這裏精心建造的新教堂讓大規模的天主教群體顯得很扎眼，而此地的長官卻比較軟弱。劉大鵬親眼看見義和團在晉祠聚集：大群成年男性和少年頭上圍著紅頭巾，腰上繫著紅腰帶，腿上是紅綁腿。他們在旱魃廟裏祭拜，然後成群結隊出發，舉著旗幟，喊著口號：「扶清滅洋！替天行道！」稍後，劉大鵬站在家門口，看著三太子——曾領導襲擊洞兒溝的清源義和團首領——帶領約有1,000人的軍隊出發，隊形齊整。[51]洞兒溝附近那些傳統的天主教群體都受到攻擊。有些村莊的天主教徒躲到新教堂中防守，但一旦教堂被攻下，幾乎整個群體都會被屠

112

殺。西柳林的村民聽說義和團來了，便都逃跑了，身後的教堂和家園都被焚毀。有時候，洞兒溝村民會衝出來，協助擊潰圍攻之勢。在一個富裕的平原村莊裏，天主教徒被四百多名義和拳眾圍困在精心建造的堅固的石製教堂中。天主教徒從山東和直隸請了僱傭兵，戰鬥持續了六到七天。洞兒溝的戰士殺入重圍後，那些強壯能跑的都跟著他們撤退了，只留下年老和體弱的；三天後教堂被焚毀，他們也都死了。最後死了33個天主教徒，與兩個義和拳民。[52]

隨著其他村莊一個個陷落，拳眾從平原各處聚集到梁泉道，在那裏打了堪是省內最激烈的幾場戰。有一次，有約千名拳眾發動進攻，不過教眾設法殺了他們帶頭的，奪了五門火炮。教眾也有很多被殺，不過在戰鬥白熱化的當口，他們看到這麼一個異象：一道強光出現，在光中間是上帝的手臂。他們下跪祈禱，等到異象消失的時候，便敲起教堂的鐘，起身把拳眾擊退。梁泉道的戰鬥漸趨激烈時，拳眾也聚集在洞兒溝，只是有防禦工事和村民有備無患，進攻相當困難。村民還試圖用十字架對拳眾驅魔，呼喊耶穌和瑪利亞的名字，向他們灑聖水。在交火中，村民沒有一人被殺。這也許也是因為，拳眾之前搶了傳教士在村裏做的聖餐酒，並醉飲了足足7,000磅。清源的士紳請來正規軍隊，但他們行進到太原縣就折回去了。很明顯，政治形勢已經發生了變化，拳眾也逐漸散去。[53]

兩個月後戰鬥結束，該地區有將近1,000人被殺。[54]死亡的多是男性，特別是正當壯年的。女性被殺的較少，因為有些婦女被當作財產賣了，但這些被殺的男性中，不管是強壯的年輕人還是年老的教士如趙毓謙，明顯都願意為信仰而死。有個人來自傳統的天主教村莊，他在殉道者名單上被稱作「糟糕的基督徒，吸鴉

片的，不參加每年的祈禱和聖餐」。拳民抓到他，把他帶到村中的廟裏，對他說：「你已經不做基督徒很久了，只要對你的宗教說一個不字，我們就馬上放你走。」結果他高喊道：「你可以把我的心挖出來，但我是不會説的。我現在是、將來也一直是基督徒。」拳眾當場就把他打死了。[55] 在各個年齡段中，逃生能力最弱的兒童被殺得最多。在殉道者名單上，整個山西省有1,820名，其中十歲以下的兒童562名。[56] 洞兒溝的村民倖存下來了，不過他們的親友都死了：武家有個人失去了嫁到鄰村的女兒，一起被害的還有她15歲的女兒和分別是13歲、10歲、7歲和4歲的四個兒子。稍後，平原村莊的棺材都被集中到洞兒溝埋葬。[57] 村民看著它們堆在一起，若以前他們曾有怎樣生離死別的痛感，在那個恐怖的夏天不免要加倍泛起。

　　此時八國聯軍已經攻下了北京城，並迫使清政府否定義和團。聯軍穿過華北平原往山西進發時，清政府的政策也突然轉向。山西巡撫被撤職並被迫自裁，縣令被解職，拳眾開始遭到逮捕甚至處死。八國聯軍聚集在山西邊界的山區待命。按劉大鵬所記，當地人都以為洞兒溝的天主教徒與八國聯軍勾結，囤積糧食和武器準備造反。此時，傳教士也偷偷回來了。范方濟曾在深夜裏用繩索翻過城牆，從太原城中逃出，躲到聖母堂附近的山裏，如今也回到修道院中。已經到北京的安懷珍向意大利使館官員求助，同時向鬥士范方濟要他在馬背上的照片：如今范方濟已經成為意大利傳教士中的英雄了。有一張照片倖存至今，照片中一群男人和少年在修道院前擺拍（圖8）。馬背上的傳教士正在指揮他們，指向前方，旁邊是一個號手。一面旗幟在風中飄揚。一個中國教士掛著繡上十字的披帶，那是他職位的標誌。穿著與身份相配的長袍的神學院學生在前方蹲下，舉著槍向外，後面是穿著普

114

圖8：一個傳教士（很可能是范方濟）帶著洞兒溝的神學院學生和村民在修院外面操練，1900年。感謝意大利Archivio Fotografico, Centro Studi Confortiani e Saveriani, Istituto Missioni Estere, Parma。

通衣服的一群男孩，還有一群人扛著槍，其中很多人還在戴孝，圍著白頭巾。據劉大鵬記載，他們每日操練，從平原上遠遠就能聽到槍炮聲。[58]

—✦—

　　儘管天主教眾與周圍社會基本價值觀並無不同，但拳亂數戰，以嶄新的方式加深了他們與鄰近群體的隔閡。由教眾樹立的很多碑志，用極具儒家色彩的詞匯來形容這些殉道者。有的說殉道者是「自甘為主授命，全忠孝於永世」，[59]有的則讚揚殉道者對民族的忠誠。趙毓謙的墓志銘盛讚他「流血為支那開化」（卻沒提及他年輕時反抗外國傳教士擅權的經歷）。[60]

115　　　儘管如此，對很多人來說，天主教群體幾乎等同於外國勢力。梁泉道和洞兒溝是在拳亂中僅有的倖存無傷的兩個群體。曾經只在山坡上有些窯洞的洞兒溝，現在發展成強大而有影響力的村莊。幾年後，劉大鵬往清源去的時候路過這裏。他寫道：

十八日詣清源，路徑固驛村，遙見村西里餘許為洞兒溝，村民皆從洋教，村座山麓，教堂建在半山，周圍繞以垣，垣內房屋甚多，地勢宏廣，修蓋皆洋式，洋夷盤踞如巢穴，誘民入教，凡入教者皆莠民，為得洋夷之金以贍養身家，非真喜其教而樂從之也。教夷固愚，教民更愚。……凡經過其地者，莫不指而目之曰：「此即洞兒溝也，吾輩均受其害，不知何日乃可將此處除滅耳。」途人之言如此，非恨極而何。[61]

這些表述裏反映出的隔閡，確實就是天主教村莊的真實境遇。洞兒溝已經存在200年了，到這個時候還沒有與鄰近地區矛盾的相關記載，因為那裏的人太窮，太不重要，引不起別人的興趣。從1860年代起，當傳教士禁止教眾參與喪禮、寺廟慶典和與外人通婚時，它就逐漸與周圍的群體隔離開來了。而導致天主教眾真正被孤立的，是1900年的戰鬥和殺戮。在20世紀，倖存者的回憶把村民凝聚成一個強大和排外的群體。直到1960年代，還有人記得那些殺戮，也知道當時清政府針對他們時到底發生了什麼。對他們來說，那事件不叫什麼起義，而是一場嚴重的迫害。

第五章
對村莊下咒的傳教士

曾經有個法國教士，在故事中被稱作「法」，他帶了一尊漂亮
的露德聖母（Our Lady of Lourdes，因1858年瑪利亞在法國露德一
地顯聖而得名——譯者按）雕像到村裏。幾年後他被調到別的堂
區，想把雕像也帶走。他準備了一個木箱要裝雕像，但被教眾攔
住了：他們用石頭堵住教堂門，不讓他進去。這個教士很生氣，
罵這些村民是茹底亞國人（Judean），行將離開此地時還脫了鞋
子，撣掉鞋底的灰塵，祈求天主連續降下七年災荒來懲罰他們。
第二年，地裏莊稼快成熟時，山後大片烏雲飛來，冰雹開始砸
下，把還未收割的莊稼都毀了。起初，那些基督徒並不相信會一
語成讖，但是第二年又下了一場冰雹，再下一年依然如此，直到
這些村民窮困潦倒，不得不向附近的基督徒求糧食救急。後來他
們回想起教士的話，就在山上建了一座供七苦聖母的教堂，此後
就再也沒有冰雹了。[1]

洞兒溝的所有故事中，這是人們最熟悉，也是與此村關係最
密切的一則。跟村民講的其他故事一樣，它的情節設定也是熟悉
的模板：故事中的外來人擁有危險的力量，輕易冒犯不得。當地
類似題材的故事很多，主角多是經驗豐富的煤礦監工，受僱指揮
煤礦生產；有誰不慎得罪他們，便能把整座礦都摧毀。[2] 但這則

故事也源於洞兒溝的宗教歷史：那險些被盜的露德聖母雕像，幫
忙消災的七苦聖母，兩者都是19、20世紀之交聖母瑪利亞的重要
形象。此外，教士戲劇性的姿態，其實直接借用耶穌送別使徒
時說的話：「誰若不接待你們，也不聽你們的話，當你們從那一
家或那一城出來時，應把塵土由你們的腳上拂去。」(《瑪竇福音》
10:14)

對今天的洞兒溝人來說，這則故事解釋了山頂上宏偉的七苦
聖母堂的由來，也達到彰顯她法力無邊的目的。教堂的管理員講
這則故事的時候，也提到聖母堂創造的其他奇跡：比如讓天下
雪、讓兩名婦女歸信，以及治好遠方某市一個愛滋病人。對晉中
其他地方的天主教徒來說，這則故事可以用來說明洞兒溝及其村
民的品質。在他們看來，故事的重點不在七苦聖母的神力，而是
把洞兒溝人比作殺了耶穌的茹底亞人。其他村莊也流傳著類似的
比喻：九汲人也被稱作茹底亞人，新立人被比作曾否定耶穌三次
的彼得，因為他們從未被義和團攻擊過。由此，這幾個主要的天
主教村的村民，成為當地天主教徒譴責的對象：枉費長期以來與
教會關係密切，卻不忠誠也不順服。而讓非天主教徒來講這故
事，他們會跳過茹底亞人和聖母神力的部分，把重點放在詛咒這
件事上，對他們來說，這反而能說明洞兒溝村民為什麼信仰如此
堅定，又如此聽命於教會。這一點既是對天主教徒德行的讚美，
但也說明了自庚子事變以來，周圍彌漫著對他們的敵意和恐懼。

這則故事各種版本的共同背景是，掌權的傳教士和依附他們
的貧苦村民之間的緊張關係。這樣的矛盾在20世紀早期達到頂
點，那時庚子賠款使得晉中地區的傳教士財富劇增，但中國的民
族主義也在生長。在共和主義和民族主義的推動下，1911年的辛
亥革命推翻了清政府，此地的矛盾也隨之激化，演變成村民和一
個暴脾氣意大利傳教士法濟尼 (Francesco Fazzini) 之間一系列的爭

吵。這些爭吵(在其中,因為他中文名中的「法」字,法濟尼常被記作法國人)是「傳教士的詛咒」這則故事的來源。故事以七苦聖母堂的建造結尾,這說明此地新獲1920年代新主教區總部的地位,在此投資建設,多少化解了一些矛盾,但這則故事還一直流傳,說明它提到的鬥爭也持續存在。儘管山西教眾並沒有把故事中的「茹底亞人」與「猶太人」聯繫起來,但法濟尼說的話很可能與歐洲日益增長的反猶主義有關,也源於意大利天主教會內部對法西斯主義的支持。20世紀20、30年代,意大利和中國的民族主義都在增長,兩國又分別加入二戰對立的陣營作戰,也為此遭受很多劫難。當晉中地區在1942年被日本人佔領時,這些傳教士以德意日結盟的關係,有力量保護天主教徒,但他們這麼做的代價是與當地人的民族情感之間的關係愈加緊張。

—十—

露德聖母雕像初到這村裏是在1901年,此時庚子賠款談判正在進行中。此後,因為這些賠款,這個教區變得很富有,傳教士也因此更凌駕於教眾之上。拳眾被擊潰後,設法到達北京的安懷珍代表教區與清政府談判。安懷珍不只索要一大筆錢,還要求把晉祠和附近的水源都轉交給教會,補償人員死傷和財產損失:拳民出發攻打天主教徒之前就聚集在晉祠,因此他堅稱晉祠的和尚應對此負責,遷出晉祠。控制了晉祠,教會就能為洞兒溝和其他天主教村莊提供灌溉水源,當地的財富和權力自然會向這些地方聚集,也可以趁機將晉水女河神的這座廟改造成崇拜聖母瑪利亞的場所。[3] 在談判過程中,范方濟就安排了一場遊行,以勝利者的姿態穿過各個鄉村,把一尊露德聖母像請到洞兒溝去。[4] 一般認為,露德聖母有療癒的能力(確實洞兒溝人今天也認為,村民想要留住這尊雕像,很可能是因為其治病效果好),不過露德聖母與泉水也有關聯。1858年,在法國比利牛斯山脈,聖母在一個

小姑娘面前顯聖，對那孩子說，去喝一喝附近剛出現的泉水。雕像塑造的露德聖母是一名年輕女性的形象，戴著藍色飾帶，握著念珠，一泓清泉從她腳下流出。在山西，有副對聯專門用來貼在崇拜露德的地方，上聯是「羨水秀山靈哪如露德」。[5] 1901年，把露德聖母請到洞兒溝的遊行代表了天主教的勝利，也是傳教士從晉祠取水給洞兒溝農民的決心。

但安懷珍的談判失敗了。有部分原因是他太易怒和激動，以至於不能理性地處事：他雖然倖免於難，但他的朋友和同事，以及被他勸來太原當修女的妹妹，都死於非命。他不想通過法國這個教會保護國來進行官方渠道的談判，而堅持通過意大利人來談，就是要把教廷和法國人都撇開。結果他遭到批評，說他讓天主教看起來比新教壞很多，因為新教要求賠款的大部分用作建一所大學（即後來的山西大學堂），因此他很不體面地被遣回意大利了。[6] 之後前來談判的法國人降低了要求：不需割地，也大大調低了太原教區的賠款總額。

但最終達成協議的賠款數額也非常大：四年的時間，要向該教區賠償100萬兩白銀。省府通過強制向地方精英攤派和提高鹽稅來籌款。鹽是每日消耗的必需品，由國家壟斷，因此實際上整個省的人口都被迫分攤。另有125萬兩賠給晉南和長城以北的主教區，這兩個教區分別由荷蘭和比利時的傳教士掌管。所有這些，加上中國支付給列強政府更大額的賠款，到1940年代還沒付清。[7]

付給教區的賠款額度，是以死亡人數和損壞財產的數量來計算的，但賠款直接落到主教手裏，教眾個人只能分到一丁點：每間房被毀能得到五兩、有時是十兩的補償。那些為了保命而棄教的、吸食鴉片的，或者沒有按時參與宗教儀式的，什麼都得不到。這與新教傳教士的處理方式很不一樣：遇害新教徒的家庭，

每戶能拿到5,000兩的賠償。[8] 由於沿海航運和現代銀行業的發達，此時晉商已在衰落中。平原村莊天主教徒的家族和生意一旦被拳眾摧毀，便很難再重新振作了。在洞兒溝這樣的山村裏，就算拳眾沒興趣劫掠，教眾還是很窮。從杜約理時代開始，傳教士就宣稱天主教徒很窮，依賴差會養活：山西商業的衰落、拳眾造成的破壞，以及賠款使用的方式，最終讓這些宣言都成真。

　　賠款不分給教眾而是用來投資，這使得太原成為中國最富裕的一個教區。後來該教區擁有太原城中的17處地產，包括主要的郵局、一座大旅館、一座商業中心，在天津和武漢這樣的工業城市中，也有一系列有價值的資產組合。其他資金有的投到地方生意上，有的貸出收取利息。這些投資收益增長的同時，隨著一戰的開展和法郎的崩潰，法國對慈善投入卻銳減。20世紀初教區發展所用的資金，不是外國來的捐贈，而是列強從本土經濟中攫取的利益。[9]

　　1900年八國聯軍展示出的實力、教區的新財富，都使得傳教士權力大增。在一張1914年拍的照片中，一群來自博洛尼亞的方濟各會士聚會，地點應該是在當地富裕天主教徒家中（圖9）。如同18世紀到1940年代在山西的所有方濟各傳教士，他們穿著中式服裝：合體的白色夏日罩衫，黑色外套和帽子，而坐在前面的林茂才（Giovanni Ricci），握著煙斗，還穿著一件冬天的厚罩衫。他們在意大利一般會穿棕色的方濟各會服（第153頁，圖13），但那要從國外運來，而且羊毛布冬天冷夏天熱，並不舒服，所以只在特殊場合或者修道院內穿。中式服裝雖然傳教士都穿著，但只有范方濟的姿勢比較配這服裝；他手放膝蓋上端坐著，沒有對著鏡頭看。到此時，他在中國已有20年了，已經深受流行的新觀念影響，認為傳教士就應該像中國人一樣。他老的時候為人稱道的，不只他對同事的友善（他的昵稱是「眾人的母親」），還有他

圖9：一群來自博洛尼亞的傳教士，從左至右：艾文杰（Eligio Ferretti）、
林茂才（Giovanni Ricci，坐著）、Ugolino Arcari（雷謦世）、Ermengildo
Focaccia（福濟才）、范方濟（Francesco Saccani，坐著）、Patrizio Ventura
（溫儉讓）。感謝 Archivio della Provincia di Cristo Re (Provincia di S.
Antonio dei frati minori)。

對中國習俗的了解，後者使他成為當地很受歡迎的家庭糾紛調解
員。[10] 靠在一張裝飾用桌子的林茂才，還有其他四個年輕人，都
留著長鬍鬚，挺著胸，擺的是歐洲時尚的拍照姿勢，看起來就是
意大利人；對他們來說，精緻的中式服裝就很不合身了。從照片
中可以感受到他們身上財富和權力在握的優越感，但這些人也努
力展現他們對中國文化的歸屬感。

　　大量教眾的生計都掌握在傳教士手中，因為有庚子賠款帶來
的財富，教會可以僱更多人，也有更多依附者。在1918年，太原
主教做了大致估算，他需要養活5,000人，其中包括1,000名孤兒，
這還不包括由教區委託人家收養的約3,000名年紀更小的兒童，因
此需要教區資助的數目更接近於8,000人。這些人中，有些是專職
的宗教人員：教士、修女、守貞女、神學院學生以及傳道員，共
376人。其餘的可能是：領補助準備洗禮的人、孤兒院接收的老

人、請來的教師、木匠、廚子、看護、車夫、趕騾子的、送信的、提水的、還有拉煤的。把準備接受洗禮的新入教者算在內，此時的太原教區有天主教徒總數約 50,000 名，因此，這些人六個中就有一個或多或少靠教區資助；依賴教會的其實還有更多，因為有人需要向教會租地、向教會出售貨品或勞動，或者跟教會借錢。[11]

122

　　洞兒溝的孤兒院是教會新依附者聚集的地方之一。除了接收嬰兒和兒童之外，孤兒院此時也收容了大量成年女性。孤兒院可以接收婦女，這讓教士方便插手家庭事務。有一戶人家從孤兒院收養了一個女孩，讓她幫家裏幹活，等養大了再嫁給他家兒子。他們家很窮，當某傳教士登門探訪時，他很驚訝地發現，女孩與男孩未婚就住一間房。傳教士質問女孩，她哭著説她穿的都是破衣服，被大家虐待，也不想嫁給那個男孩。傳教士當即決定（以明顯的歐洲人的觀念）把女孩送回孤兒院，不僅因為這麼住一起不對，而且因為男孩不愛那女孩。類似這樣的干預，是控制女性的一種方式。有個非天主教女子被送到孤兒院，因為她想毀掉婚約，而未婚夫此時正準備入教。準婆婆把她拖進教堂，但到了裏面她堅決不跪，便被送到孤兒院學習宗教知識。另一方面，對無依無靠的女性來説，孤兒院是很好的避難所。曾有個中國教士向主教寫信道歉，説未經批准就把一個年輕婦女送到那了。該女子年幼時曾在孤兒院住了幾個月，現在逃離她丈夫。她在外乞討，想方設法找到教士，當即下跪，對他説如果孤兒院不收留她，她就自殺。[12]

　　在孤兒院長大的女孩，可以宣誓成為守貞女留在那裏，因為如今教會有錢，守貞女就不再需要依賴家庭了。但如果她們選擇嫁人，丈夫必須是天主教徒。由於女孩更容易被遺棄，在孤兒院中的多數是女孩。她們中很多從非天主教家庭來，於是在天主教群體中適婚女子供過於求，給天主教徒新娘的彩禮錢自然就降下

來了。某縣有個傳教士注意到，娶新娘的彩禮一般是40貫，但是男性教徒只願意付30貫。因為這個價差，教眾更願把女兒嫁到非天主教家庭，再讓他們的兒子少花些錢到孤兒院娶個女孩；這種操作，神職人員當然是強烈反對的。傳教士要求當地官員禁止人們娶天主教女孩；能讓官員直接下個禁令就好辦了，但如果他們不肯的話，就得上訴到北京，那裏的領事可能會因為宗教自由而拒絕。[13]

傳教士也利用外國人的身份干涉政府對天主教徒的徵稅。在清朝最後幾年，天主教徒還一直要求免繳當地稅收，理由是這些錢被用來辦寺廟慶典。有列強在背後撐腰，要減免稅收是很容易的事，但實際上，傳教士反而是謹慎處理的。有個傳教士報告說，他派人編了一份準備接受洗禮人員的名單。目的是這樣的，若準備入教者表現差，就把他從名單中剔除，並告知縣令這些人不在免稅的行列：「這麼做是讓他們對信仰有所敬畏，做個表現良好、遵守紀律的入教者。」[14] 曾有縣令不配合此計劃，只是簡單地表示認可這份名單，傳教士就寫了一封信，激烈地指責他對歐洲人有意見。

教會自己也徵稅。從18世紀開始，天主教群體成員就集資延請教士到訪做彌撒和告解禮。那時候人們花錢請天主教教士主持儀式，就像他們可能也請和尚和道士來一樣。後來的主教試圖強制執行定期探訪制度，由是到19世紀末，多數天主教群體每年都會有一場彌撒，只是隨之而來的強制徵稅引起很多爭端。[15] 有幾則洞兒溝村民講的故事，說的是平原村莊有錢人因為不義被懲罰的事。其中有一則與艾文杰（圖9中一個年輕的博洛尼亞傳教士）有關，他當時正按照地產大小向各家收稅。有個富人拒絕交錢，問道：「你是向人傳教還是向地傳教？」對此，傳教士威脅道，上帝會奪走這人所有的財富。果然，那年夏天富人的牛欄就著火

了，此後兩個兒子都吸鴉片成癮，剩下一個女兒不得不被送到孤兒院去。[16] 在其他問題上，村民也會通過拒絕納稅的方式表態。當九汲村民知道那些吸鴉片的、賭博的都不能從庚子賠款獲益時，感到很震驚，於是就有一群人拒絕向教堂納稅，最後只能對簿公堂。因為不交錢而拒絕他們告解的傳教士，總結他們的態度是這樣的：「這個洋人是誰？我們已經跟主教投訴他了。主教都說了，他阻撓我們告解。他就是敷衍了事。管他聽到懺悔時震驚、心碎還是別的？有人來告解，就應該給赦罪——這是他的職責。……你倒是看看，九汲的基督徒會怕傳教士麼！！」[17] 與他寫的前一封信一樣，他在這封信的結尾，也催促主教批准他將帶頭的打一頓。

124

　　傳教士手握實權，清政府又奈何他們不得，毆打堂區教眾就是很自然的事了。在18世紀曾有一例，其中傳教士打了包括婦女在內的信徒，作為他們懺悔後的懲罰，但那時候主教對此很震驚，威脅不把那傳教士調走他就辭任。1853年，也有禁令禁止教士打人，但除此之外，並沒有其他證據說明那時存在這類事。[18] 確實，如果在1860年代存在傳教士打信徒的常態，王廷榮完全沒有提到，就很不可思議了。而到1900年代，似乎只要徵得主教允許就可以打教眾了，而且有時候是先斬後奏的事。[19] 作為懲罰犯罪的手段，公開懺悔（penitence）是很普遍的做法；有一群洞兒溝的老人，因為偷教堂的蠟燭被抓，被迫把繩索套在脖子上到教士面前懺悔。有時這類懺悔儀式也會擴展到使用體罰。有個傳教士要求曾經棄教的人跪在教堂門外祈禱，同時讓教士用棍子打他們。教士有時候也因為生氣而毆打教眾。一個中籍教士報告說，出於強烈的正義感，他打了一個把養女賣給非教徒作媳婦的人。有時候傳教士怒氣太大，暴力似乎就是唯一解決的辦法了。有一則故事裏，有個人把小女兒帶到傳教士跟前求洗禮。孩子的母親

極其不願，來搶孩子。傳教士抓住母親的胳膊，把她拖到屋外，但她又回來，罵個不停，於是傳教士掄起別人遞給他的馬鞭抽打她。之後他就給孩子施洗了。對此他很不安，但給自己找理由，說他當時所做的，是從魔鬼手中奪回一個無辜的靈魂。[20]

對此，安懷珍有更嚴厲的指責。此時，他剛從歐洲回來，拿了一個意大利傳教機構的贊助，為拳亂殉道者做一個官方記錄。他堅持一村一村地走訪，儘管這個過程對他來說是痛苦的體驗：他常呼吸困難，因為嘔吐和痙攣而發抖，所以每次聽審之前得先躺下來休息幾個小時。教會對遇害的中國基督徒有正式記錄的，山西是唯一一處，因此探訪後很多人都被錄入教會殉道者名單中；但為了搜集資料以完成這些記錄，安懷珍最終也操勞而死。他於1911年去世，臨終前向教皇寫了一封長信，細數在華差會權力使用的不當之處。在其中，他譴責之前的同事，說在某些地方，傳教士毆打教眾比官員還頻繁，有時打得太狠，幾乎要出人命了。他說，法國和德國的傳教士是最差的，只是在山西若有此類事件記錄下來，顯然也不會提到暴力等級。安懷珍的指責說明，覺得傳教士權力過大的，並不只有中國村民而已。[21]

— + —

教區的新財富可以供養更多的傳教士。從1903年開始，也是自1770年代以來首次，歐洲神職人員數量超過了中籍人員。1930年代早期，有超過100個傳教士在山西活動，在太原教區就有29個。[22] 在晉中的堂區中，這些人聯繫緊密，定期聚會，舉辦社交活動。隨著人數增加，他們之間也開始拉幫結派了。他們主要分成這兩群人：一部分人從意大利北部和博洛尼亞來，後者是位於意大利現代農業區中心的繁華都市，並有一所著名的大學；另一部分人來自羅馬附近、相對窮困落後的拉齊奧（Lazio）地區。包括安懷珍和范方濟在內的博洛尼亞教士，總是居於少數，但受到良

好教育，可能大多來自城市中產階級家庭。北意大利人一向掌控
教區內的所有高級職位，直到1900年才有所改變，那時有好幾個
死去，獲得殉道者的殊榮，其他人則因為或躲或逃，都名聲掃
地。相比之下，來自羅馬鄉下的教士，受的教育比以前多數傳教
士少，有的幾乎不識字，但是由於家鄉的紐帶關係，他們這一派
也很團結有力：在20世紀早期，到太原的傳教士，有16個從阿
爾泰納（Artena）來，另有六個來自鄰近的村莊波菲（Pofi）。[23] 對現
代中國的民族主義，這幾派態度各不同：受過良好教育的博洛尼
亞教士傾向於與中籍教士站在一起，支持改革，而羅馬來的教士
則努力維持傳教士的權力和地位。兩個派別相互競爭，又有庚款
相助，便合力推動新一輪勸化的開展，而這也與教會內圍繞傳教
士權力的鬥爭糾纏在一起。

太原神職階層之間的派系鬥爭，是在中國甚至世界更大範圍
內鬥爭的一部分，它受到反帝思潮的啟發，也與教會中新興而活
躍的自由主義思潮有很大關係。歐洲人讀到拳亂的事，在敬仰那
些殉道者的同時，他們也開始發問：這事為何會發生，基督徒又
為何如此遭嫉恨？萊昂·若利對此的回應有廣泛的影響，他建議
在亞洲的傳教士把權力讓給當地神職人員。他沒有提到王廷榮，
不過繼承王廷榮使命的，不只是整個中國的神職階層，還包括
新一代的傳教士。其中最有名的是比利時教士雷鳴遠（Vincent
Lebbe）。他初到中國時就很驚訝：吃飯時傳教士都坐上席；有些
傳教士幾乎不會説中文；不管經驗多豐富的中籍教士都屈居外國
傳教士之下，凡此種種。在天津傳教時，他聯合年輕一代的中籍
教士，著手把傳教事業現代化和民族化，公開演講呼籲建設國民
道德新體系，還辦了一份教區報紙（即《益世報》），該報後來成為
中國主要的全國性日報之一。[24]

126

　　類似的觀念在山西開始傳播，教士和傳教士通過全國性和省級報紙關注時事進展，通過歐洲差會的期刊跟進教會主流。[25] 從意大利馬凱 (Marche) 地區來的希賢 (Eugenio Massi) 為人溫和，作為博洛尼亞和羅馬派系鬥爭妥協的產物，他在1910年被任命為主教。希賢選擇走的是明顯的現代化路線。他第一次到中國時，被派到偏遠山區，吃的都是中國的食物，從那裏他寫信說道：「對中國人，我就作中國人，我會爭取到中國人的」(套用的是保祿在《格林多前書》9:20中的話)；接下來又聲稱，孤兒院裏面的女孩，要把她們嫁出去其實沒必要裹腳的。[26] 范方濟是與他走得比較近的支持者，此人如前文所述，在博洛尼亞傳教士群像中的標準中式坐姿，反映出傳教士尋求中國身份認同的一種努力。傳教士對現代的、民族的、中國的教會的支持，也得到中國神職階層的熱烈歡迎，後者由此接受了全球教會中新自由主義的洗禮。

　　傳教士被指責最多的，是他們發展教眾的工作做得不好，因此改革派和保守派都在此著力，競相擴大勸化的規模。從17世紀以來，出外傳教第一次成了首要任務：傳教士如今承擔起當初僱來的傳道員的工作，也把教區大量資金投入其中。只是當基督教與列強關聯越多，拳亂後群體與外界越隔離，比起幾代之前，如今要人入教顯然要難很多。18世紀時，人們加入的基督教，與其他地方宗教差不多；到20世紀初，正值民族主義高漲，要他們選擇的卻是被外國人控制且組織嚴密的機構。在傳統天主教村莊周圍，很難勸人做出如此重大轉變，因此傳教士就到晉西北山區，因為那裏的人最窮，天主教群體也很少。從成人洗禮數據統計的那張表 (第一章，圖2) 中可以看到他們努力的成果。表格顯示，從1900年起，成人洗禮數量有顯著增長。(1920年後的波動是來自於軍閥混戰、日本入侵，以及若干新教區成立後的區劃調整。)

現代派及其反對者，都把他們的傳教重點放到貧困山區，只是所用方法有顯著不同。現代派強調通過神職人員佈道完成皈依，重視與當地精英和官員搞好關係。希賢初到山西時，他決心自己向人佈道，於是向人要了一本新出的中文佈道詞的書，以便知道到時要說什麼。陳國砥被派到山區協助希賢；當初逃難的傳教士剛回洞兒溝時，就看到他大膽地穿著方濟各會服了。兩個人年紀相當，相處得也很好，在官員和地方精英面前展現出教會現代和道德嚴格的一面，比如力促官府禁止弒嬰。他們還建了學校、養老院，還有一座大型灌溉水渠。陳國砥在信中對異教徒很不屑，譴責他們在乾旱時節演社戲，看到樹枝自燃就迷信地跪拜；他說道：「我們正常情況下歸因於自然原因的，這些異教徒倒是很驚訝，把它看作來自神靈的力量。」[27]在此也許可以大膽推測，第一次有山西天主教徒表達並不存在地方神鬼的觀念。很多中國教士都有這樣的現代觀念，這使得他們能夠與教會外受過教育的、抱有民族主義理念的同輩交往。這樣融入現代化因素的傳教，在20世紀20到30年代成就最大，那時一些中國教士與地方官員和精英聯繫非常密切。有個教士炫耀說，他主持的復活節彌撒，地區領導及其隨從、還有一所公立高小的所有師生都來參加。[28]

128

　　不過，新的傳教風格對大部分意大利人來說勉強可行，但很難適應。希賢初到的時候，他就批評其他傳教士中文學得不好，無法佈道，文化背景知識也缺乏，掌握不了傳教過程中需要用到的辯論點。他抱怨歐洲教士太多，中國教士卻太少，還表示，歐洲人除非會用中文佈道，否則不要讓他們出外傳教。這是一個極其不尋常的立場，因為在王廷榮事件之後，大部分資深的傳教士都認為歐洲傳教士的數量必須超過中國教士，以鞏固歐洲人的控制。[29]希賢的提議若實現，很多意大利人就得退出傳教工作了，

因為當時多數都始終不會講中文。如今，有些年紀大的教士回憶說，有些在山西多年的傳教士中文講得很好，但是年輕人不會。其他人來的時候都已經過了學語言的年紀了：有個聲望很高的傳道員到達山西之前，在玻利維亞（Bolivia）作了很多年的傳教士。直到1930年代，新來的傳教士都沒有接受過正式的中文培訓，只是不管被派往哪裏，他們都按慣例向年長的傳教士或中籍教士學中文。他們對中籍教士說話用拉丁語，也只能磕磕巴巴地擠出幾個中文詞與傳道員溝通。他們通常不與堂區教眾直接交流，只有中籍助理教士幫忙傳達信息。因此，堂區事無巨細都由中籍助理教士代勞，而他們忙得焦頭爛額卻得不到提升，自然怨氣很大，這即便在60年之後依然可以感受得到。[30]

129 　　詛咒洞兒溝村的法濟尼在清朝末年來華，學中文費了很大的勁。被派到晉北山區時，他非常孤獨和不快。他的傳教事業最開始在圪潦溝，從那裏每月都進城去見主教座堂裏的其他傳教士，可後來被派到山裏了。「我可以去哪裏？」他寫了一封信給主教：「去找誰？找抽煙的任重仁（Antonio Cipparone）弟兄，還是去找處境比我還差的可憐的李文全（Domenico Vanzolini）？」[31] 他在「抽煙」一詞畫了下劃線，表示任重仁尋求安慰的不是煙草，而是鴉片，而吸食鴉片在那個地區是很普遍的。法濟尼顯然沒到抽鴉片排遣煩惱的地步，但在那裏，他處事也並非遊刃有餘。有一次，他被捲入一場複雜的家庭糾紛中。一個教徒要把女兒從不幸的婚姻中解救出來，而她同是教徒的丈夫已簽了賣身契，把她賣給另一個男人。這場糾紛各方相持不下，找到傳教士要他協商出一個辦法，而院子裏則擠滿了前來看熱鬧的人。法濟尼試圖勸說婦人回丈夫身邊，可是他聽不懂別人說的話，別人也聽不懂他說的。那個婦人於是開始哭喊、咒罵。法濟尼要她離開，這樣才能跟男人談事情，但是她癱倒在地上，不停叫喊：「我不要！我不要！我

要留在這裏。」法濟尼只好作罷，回自己屋裏，但是她鬧得更兇了。他派人叫村長來，但村長不來。最後他找來本地教眾的頭人，把她拉到院子外。在街上她繼續大喊大叫，拿石頭砸門。到夜裏那婦人才停下來，可第二天早上，在法濟尼寫信向主教求助時，那個婦人還在外面哭喊。[32]

　　這些孤獨的意大利傳教士所處的，是教區戰場的前線。他們壓力頗大，得報告入教的人數，但現代派提倡的方法卻不大會用。不過既然有庚款帶來的財富，最簡單的替代方案就是付錢讓人入教。用錢收買也有很多種方式，有些方法上級神職階層可以接受，因為他們也要報告入教人數，但有些方法就不被認可了。比如，僱傳道員這種最簡單的方式，由於這些人拿的報酬少，又沒人監管，要報告成績的話，常常只是給人一些錢，登記一下他們的名字。有更複雜些的方法，就是那些準備洗禮的，凡是前來學習教義問答和祈禱詞，都有食物款待。晉北地區在艾文杰（見圖9）手下入教的人很多；他報告說，他的駐地有成年男性和男孩共30人正在學習祈禱詞，請求撥款以使他們衣食無憂，全天候學習，指導起來也更快。有些中國教士也採用這樣的方法；有個人向主教寫信，請款1,440個銀元，說他在四個月的時間內要養活200個人，後來他又報告說，他正準備60到80個人的洗禮。[33] 付錢讓人學習，看起來比付錢讓他們登記要好一些。在西柳林，嚴重的洪災過後，入教的人就多了。某中籍教士報告說，傳教士曾經僱了47個傳道員，但卻完全無力監管，結果他們把抽鴉片的、賭博的、犯罪的都登記進去；這些人並沒有入教的想法，只想分錢而已。傳道員登記的名字，有些甚至是假的，或者是已不在村中的人。這個教士建議的改革方案是，給那些能背出《天主經》、《聖母經》以及主要的早禱文的人發500文錢，那些早晚祈禱詞都背得出來的人再發500文，還有1,000文給那些背得出教義問答

130

的。很多人對此感到震驚，陳國砥是其中一個，他抗議道：「不管對基督徒還是打算歸化的異教徒，天主仁愛的傳播，都不能以給錢的方式來替代。」[34]

儘管遭到此等反對，付錢讓人入教有時候也很公開，甚至寫到送往歐洲的報告中。1932年曾有一場嚴重的饑荒，洞兒溝有個傳教士寫到，有超過2,000人到村裏來求助，並且承諾能幫他們的話就皈依天主教。他說，這種意願非常勉強，不過人們都得到救助，也得到些指導，至少他們的孩子以後和教會便有了關聯。那一年在圪潦溝，願意入教和定時上宗教課的，每戶每人兩個月發一包小米。[35] 除了直接給，也有其他物質上的激勵，雖然有些只適用於少數人：比如允許窮困潦倒的人住到孤兒院中，男人會得到一些可耕地，或者讓他們娶個在孤兒院長大的姑娘。父母若把孩子送到孤兒院，經常要簽份合同，其中規定當他們自己入教的時候，可以把孩子要回去：「若伊父日後進教，領洗守規敬主，此孩還可歸回。」[36]

131　　教區的新財富是這些人入教的關鍵。北部山區甚至流傳這麼一條諺語：「天主全知全能，但不知方濟會士有多少錢。」[37] 那裏的人還記得傳教士用一頭頭騾子把銀兩馱來。有些傳教士辦起了票號，教堂成為地方商業的匯兌網絡，免去商人親自穿行山區的風險。[38] 當然，並不是所有的入教行為都來自金錢的驅動。與前幾個世紀一樣，還是有些人願意入教，他們或者是因為在天主教村莊幹活，或者要與教徒結婚，或者被祈禱詞所吸引，或者曾經做了個意義重大的夢，或者希望被驅魔。有些人很可能出於對教會慈善事業的敬慕，相信天主教是適合新中國的現代宗教。但正是因為庚款，山西的入教數量遙遙領先於其他省份。[39] 然而，如第四章中圖7所示，每年參與告解的人數遠遠低於註冊基督徒的總數，說明很多新教徒對宗教很不投入。漢語不行的法濟尼，不

得不通過打手勢來表達意思，據說他就曾認為入教者只要會打十字就夠了。最後的結果是，即便那些把新信仰堅持下來並世代相傳的家族，後代甚至還記得他們祖先的皈依是用買的，有的還記得當時確切的價格。[40]

　　新入教的行為多數發生在山區中，但這對傳統的天主教群體也有影響。洞兒溝的男性村民多參與傳教工作。報酬雖然很低，但此時經濟不景氣，這算是穩定工作了：總有人不請自來出現在傳教士所在堂區，希望被僱用。教士們也開始招募婦女，特別是已在孤兒院工作的守貞女：陳國砥曾到洞兒溝說服一個當年的孤兒到山區裏協助他，而希賢則寫信要四個忠貞、年長、有責任心且順從的守貞女來教女工。傳教士也鼓勵入教者遷居洞兒溝和其他傳統天主教村莊，讓他們更有效地融入，在強大的天主教群體中鞏固信仰。如今洞兒溝的家族，都可以追溯到那時來這裏找活幹的煤礦工、車夫、廚子、教師，或者租教會地來種的人。很多人趁著在這裏可以娶到天主教新娘的便利，當時便留在這個山村裏。而先來的墾殖者碰上後來人過來爭奪有限的土地和水，衝突就難免了。[41]

132

—　＋　—

　　1911 年的革命，激化了洞兒溝村民與法濟尼的爭執，那時對創建一個新的共和國是很期待的，於是諸多問題，如久拖未決的傳教士特權、民族主義正崛起，村莊人口持續增長，這些都到了迫切需要解決的緊要關頭。革命既求西化現代化，又強烈反對帝國主義。教會在戰時為交戰雙方的要人都提供過避難場所：一個清政府官員曾帶著家眷在洞兒溝教堂附近居住；而陳國砥據說幫過革命黨，曾在太原的孤兒院中收留其中一個領導人。對清政府和革命黨雙方都有支持，反映出教區中並立的保守和改革兩派的不同態度。1909 年，保守派的主教報告說，進步的理念對信仰無

益，但也沒必要焦慮，因為清政府是警醒的。[42] 第二年，他被希賢取代，後者與陳國砥在革命後用庚款創辦了一系列現代化的機構。最重要的是在太原的一座精英學校，由陳國砥任校長；該校還收到民國政府一筆款項購置實驗設備。他們還建了一所小醫院，有個意大利醫生在那工作過一小段時間。陳國砥籌備發行一份報紙，除了報導新聞和介紹天主教教義，也轉引歐洲報紙上的內容。[43] 希賢還把當時最新款的西式帽子和褲子作為禮物送給中國教士。梁泉道的某教士寫到，他確信這些新衣服有利身體健康，當即就換上了；另一個教士寫到：「閣下的善意銘刻在心，沒齒難忘。」[44] 曾有教士對堂區教眾說，他們不必再向教士和傳教士磕頭，因為已經共和，人人都平等了，但鄰近的傳教士知道後對此很生氣，希賢也出面為這些中國教士辯護。[45]

顯然，革命是所有變革的契機，而在教區內，長期由傳教士權力引起的緊張關係，終致爆發一系列的爭吵。擁有孤兒院、神學院和修道院的洞兒溝是教會機構的中心，因此好多爭端都把那裏的神職人員捲入其中。衝突一個接一個，很快波及整個村莊。矛盾最先在太原城中爆發，與革命政府領導關係密切的一個新教領導人，在新省報辦公室中創立了「中華基督教自立會」；有數百人離開傳教士主管的教會，參加其夜裏舉行的會議。新成立的這個新教教會有明確的規定，那就是不請傳教士佈道，也不接受他們的資助或領導。於是便有人傳發一份匿名傳單，呼籲天主教應該向新教學習。這種設想讓傳教士很恐慌，由中籍教士創辦的新組織「使徒聯盟」旋即被禁。[46] 這些事件在天主教各堂區反響強烈，特別是在個別傳教士讓人很不滿的地方。法濟尼在山區遇到的麻煩不斷，最早的一次是被派去換掉一個年輕的中籍教士，此人聯合教眾要把兩個傳教士趕走，其中一個傳教士用左輪手槍對堂區教眾開火。洞兒溝女性高亞納，幾年前符合希賢要求被派到

此地，如今發現自己也被捲入爭端中。之前希賢很欣賞她的工作，說她的行為是奇跡，舉止如聖徒，但現在她左右為難，一邊是自己對差會的忠誠，一邊是對希賢糟糕的繼任者普遍的抵制。她帶上對立雙方在教堂中貼的大字報，向法濟尼哭訴，但法濟尼也一如既往地無能為力。[47]

　　法濟尼後來調任洞兒溝，一般認為那裏比較好做事，但也一樣遭遇了混亂場面。有一年春天，初級神學院的學生都上街抗議他們的傳教士老師戒律嚴苛。[48] 這年冬天，按某傳教士的描述，在孤兒院中又有一場「革命」，反對的是新來的外國修女的管控，以及她們強迫守貞女出外傳教一事。如今對出外傳教的強調，給這些女性的生活帶來巨大變化。強調出外傳教，便是要求這些人重塑對基督徒生活方式的認知，從向內強調祈禱和個人拯救，轉向把重心放在向外傳播福音上；很多人不適應這樣的轉變。甚至高亞納最初也不想去做傳道員，她說，出外傳教對她的靈魂無益，還不如留在孤兒院內。[49] 1900 年代在山區協助傳教士的另一個守貞女，後來回了洞兒溝；當被要求再去做傳道員時，她寫信給這個傳教士，詳述了她所承受的壓力：「如我說的：『我病了，長途奔波也不方便，所以我去不了。』張神父和杜神父說：『你要服從。』我不想去，也不知道在那該做什麼，但是我沒有選擇。於是他們叫我7、8月份去朔州。很多人都得去：段神父的嬸嬸、傅銀澤（音譯，Fu Yinze）、玉華（音譯，Yuhua），還有其他我不認識的人。我感覺很壓抑，病也比以前更嚴重了。」[50] 傳教士同情她，替她寫信向主教求情：「她忍著悲痛向我求情，也沒有說太多，因為她知道我在那些地方將近六年的時間內也有很多麻煩事。」[51]

　　法濟尼在處理這些事情上束手無策：他想要派一個守貞女往山裏，但是她哭著不去，絕食數天，就算被迫進食，就吐出來。有些守貞女願意去，但並不適合。女孩們成為守貞女有各種原

134

因。有些人早在11歲的時候，家裏就替她做了承諾；有些人加入
是因為她們結不了婚。來自圪潦溝一戶貧困人家的秦占玉，她父
親有好幾年時間不去告解了，因此他無法把她嫁出去，於是在19
歲的時候，她決定成為一個守貞女。事實證明，她很適合成為守
貞女，也做得比較好，但其他人則未必。另一個問題群體是那些
為逃避不理想婚姻而宣誓守貞的，其中既有拒絕由教士指派伴侶
的孤兒院女孩，也有抗拒家庭安排的女性。陳國砥曾把一個未
裹腳被起綽號的守貞女送回洞兒溝，理由很簡單，就是她過於
輕浮。[52]

　　孤兒院中本有很多的不愉快，而新來的歐洲修女還試圖凌駕
中國守貞女之上，更讓形勢惡化。這些修女來自瑪利亞方濟各傳
教女修會 (Franciscan Missionaries of Mary) 的成員，該會創立於19
世紀，旨在前往傳教地指導當地女性的宗教工作。會長來自法
國，特別強調服從和謙卑，時常與中國的守貞女起衝突，後者本
來是這裏的主管。法濟尼一向維護歐洲人的特權，支持這名會
長，但其他傳教士則更同情守貞女。最後，在中國教士總失敗之
處，這些守貞女反而勝利了，很可能因為作為女性，她們不會威
脅到男性教會等級制度：幾年後，教會把外來的會長徹底調離山
西，且為這些中國守貞女成立了一個新的宗教團體 (即方濟各三
會修女傳信會 ── 譯者按)。此會領導人是秦占玉，負責教學、
傳教，以及管理洞兒溝的孤兒院。多年後有張照片 (圖10)，是兩
名這樣的守貞女跟她們任教的小學班上女生的合影。她們穿著黑
色長袍，因此被稱作「黑修女」。除了後排幾個年紀大的姑娘穿著
新式校服上衣，佩著銀十字，大多數小女孩都穿著為此場景準備
的裙子 (符合現代歐洲端莊的標準)，套在他們的上衣和褲子外
面。年長的守貞女，如其他守貞女常會做的，小心翼翼地把小腳
藏起來。這常常讓傳教士感嘆，因為她們看起來就像沒有腳一

135

圖10：西柳林天主教小學女生與中國守貞女合影。感謝Archivio della Provincia di Cristo Re (Provincia di S. Antonio dei frati minori)。

般。另有張相似的照片，是男孩們與他們的傳教士老師的合影，但按此圖所示，女孩應該全由中國的守貞女負責。[53]

　　除了教會機構內部的糾紛，革命對村民經濟上可能造成的衝擊，也引起相當的焦慮。有50年的時間，天主教徒都不用全額繳納地方的稅收，但以往由寺廟收的錢，新共和國現在收來用作教育預算，因此再不能藉口這些稅收涉嫌偶像崇拜了。另一方面，開辦新式學校費用高，而教會已有自己出資辦的較便宜的學校，雖然教的是傳統的初等知識和教義問答，也只在孩子不需到地裏幫忙的冬天幾個月開辦。洞兒溝的女孩先是由守貞女、再由黑修女來教；她們要學會背誦教義問答和各種祈禱詞，但不學閱讀。除了陳國砥在太原開辦的精英學校之外，教區學校幾乎都是這個模式。傳教士辯稱，天主教徒應該有自己的宗教教育。民國初年的天主教徒，曾以此為理由試圖維持他們較低的納稅額，拒絕向新式公立學校捐錢，因此有一些爭執。在洞兒溝，抗稅形式就比

136

較簡單：人們直接拒絕繳納地稅，不管實際情況如何，通通宣稱土地屬於教會，不是他們自己的。[54]

　　洞兒溝的這些爭端，伴隨方濟各會的造酒問題發展到高潮。第一個來山西的傳教士就是來找葡萄的，而至少從1830年代起（也許甚至可以追溯到1760年代）他們就已經在這個地區造彌撒酒了。洞兒溝的葡萄園，既給與他們在艱難生活中短暫喘息的機會，也展示了方濟各會對體力勞動的重視。曾被杜約理關在洞兒溝寓所的那個未受教育的意大利傳教士，最後40年的時間都住在村裏。他在一片山坡上開闢出梯田，修了一座葡萄園、一座小房子、一座用來養魚和灌溉的小水池。後來，另一個方濟各會士用他在阿西西學到的技藝，用管道把另一片山坡的水引過來。水池照片被寄回意大利，這說明它對傳教士來說很重要（見圖11）。最初有本地人到水池去求療癒，就像去往山中的水塘一樣，有人甚至送了塊在中國寺廟中常見的匾，宣稱捐贈者的祈禱得到了回應。後來修道院砌了道牆把水池圍了進去。[55] 法濟尼在時，修道院自己的葡萄園已經不能滿足造酒規模的需求了。如其他傳教士，法濟尼也沉浸在造酒事業中，規模也很大。在1914年，他通過清源天主教領導人買了將近15,000磅的葡萄。到1924年，教區打算購買80,000磅。有些葡萄做成聖餐酒賣給其他教區，其他的用作餐酒。雖然有部分葡萄園租出去，但是葡萄酒的生產全都掌握在傳教士手裏。[56]

　　擴大的葡萄酒生產和遷來村裏的新入教者，對洞兒溝有限的自然資源來說，都是壓力。加上教會對山坡上山泉和水池的控制，不可避免關係漸趨緊張。到1912年冬天，鬱積的矛盾便在村民和法濟尼之間爆發了。問題最開始是因為教會的一個負責維護水道的租戶失職，導致部分管道經常被偷。法濟尼認為某家有嫌疑，便命令教堂人員去拘捕這家的男性。是夜，一群婦女聚集到

圖11：修道院的水池。感謝 Archivio della Provincia di Cristo Re
(Provincia di S. Antonio dei frati minori)。

修道院門外，要求法濟尼把涉事的教堂人員交出來。那些教堂人
員逃了後，法濟尼以為事情就結束了，可是幾天後另一群人又包
圍了修道院。後來事情總算平息下來，但是第二年冬天管子又被
偷了。這一次，法濟尼不敢再擅自行動了，於是直接報了官。第
二年夏天，教會和村民又圍繞一樁案子繼續爭吵。對此，法濟尼
感覺特別艱難，因為他讀不來公堂案卷，邊上有中國教士可以幫
他，可他卻信不過。此案件還在審理中，下了一場暴雨，村民為
保護自己的房子不遭洪水，從圍堤上撬走幾塊保護教堂建築的石
頭。於是水灌入修道院的花園，先沖毀梯田和葡萄，然後沖入孤
兒院，衝垮院中女修會會長房間的屋頂。法濟尼和一個意大利平
信徒弟兄親自去修梯田，不過似乎正在此時，法濟尼的上級又決
定把他調走了。[57]

　　臨走時，可能是法濟尼自己想的，也可能是有人要法濟尼把
范方濟於1901年帶來的露德聖母像帶走。如同中國民間宗教裏的

138

神像偶爾會在村莊爭鬥中被盜，此神像的神力得到村民的肯定，法濟尼的做法自然激起很多人反對。村民拒絕向教堂繳稅；有些石頭被山洪沖下來落到教堂門口，讓他們拉去修路也不肯。最後兩個中籍教士被召來解決問題。他們說服主教不要動神像，也讓村民中帶頭的到鄰近兩座教堂中當眾號哭懺悔，再把石頭拉去修路。[58] 法濟尼在臨走時究竟有沒有脫鞋詛咒村民，不得而知，但他是情緒化的人，脾氣非常暴躁，中文又差，因此，當時他很可能不言語而直接用肢體動作表達。

——✚——

在民間傳說中，隨著七苦聖母堂建成，這些爭端也解決了。這也是1920–1930年代差會在洞兒溝新一輪投資的成果，那時的洞兒溝已是一個新主教區的總部了。中國、博洛尼亞和羅馬的神職人員之間的矛盾，隨著羅馬實施新政設立更小的主教區而大大緩解。洞兒溝成為新設立的榆次主教區的總部，由博洛尼亞方濟各會士主管，由此村民受益的，不只是聖母堂和堂區新教堂的建造，還有下一代男性子嗣進入神學院的新機遇。儘管如此，在傳教士權力問題上的矛盾一直存在，在1930年代更激化，那時有幾個傳教士積極支持意大利法西斯政府，而意大利與入侵中國的日本是盟友。

深刻影響洞兒溝的設立新主教區的政策，可以追溯到來華傳教士中的現代派和保守派的分歧；這種分歧在雷鳴遠時代達到頂點。在1914–1918年一戰時歐洲愛國主義最高漲的時候，雷鳴遠在天津創辦的天主教報紙持中國愛國主義的立場，反對法國在天津擴大租界。他被解職並遣送回歐洲，但依然為中國實現教會自治奔走。同時，希賢從太原主教的位置上被撤下來，被派到在鄰省陝西一個更窮更小的主教區去。希賢惹的麻煩很大程度上源自

博洛尼亞和羅馬之間的派系鬥爭，而中籍神職人員仍然堅持為他上訴，這些支持者把他看作與雷鳴遠一樣，跟他們在同一戰線。[59]

一戰不僅加深了歐洲的民族主義，也導致年輕人進入教士階層的數量銳減。這兩個因素影響到梵蒂岡，使其漸接受民族主義，甚至推動實現中國神職人員完全自治。新成立了一些主教區，每個教區都分派一小群教士管理：現在有中籍主教了，只是歐洲傳教士還是不歸他們管。汾陽教區是這些由中國人管理的新主教區之一，王廷榮的家鄉新立村也在其管轄下。陳國砥到羅馬受封汾陽主教，實現了中國教士數代人的夢想。回來時，迎接他的是隆重的慶典；洞兒溝的村民出動加入了遊行隊伍，在樂隊助陣下，用轎子抬著他到平原那些村莊巡了一遍。只是之後他發現自己住的房子是租的，因為新教區沒錢，所轄區域大部分是窮山區。儘管如此，中國教士還是想方設法重修了王廷榮的墓。[60]

博洛尼亞傳教士也得到了指派給他們的教區，以新工業城市榆次為中心。由於那裏沒有教堂建築，他們最開始把總部設在洞兒溝，也為此處帶來些投資和新建築。修道院後面的山上修了一條「苦路」，讓人們可以進行典型的方濟各會式的群體朝聖，模擬耶穌從客西馬尼園（Gethsemane）到在十字架上殉難的歷程。1922年有一場饑荒，有個傳教士建議村民走一趟苦路來祈雨。村民以極大的熱情對待這事，活動持續了三天，男性在中午，女性則在傍晚。第二年，村民仍然為饑荒所苦，有些人啟程往聖母朝聖堂，其他很多人則在村後山上走苦路。很快，方濟各會領導人決定在山頂建造一座七苦聖母小教堂作為朝聖的終點。[61]新建築在照片中可以看得到（圖12）：照片前景是神學院，後面是兩隊村民散佈在連接苦路十四站的小道上，山頂上就是那座小教堂。

140

圖12：七苦聖母堂，洞兒溝，約1924年。感謝 Archivio della Provincia di Cristo Re (Provincia di S. Antonio dei frati minori)。

　　七苦聖母堂的崇拜，説明該村天主教信仰的豐富和深刻，以及它與意大利的緊密聯繫。聖母瑪利亞的七種痛苦 (The Seven Sorrows)，從18世紀起就被編入中文祈禱書中，19世紀多產的本土教士田豐蘭，還以此為題材編了一部小書。七苦中的第一苦，來自一位老人的預言，他對瑪利亞説，她的孩子未來注定有偉大成就，但也注定受苦，「至於你，要有一把利劍刺透你的心靈」（《路加福音》2:35）。因此在書中，田豐蘭鼓勵讀者把他們自己的罪看作插在瑪利亞心上的刀，而在教堂中，瑪利亞的形象被刻畫成被幾把劍刺透胸膛。[62] 餘下的幾種痛苦，來自瑪利亞帶著新生兒逃離、在朝聖途中把他弄丟、眼睜睜看著他被殺死這幾個階段。這些是情緒化的場面，也是人們熟悉的場景，説明沒有什麼苦難比一位母親經歷的此種痛苦深，也響應了中國的孝道觀念。七苦聖母的形象與19世紀中北部的意大利也有關聯，在那裏她象徵著對日益消亡的天主教社會的哀悼。在1890年代，安科納 (Ancona) 附近村莊坎波卡伐洛 (Campocavallo) 中一尊七苦聖母像

曾轟動一時，因為有人看到聖母的眼睛會動。她的形象也在山西流傳，據報告說確實出現了一椿奇跡。據某傳教士說，他打了一個教眾老領導人之後，那人假裝很痛苦，傳教士都沒法讓他平靜下來，直到牆上出現坎波卡伐洛聖母的形象。[63]

在建造七苦聖母堂之後，又有一座獻給露德聖母的精緻的堂區教堂，據說資金全部出自某傳教士個人繼承的財產；因為隨著村莊的擴展，原來1840年代由杜約理建造的教堂就顯得太小了。[64] 神學院也是從杜約理時代就有了，只是現在第一次有幾個來自洞兒溝的男孩入學並被授神職；以前的學生幾乎都從較富足的地方來，接受過較好的初等教育。從洞兒溝來的第一個教士在1900年代被授神職，後來在20世紀40–50年代又有四個，其中包括1960年代成為梁泉道堂區教士的張永鵠。[65]

洞兒溝村民當然樂見此種變化，但1930年代日本對中國從步步緊逼到明目張膽地侵略，也加劇了教眾和意大利傳教士之間的民族矛盾。在歐洲，民族主義與日益極端化的左右翼思想交織在一起，而天主教會堅定地站在右翼。教會本來就反對共和主義，更在經歷蘇聯連續殘暴清洗宗教組織後，發展到也抵制共產主義。此後便是暴虐的西班牙內戰，在其中，由蘇聯支持的共和派，與和天主教神職階層結成緊密同盟的國民軍開戰。共產主義者和教會之間的敵意，也被帶到洞兒溝，那時一群西班牙教士帶著七卡車的孤兒從陝西逃到洞兒溝來。博洛尼亞傳教士與右翼結盟，也有他們自己的道理。博洛尼亞有高度市場化的大農場，也有赤貧的農村無產者，從1890年代起就是奪地運動和暴烈的勞工衝突的中心；中產階級在意大利法西斯興起的過程中就相當活躍。梵蒂岡也鼓勵對法西斯主義者的支持，甚至與墨索里尼達成協議，結束教會與國家自意大利統一以來的敵意。法西斯有強烈的反教權傾向，但教會依然與之結盟，這其中有很多原因，包括

142

對共產主義的恐懼、希望在意大利國家政權中有更大的影響力，以及財政上的困難，但此時意大利民眾廣泛支持墨索里尼政權，很難說教會的決定不受此影響。意大利人的整體心態，也體現在傳教士身上：他們對中國天主教徒講羅馬帝國的復興、意大利文明的偉大，以及阿比西尼亞（Abyssinia，今埃塞俄比亞的舊稱，通過1935–1936的意埃戰爭，意大利最終征服了埃塞俄比亞 —— 譯者按）的戰爭。還有個羅馬傳教士計劃回意大利後與墨索里尼會面。作為墨索里尼帝國野心的一部分，差會第一次直接獲得意大利政府的資助：一大筆錢用來重修洞兒溝的孤兒院和老人的房子。[66]

1937年，日本侵入華北大部分地區，其中也包括晉中平原地帶，這時的意大利法西斯主義就意味重大了。傳教士掛起意大利的旗幟，利用德意日結盟作為保護，把教堂和孤兒院變成避難所，收留那些躲避戰火的人。戰爭中止了原本有序的傳教活動，不過，難民既託身教堂保護，自然也是新皈依實現的保障。侵華日軍殘暴而野蠻，意大利的國旗也無法完全保證傳教士人身、財產和堂區教眾的安全；日軍搗毀教堂，拖走婦女，隨意槍殺民眾。被驚嚇到的某傳教士寫道，如此野蠻的入侵，只能說預示了世界末日將要來臨。但有時候，傳教士也為日本人辯護，說他們打的是共產主義。當方濟各會士把一張他們自己（穿著西式服裝）在洞兒溝與當地偽縣長和日軍士兵的照片（圖13）寄回博洛尼亞時，既簡單挑明意日之間的聯盟關係，也標誌著一種成就。這個村莊對日本人來說很重要，因為它是日本人控制的平原和共產黨游擊隊控制的山區之間的前線陣地。洞兒溝躲進了5,000個難民，游擊隊不時來劫掠一番，最開始是搜尋武器和藥品，有一次把三個傳教士綁走索要贖金。[67]

圖13：洞兒溝方濟各會士與偽太原縣長和日軍士兵合影，1938–1945年之間。感謝Archivio della Provincia di Cristo Re (Provincia di S. Antonio dei frati minori)。

　　傳教士的強權在這種形勢下，更激發天主教徒的愛國情感。圪潦溝神學院的一個學生夜裏出來把意大利國旗砍掉，結果被趕出去了。雷鳴遠用行動支持教會內的中國民族主義；他回到中國後，為中國人主管的新教區工作，強烈反對意大利的立場。他的佈道，在山西的三個由中國人主持的新教區中很受歡迎。稍後，國民黨軍隊撤退經過山西時，他招募了一隊擔架員跟著國軍走。他還組織了一個連的天主教徒游擊隊投入抗戰，為此他得到國民政府的資助，也獲得極高的聲望。晉中地區的天主教村民非常喜愛他。很多人來找他告解，以至於當地的教士抗議說，雷鳴遠都累垮了；對此村民們答道，他是真正的聖徒，那些對他告解的人會獲得特別的榮耀。[68]

143

—✝—

財富、權力和暴力，拳亂不曾因此而起，但卻帶來如是結果。庚子賠款給教會帶來財富，賦予傳教士權力，然而洞兒溝人迎接它經濟上的好處時，總擺脫不了圍繞著外來權力的矛盾鬥爭。村民與傳教士強權的對抗，屬於更大範圍內一場日益整合中國天主教與國際教會的鬥爭。支持雷鳴遠的教士，甚至那些把他視作聖徒的村民，都有意無意地與這個逐步傾向自由主義的20世紀教會站在一起。諷刺的是，將奪取政權的中國共產黨，作為一場國際性運動的一員，也有很多相同的鬥爭經歷；只是他們不願承認，天主教也有一段可以與他們相類比的歷史。晉中地區的天主教徒，一直以來都在為擺脫傳教士、爭取獨立而奮鬥，很快不得不又展開防衛，為他們一向抵制的事物與國家權力對抗。

第六章

「四香」和會飛的自行車

人們講到，文革期間天主教徒被迫棄教，那時他們覺得世界末日已臨近。幾個被稱作「四香」的女性奔走於各天主教村莊，勸那些離開教會的人在末日來臨前回去。她們非常勇敢，甚至說服幹部退回教眾被迫簽字的棄教信。其中有個女性，正當她演講時，士兵破門而入，逮捕了屋裏所有人，但有個男人用自行車後座載著她，騎車逃走了。自行車跑得飛快，快到都不沾地了。他們飛起來了，這就是奇跡！連非基督徒都見證了這件事！[1]

這則故事，晉中地區的天主教徒都很熟悉，只是講的時候，人們都壓低了聲音。國家已把宗教定性為迷信，也把天主教視作帝國主義的工具，這則故事偏偏宣揚上帝干預人們日常生活的力量，還讚美普通教眾身上的勇氣和領導力。正因如此，這則故事被接受與否，對那些講故事的人來說很重要。有一次，當我對這事明確表示質疑時，一位老人說他有那輛飛車的照片。不一會兒他抱著一摞舊玻璃相框過來了。我們翻遍這些照片，但沒找到什麼飛車。我意識到，其實這故事是編出來的，是社會主義教育運動（以下簡稱「社教運動」）的一部分，目的不是為了證明奇跡發生，相反，是向村民展示當時所謂的奇跡是怎麼偽造出來的，然後說服他們不要相信基督教。但是對老人來說，這照片最開始的

用意並不重要，重要的是，他保存這些照片，就是把它們當作這事件最真實的記錄。

「四香」的故事讓聽眾了解天主教徒的抗爭、英勇表現和超自然力量，但達到此目的的同時，也讓聽眾忘掉了大部分真正發生的事。這故事的背景設定在文革（1966–1976年）時期，那個混亂年代的很多政策後來都被否定了；但故事中提到的事件其實發生在1965年的社教運動期間，當時就開始強迫天主教徒棄教了。另外，「四香」這個詞，也淡化了一位女性在反抗社教運動中扮演的關鍵角色。此人就是李珍香，最初故事流傳時提到的那個佈道人。這故事以她奇蹟般的逃脫結尾，但也把她被捕後發生的事情抹去了。後來她被政府收編，參與政府策劃的一場大型教育運動。正是這一場運動演變成對天主教的直接打擊，迫使村裏幾乎所有的教徒都放棄信仰。講這「四香」的故事，讓教眾記得李珍香勇氣的同時，也刻意迴避後來發生在她和教眾身上的事。

講「四香」而不只是李珍香一人，有另一個作用，就是凸顯普通人在事件中扮演的角色。到1965年，天主教教階體系和各個機構實際上已蕩然無存，教士們都鋃鐺入獄，村裏教眾領導人（即會長）成為被打擊對象。因此當政府工作組開始逼迫教眾棄教時，領導群體的責任就落到普通村民身上了。他們之前沒有權力的合法性，如今的權威則來自他們得到神啟的徵兆：如看到異象、能驅魔和行奇蹟。致使教眾願意接受這些徵兆的，是此時高度情緒化的心態，而這心態又源自國家威脅到本土天主教信仰最重要最悠久的幾個方面：公開祈禱、傳統道德體系，以及對群體的忠誠。這種情緒，還來自於雙方對天主教群體的歷史有很不同的理解。一方面，當工作組要求天主教徒棄教時，他們將天主教看作帝國主義傳教士引入的外來宗教。另一方面，教眾回顧他們

了解的自己的過去，再聽到棄教的號召，自然把這當作重演拳亂

屠殺的一場新迫害的開始，甚至預示世界末日的來臨。

147

—＋—

新中國最初幾年，天主教會與共產黨之間強烈的敵意、意大
利傳教士被驅逐，以及教產被沒收，改變了洞兒溝宗教體制所生
存的環境。這裏的日常崇拜習慣與其他傳統的天主教村一樣，都
相對不變，但天主教的反共傾向和政府對天主教會的敵意，都為
後來事件的持續發酵埋下伏筆。

抗戰勝利後，共產黨軍隊挺進山西，很明顯此地將面臨翻天
覆地的變化。晉北山區的教士和傳教士在被土改的暴力波及之前
撤走，順便把教產被沒收和神職人員遭暴力攻擊的消息散播出去
了。[2] 1947年，中國教士齊聚太原，開始新一輪擺脫意大利人的
努力。他們寫信尋求支持者，在當地報紙上發表文章，並向梵蒂
岡寫了一封信請求獲准掌管教區，但這些都沒有效果。主教允許
他們在自己在場時坐下來，向他們敬煙，但拒絕任命他們擔任高
級職位。[3] 同時，教區準備迎戰解放軍；一個比利時的教士，也
是雷鳴遠所創一個宗教組織的成員，到太原尋求資助，組建天主
教武裝對抗共產黨。省政府沒多餘的錢，且意大利人總是反對雷
鳴遠，於是計劃落空了。[4] 後來，教區還是成立了一個叫作「聖母
軍」的組織。該組織最初創建於愛爾蘭，是個極端反對社會主義
的宗教團體，成員都有軍事頭銜。因為這個名稱，中共政府曾錯
把它當作雷鳴遠的支持者未及創建的天主教武裝。[5]

解放軍逼近太原時，幾乎所有的神職人員都逃了。傳教士大
部分都一走了之，但中國教士和少數傳教士先到北京或香港避
難，躲到秩序恢復了才回來。很快形勢就明朗了，傳教士財富和
權力在握的時代一去不復返了。通過徵稅、強制捐贈、罰款，以

及發動群眾控告教會非法行徑等手段，學校、醫院和孤兒院一個個從教會手中剝離。聖母軍頭目被判刑，成員都被要求退出這個組織。在洞兒溝，人們排隊宣誓棄教，只不過他們在結尾仍然加上一句，説自己還是教會成員。[6] 在監獄中的意大利主教還得向人討一把勺子，因為儘管在中國住了20年，他還沒用筷子吃過飯。1952年，他最終任命一個中籍教士來接替他做主教，只是這個新主教接手的這個教區難以為繼，因為省外的投資都作廢，本地的教產則被課以重稅或被政府沒收。於是，自清初以來，傳教士在此時終於和中國人親近了。洞兒溝的傳教士、中籍教士、留下來的孤兒和其他人員都在一起吃飯。人們記得的最後一個傳教士，是個和藹的人，開了間眼科診所，騎車到各個村莊給人看病，還會抱著孩子往上拋逗樂，當孤兒院中的小女孩生病時，會把多餘的食物偷偷塞給她們。他在1953年被驅逐出境，第二年夏天，所有的傳教士都離開了。[7]

中意兩國神職人員之間的衝突持續那麼多年，當新政府號召晉中地區的中籍教士抵制傳教士時，他們自然是很樂意的。1951年，太原教區的教士全都到新成立的官方天主教會註冊。再往後幾年，他們將會迎來一個他們自己選的，並由官方教會的首腦祝聖的主教。這並不意味著他們拒絕成為全球教會群體中的一員：新主教冒著生命危險繼續把每年的數據資料送往羅馬，直到1955年被捕。[8]

中國教士加入官方教會，一方面是迫於政府的壓力，一方面出於他們一貫的民族主義理念，但與某些新教領導人不一樣的地方在於，他們與社會主義理想無關。[9] 甚至在傳教士離開後，教士階層也鼓勵深嵌著反共理念的崇拜形式。1955年，太原主教座堂舉行聖母無染原罪 (Immaculate Heart of Mary) 聖禮，按慣例為教區的兒童、青年和老年祝聖。此一聖禮與1917年瑪利亞在葡萄

牙的法蒂瑪（Fatima）顯聖有關，由教會在冷戰初期大力推廣。當
時還在世的異象見證者透露了聖母對她說過的三個秘密中的兩
個，也就是後來人們認為被一戰和十月革命所證實的末日預言；
對此，聖母要求人們誦念玫瑰經和其他祈禱詞敬獻於她無染的聖
心；如果他們不這麼做，那麼俄國人將會帶來戰爭和迫害。法蒂
瑪顯聖、敬獻聖心，以及念玫瑰經作為武器對抗共產主義，正是
聖母軍所倡導的祈禱儀式中的重要部分。[10]

　　天主教與共產主義相互的敵意和偏見，讓共產黨很難滲透入
天主教村莊。共產黨把宗教看作人創造的事物，用來把不平等的
社會制度合理化，因此那些想要入黨的就要放棄原來的宗教信
仰。但是在這些村莊裏，群體和家族認同都由天主教所塑造，這
裏的人幾乎不可能成為黨員。當地警察派駐洞兒溝，打算成立一
個黨支部，他們費了很大勁勸說一個年輕人加入，可幾天後他們
一走，他就變卦了。此後在洞兒溝就沒有黨員了，該村支部需要
做的工作就由最近小鎮的一個村委會來承擔。理論上應該有很多
人加入群眾組織的，如「農會」、「婦聯」以及面向兒童的「少先
隊」。但最後一任傳教士主教離開前就禁止教眾參加這些組織，
甚至命令教士不讓加入少先隊的孩子父母領聖餐。隨著時間流
逝，這些措施都讓天主教徒難以與外界通婚，以前傳教士提倡的
排外的婚姻模式現在更強化了，群體之間結合得更緊密。[11]

　　新政府試圖通過土地改革和新婚姻法改造鄉村社會，而天主
教教士則捍衛體現在十誡中的傳統鄉村社會的價值觀。土改的目
標不只是重新分配土地，更要讓窮人認識到他們所受的剝削，起
來與富人鬥爭，再為他們自己奪取土地。在這一點上，窮人容易
與新政府站在一起。同樣，新婚姻法也號召被丈夫和婆婆虐待的
婦女勇敢提出離婚，反抗傳統家庭的束縛。然而，這些針對教友
的搶劫、貪欲和指控，以及離婚的行為，中國教士和留下的傳教

149

士都是反對的：有個教士告訴教眾，分田地是不對的，覬覦別人土地的人都應該懺悔；另一個教士説，奪取別人的財產就是在造罪，因為財產是所有者用他們自己的勞動換來的；而沒有確切證據就控告別人，就犯了十誡中不要作偽證這一條。最後一點對土改有很大的阻礙作用，因為組織者正是鼓勵互相指控，探查群體中的矛盾，並利用這些矛盾誘使村民攻擊地主或其他人。教士也譴責離婚，並成功地讓天主教婦女拒絕新婚姻法；不管怎樣，對鄉村家庭來説，這條法律很不受歡迎，因為他們娶媳婦已經花了不少錢了。有些天主教村莊根本沒人登記離婚。[12]

由於洞兒溝沒有黨員，群眾組織規模小，以及村民謹守十誡，土改沒有在這裏發展成大型的群眾運動。這很特別，但也不是獨一無二的，因為在有些不重要的貧苦鄉村，情況也是如此。附近的幾個非天主教村莊，村民也很反對把人貼上「地主」或「富農」的標籤：人們擔心他們村的土地會落到其他村的人手裏，而且懂得「有千年的鄰家，沒有十年的官」的道理。[13] 在天主教村裏，反對的意見更是強烈，因為他們對群體有深厚的情感，對傳統道德有深刻的體認。洞兒溝人（面對土改的要求）只是簡單解釋説村裏每個人都很窮；鑒於水源的不足，以及長期不斷有移民到來，他們説的大致不差。土改工作組給村民劃分階級，但並沒有辦起鬥爭會，也沒有人被貼上地主和富農的標籤，有幾家被劃作「中農」。他們的部分土地與方濟各會的葡萄園和菜園一起被沒收，重新分配給最窮的家庭。但道德上對共產主義的抵制，並未能阻止政府運作的有效開展：也有些土地被重新分配，也開了不少會，幾年後村民的地就都公社化了。洞兒溝土改的不同之處在於，村莊沒有經歷過暴虐的大規模再分配的過程，而別的地方用這種方式爭取到農民對新政權的支持。今天，很多洞兒溝人説，那裏從來沒有發生過土地改革。[14]

別的天主教村莊就沒有洞兒溝的幸運；在圪潦溝和梁泉道，富裕家庭都被劃作地主被鬥爭。總體上，山區的天主教村莊比起平原村莊或新皈依的群體，更可能會抵制這種模式。平原地區的天主教商業家族，在共產黨到來前很久就已經不再富貴了，但由於他們是群體中的少數，還是容易遭到攻擊。庚子以來，他們與其他村民的關係就很糟糕，也無法入黨或者在新政權中擔任要職。自1840年代杜約理從九汲遷往洞兒溝開始，天主教群體領導地位就逐漸轉移了，此時因為山區和平原的這些區別，共產黨政權更推動和實現了這個轉變。到1965年，擔負起領導者角色的不是之前富裕的平原村莊，而幾乎都是天主教山村，以及有相似歷史的梁泉道。[15]

在20世紀早期才得傳道的地區，天主教幾乎又完全消失了。以前的晉西北，由於戰亂、封閉、貧困和政府監管不力，是傳教的理想地區，如今同樣的因素也讓這片地區成為共產黨招募新成員的好場所。在這些地方，即便鄰里關係一向還不錯，但要對居於少數地位的天主教徒發起攻擊，還是相當容易的。有個教士的侄子在堂區辦了間紡織廠，他卻被勒令把錢財吐出來，最後被折磨至死。之前的入教者，看中的是傳教士手中的財富和權力，如今都作了鳥獸散。有個村莊的基督教氛圍曾經很濃厚，從1918年首次有人入教，到1936年日本侵略之前，村裏有12個受僱的傳道員、300個天主教徒。但到戰後，最後一個教士也離開了，1949年後此地就沒有宗教活動了。到1980年代，只有稀疏分佈的幾個天主教家庭。以佛教聖地出名的五台縣，此種情況更突出。那裏在1870年代有了首批入教者，日軍佔領期間，很多人為求保護而入教，戰後此縣的天主教徒有8,060人。到1960年代早期，這些天主教徒就沒有蹤跡了。到1988年天主教宗教活動恢復時，教會有341名成員。整個晉中和晉北地區，傳教士在19世紀末、

151

20世紀初千辛萬苦發展出來的天主教眾，到1960年代大部分都棄教了。[16]

另一方面，傳統天主教群體中還延續著公開的宗教儀式。最後一批傳教士離開洞兒溝時，修道院被部隊徵用作朝鮮戰爭退伍軍人的療養院；但堂區租出去的地還足夠供養一個新來的中籍堂區教士。最晚到1956年，洞兒溝還有一個人被授神職作教士。這個時候工業發展，人口增長，有些傳統天主教村的註冊教徒總數也增加了。有個村的工業發展得比較快，從山裏來了很多新天主教徒，結果教眾擠不進教堂，只能跪在外面，於是在1956年第一次有教士被派駐那裏。和其他人群一樣，天主教徒也受到席捲全國的政治運動的衝擊：1958年大躍進中，村民離開村莊到太原去找工作，也與其他人一樣，在隨後可怕的饑荒中受罪。儘管如此，洞兒溝堂區教士繼續每個星期日做彌撒，教堂中每日都有祈禱，一支樂隊為各種慶典做準備，人們還繼續付錢讓教士做彌撒獻給往生的靈魂。去往太原北部山區聖母堂的鄉村朝聖活動在1958年就停止了，但年輕人還是結成小隊，繼續遠行到那裏求雨或答謝療癒。在沒有教士的其他村莊，即使彌撒不常有，每日的祈禱還是持續的。甚至還有一些新人入教。[17]

— ✝ —

故事中提到的迫使天主教徒棄教的壓力，首先來自社教運動。1965年，當社教運動選擇天主教村莊作為目標時，謠言就開始散播，說是在太原北部山區的崖面上出現一個閃光的十字架。人們蜂擁而至，當他們在夜裏跪拜時，很多人看到了此異象。「四香」故事中的核心人物李珍香，此時從一名普通的年輕婦女脫穎而出成為佈道人，趁機催促天主教徒懺悔，回歸天主。

這場衝突的根源來自北京。那時，中央領導終於意識到大躍進後饑荒的程度，便把部分責任推卸到基層幹部、村領導以及革

命敵人身上。為響應中央政府，持續甚久的社教運動便展開了。
1963年，在全國範圍內，一撥撥知識分子被派往鄉村，開展新一
輪的革命運動，鼓勵貧苦的村民起來反對村領導。這些工作組剛
開始是查村裏的帳，杜絕小範圍的腐敗。但到1964年底，運動就
擴展到反對帶有「資本主義」和「封建主義」性質的修正主義行為，
這包括在市場上賣東西、賭博、參與宗教儀式，甚至是花錢娶媳
婦。村領導和其他被查到的人都被迫寫檢討，在群眾大會上挨批
鬥，還要把用這些方式獲利的錢交出來。窮苦的村民被號召起來
支持新革命：工作組組織了「貧下中農協會」，挑選他們中的積極
分子取代之前的村領導。工作組將饑荒歸咎於基層幹部，把普通
民眾的怒火引到這些人身上去，因此運動很快變得暴力。很多幹
部被打，有些人受不了壓力就自殺了。[18]

　　1964年，天主教村莊成為社教運動特別關注的目標，當時中
央政府在東北地區傳發一份關於天主教的報告，指示要利用此運
動在天主教村樹立政府的權威。[19] 隨後另一份報告介紹了在絳州
附近天主教村 (17世紀耶穌會活動地點) 社教運動的成果：經過工
作組幾個月的教育，村民開了一場批鬥教士的大會，也有很多人
退出了教會。管理宗教事務的幹部收到指示，要利用天主教村的
社教運動掀起階級鬥爭，貫徹宗教自由的政策，實際上就是要求
人們退出教會 (「向群眾説明信教有自由，不信教也有自由」)。[20]
省裏開了一次會，對此次運動做了詳細的安排，重心放在對天主
教徒普及歷史和科學知識上。新工作組被派到這些村裏，他們首
先讓這些村民回憶過去，再根據他們講的故事分析他們是如何被
教會剝削的。此外還提供金錢上的激勵，讓村民站出來控訴教士
和教會領導，工作組則要求歸還從村民身上剝削來的錢。那些拒
絕歸還的，就是「潛藏在教內的反革命分子和壞分子」，應該被「把
他們鬥透鬥臭」。[21] 接下來，運動集中在科學教育上，教這些村民

153

進化論和天氣形成的自然原理，讓他們不再迷信上帝。最後，工作組向群眾解釋宗教自由政策，群眾再寫一份聲明宣佈棄教。

154　　這場運動的核心問題是如何認識天主教村莊的歷史，而運動中的衝突正源於對此完全不同的兩種理解。一方面，和眾多中國知識分子一樣，工作組把天主教村莊的存在看作是19世紀至20世紀初帝國主義傳教士活動的結果。他們繼承的是清朝官員和19世紀末地方精英的看法：在兩百年時間裏一直忽略天主教村莊的存在，卻以為它們在19世紀末突然出現。另一方面，對天主教徒來說，與傳教士的關係確實曾經很不愉快，但如今傳教士都走了，現在想到的都是被政府迫害的故事，特別是與拳亂相關的那些事。老年人對那些拳民還記憶猶新，當年的屠殺也盡人皆知。這些記憶更在1943年被重新喚起，那些遇難的主教、傳教士，還有一起被殺的中國人，作為天主教會的殉道者，當時都被羅馬列入真福品 (beatified)。[22] 有兩個研究義和團歷史的教士編寫了一篇文章，文中略暗示可以將義和團和共產黨做比較，官方對此很震驚，但對很多天主教徒來說，這種相似是很明顯和切近的體驗。[23] 如果說工作組的動力源於帝國主義侵華的歷史，那麼策動天主教徒行為的，則是政府迫害、教眾受苦和抵抗的那些故事。

　　1964年11月份，教士和修女被命令離開堂區，參加在太原主教座堂中舉辦的「學習班」。[24] 很快，工作組進駐村莊，強制施行1958年訂立的政策，關閉教堂，禁止教士不在場時集體祈禱。工作組還宣佈，家族的家長必須寫棄教聲明。[25] 這個要求當時還未強制施行，但是這麼說就已經足夠讓人們焦慮了。此後在1965年早春，洞兒溝村民開始聽到有人報告說，有個十字架出現在太原北部山區長溝村附近的崖面上 (見第17頁，地圖1)。

　　在眾多趕去看十字架的人中，有個名叫鄭粉桃的中年婦女 (圖14)，當時家裏正遭遇諸多不幸。她勤快、直率、很受歡迎，

圖14：鄭粉桃。私藏照片。

曾是村裏女工的頭，但是那年冬天她根本沒法工作。最先，她要
照顧癌症晚期年邁的公公，接著她的婆婆也病倒了。這家人很
窮，擠在一座破敗的小房子裏，欠了好些債。鄭粉桃兒子正在學
電工，還沒有任何收入。農活全都靠年輕的兒媳婦一人做，而由
鄭粉桃在家照顧丈夫病重的父母。為公公的病花光了積蓄，就再
沒錢送她婆婆到醫院了。4月份，公婆相繼去世；而閃光的十字
架出現後不久，她的丈夫也去世了。可能像其他人一樣，她最初
到懸崖是為了尋求療癒，或者在經歷多重災難後，迫切需要超自
然力量的幫助。[26]

　　因為早春的白晝短，人們也有壓力，不能消磨太多工作時間
在宗教上，大部分人都是夜裏才到長溝去的。消息一傳開，來的
人越來越多，最後聚了一大群。那個十字架是由懸崖邊上的黃土
圍成的一個造型。懸崖下點滿了蠟燭，有些人還取來燃燒的火
把，但是周圍漆黑一片。人們跪在地裏，向上凝視曾有奇跡出現
的漆黑崖面，唱著祈禱詞。有幾個人有節奏地拍打自己的背部，
懺悔他們的罪。很多人徹夜祈禱，什麼都沒看到，但不時有人

155

高喊他們在漆黑的崖面上看到異象了。多數人看到閃著光的十字架，而有些人看到天堂和地獄、一個正念彌撒的教士，或者聖母瑪利亞。有時人群會突然爆發，呼求聖母瑪利亞在他們面前顯聖。[27]

在長溝徹夜祈禱後，很多朝聖者到山裏另一個村莊去，一名年輕女性在那裏開始佈道。李珍香曾是守貞女，某種程度上算是宗教專職人員，還曾協助主教工作，但此時別人看到她時，形象並不特別。她只是普通農村婦女的扮相，穿著黑色外套，紮著長辮子，與村裏的年輕農婦沒什麼兩樣。她用最平實的語言佈道，對人們說，過去她也做過不好的事，比如從別人家裏偷了一頭小豬崽。她表達的內容也很簡單：號召教眾真誠地祈禱，和諧共處，歸還他們偷的或者以「不公道」的方式獲得的財物。她警告說，凡是做不到的，尤其是棄教不再祈禱的人，將會受到上帝的懲罰。社教運動號召教眾否定自己的信仰，與被定性為階級敵人的教徒劃清界限，以及退還市場上買賣所得等等；這些都遭到她直截了當地批評。如此勇氣教眾都很受鼓舞，很快她就被邀請到別的村莊去佈道。[28]

李珍香於1965年4月1日到達梁泉道，隨後到教堂去。門是鎖著的，於是她號哭、吵鬧了一番要求把門打開。一群人聚集過來，擠在教堂庭院中；這時大門突然打開，人們湧進去。傳言說當場奇跡就出現了：教堂的門是自己打開的，鐘是自己鳴的，蠟燭也是自己點燃的。到了教堂裏，李珍香就開始佈道，於是那天戲劇性的一幕又上演了。她號召人們以實際行動懺悔：收受工作組財物的，要還回去；已離開教會的，要歸來。但是有些人已經把棄教聲明交上去了，該怎麼辦？答案似乎很簡單，只是需要些勇氣：是夜稍晚，李珍香帶著一群人走出教堂，到工作組辦公的地方，要把那些聲明討回來。據說那天天氣冷，領導穿著皮衣，但還是因為害怕而出汗發抖，把一疊聲明都交出來了。[29]

這一夜，人們整夜祈禱；第二天一早，李珍香帶著一千多人扛著村裏遊行用的十字架，熙熙攘攘地到七苦聖母堂去。他們經過洞兒溝時，其中一名婦女披散著頭髮，一直磨牙；人們看懂她這是被邪靈附體了。有人把她丈夫找來，於是她丈夫把她帶走，拐過山坡到大家看不到的地方，但沒人為她祈禱，她在那邊依然發了瘋似地亂跑。在這個極端戲劇化的場景中，這名婦女演示的不僅是超自然的力量，而且是人群的一種無力感：教眾渙散，還常要面對讓人舉止失常的邪靈。只有群體聯合祈禱才能對抗這樣的邪靈。但面對這麼個強大和不友好的國家政權，群體怎麼聯合起來？梁泉道人到聖母堂的時候，他們看到庭中都是警察，有些人就回家了。有些人到教堂中祈禱，出來的時候就被捕了。李珍香那天在洞兒溝過夜，第二天一早，梁泉道來的一個人就用自行車載著她逃往西柳林。士兵們一路追趕他們，當天稍晚她就被捕了。[30]

李珍香被捕的故事，最開始是有的，只是最初故事裏並沒有會飛的自行車。人們說的其實是，載著她跑的是一輛汽車，還沒到縣裏，半路就壞了，但李珍香逃跑了。另一個版本中，車走不動的時候，李珍香問司機他相信上帝麼。他說他信，而當他抬頭看的時候，李珍香已經消失了。隨著時間流逝，人們疑惑她到底發生什麼事了，故事就被添油加醋地變複雜了。有的說她到了北京，跟毛主席談話了，甚至勸毛主席信天主教。主席拒絕了，於是上帝懲罰他癱瘓在床，不能言語。同時，李珍香又消失了，去幫助在越南的美國人，或者到羅馬開會去了。有個小女孩，來自梁泉道少數的非天主教家庭，在地裏聊天的時候告訴她的天主教徒朋友：「李珍香早就被政府捉住了，明天就回來坦白。」天主教女孩堅定地回答：「如果能把李珍香帶到咱村坦白，就把我的頭砍掉。」[31]

157

李珍香被捕後的那年夏天，其他人開始加入到佈道的行列中。他們很多是曾經有迷幻體驗的年輕男女。西柳林的一個男性，年輕的時候在洞兒溝傳教，如今回憶說，他佈道時講了幾分鐘，突然感覺就坐在耶穌面前，對眼前每日看到的世界完全沒有意識。通過此種體驗，神力開始直接干預人們的生活，也賦予普通人一種非凡的新權威。[32] 這些看到異象的人，教士不在的時候，開始承擔主持禮儀的角色：他們對水祝聖使它具有神力，看人就知道他們的罪行並予以赦罪，對教眾吃的麵餅祝福，還會驅魔。他們製造聖水時，就口念祈禱詞，手在水面畫十字架。在洞兒溝佈道的這個年輕人，據信就可以通過看人說出他們的罪。他可以像教士一樣，在人懺悔後予以赦罪，其中有一個曾說過李珍香是反革命，還有一個是曾經棄教的兒童。在梁泉道，還有一個年輕人能替人家給一包包乾麵餅祝聖，而佈道人中有一個甚至能看見他房子裏各處的魔鬼，還因為誇張的驅魔手法很出名。以前只有教士有這樣的能力，如今這些異象見證者都能做到，源於人們深信超自然力量就在這些人周圍。[33]

「四香」中的另一名女性韓清香，是來自梁泉道的中年婦女，當時也以有神力出名。她住在土坯房裏，有一條電燈線從窗外接入。人們記得看到過她用牙齒把火線的外皮剝掉。他們說她可以說出來訪者生活中的事，即便他們遠從城裏來。來訪者把麵餅帶來，等她祝聖了再吃。她家的糞池中，曾奇跡般地出現一個耶穌的形象，人們還跑去她家看儲水罐子上面漂浮的天使形象。[34]

很多佈道人都會講末日審判將如何到來。上帝會懲罰人們的罪，降下火甚至是原子彈來毀滅世界。他們號召婦女把辮子剪掉，因為那被視作女性虛榮的標誌；讓人毀掉塑料製品，認為那是用骨頭做的。於是人們把塑料布、尼龍襪、塑膠鞋燒掉，完了順便把塑料打火機也扔掉了。[35] 這些末日主題援引的是歐洲的天

主教傳統，也可能與法蒂瑪的第三個秘密有關。從19世紀中期開始，不時出現異象，在其中聖母瑪利亞預言世界即將毀滅，而冷戰和核末日的恐慌在1940和1950年代更促使異象大量出現。1963年，有一本小書在歐洲出版，據說講的是法蒂瑪第三個秘密，書中瑪利亞威脅要懲罰全人類，並預言20世紀後半期教會將面臨可怕的迫害：教會的領導人將會反目成仇，撒旦會贏得統治，一場大戰將爆發，最後上帝會毀滅地球，從天空降下火和濃煙，把海洋都蒸發。當異象在山西流行時，也有一本小冊子流傳甚廣，題作《奇異新聞》，據說來自羅馬。這冊子的內容可能包含部分羅馬的原版，也可能只是山西教眾道聽途說源自香港或澳門的傳聞而已。[36]

　　為迎接末日審判的到來，佈道人號召教眾贖罪，做好準備，歸還以偷盜或其他不公道的方式取得的東西。有時人們在懺悔偷盜行為後，會把這些東西轉交給佈道人，如同以前交給教士一樣：韓清香收到兩枚金戒指，後來交給洞兒溝的一名婦女。還有人把衣服和被子直接還給他們的鄰居。那些在社教運動中與工作組合作而接受幫助的家庭，把財物都退還工作組。如同工作組要求教會歸還剝削來的財物，掌管村莊財政的退還貪污所得，佈道人也要求教眾歸還與政府合作獲得的財物。梁泉道村民歸還了2,425元（當時對一個家庭來說，年收入有300元就已經很高了）、651磅糧食、473支農具、油、蔬菜種子、一件皮夾克，還有大量蔬菜。[37]

　　人們還通過抽打自己來為自己或別人贖罪。「四香」中另有一個田美香，來自聖母朝聖堂附近山區的紅溝村，她把玻璃渣塞進棉球，讓教眾在抽打自己、宣誓效忠教會的時候鮮血直流。[38]以前每週五洞兒溝的方濟各會士會用打了結的繩子抽打自己，現在這種自虐的傳統更得到強化。社教運動中，村幹部時常要面對的

159

圖15：運動高潮時期的
聖母堂。來自《控訴——
是誰害死了我媽？》，
太原，約1965年。

認罪和毒打，與此種情態也有很明顯的聯繫。騷亂被平定後第二
年，作為成果的一部分，政府出了本小冊子，書中就有聖母朝聖
堂中高度情緒化的場景（圖15）。這本小冊子講了一個年輕人的故
事，據説他試圖為病母驅魔，卻把他母親鞭打致死。這個後來控
訴教會的年輕人，此時站在教堂門口不知所措。故事裏説，他母
親生病是因為喝了未煮開的聖水；圖中年輕人背後的教堂裏，可
以看到兩個人正把聖水潑到跪著的人身上。文中的年輕人講到，
他到了教堂，看到擠滿了人，有的祈禱，有的哭喊，有的抽打自
己，也有些人站在中間，説因為他們的罪很重，正接受上天的懲
罰。當聖水潑到身上時，他們立刻倒在地上。

　　這樣的集體情感宣洩，它的主要作用就是佈道人所號召的，
在友愛中相處；而在當時，要實現這一目標，就是把身邊失聯的
教徒找回來。有個佈道人從西柳林到洞兒溝探訪，他派人去把一
個不再參加祈禱的年輕人叫來。年輕人到的時候，佈道人便進入
迷幻狀態，質問年輕人為什麼不再祈禱了，隨後譴責他得的是不
義之財，並向他灑聖水。他還警告一個剛離婚的年輕婦女，説上
帝將要懲罰她。在這麼個情緒激動、群體感情也濃厚的氛圍中，
很多之前配合工作組的人，現在開始把工作組叫作魔鬼，隨後回
歸了教會。[39]

到 5 月底，警察前來逮捕梁泉道一個為首的佈道人。那是個未婚青年，他的佈道非常有力動人，特別是講到十誡、耶穌受難和死時。他每日鞭打自己，繫著一條皮帶壓抑肉體的欲望，甚至把燒熱的煤放床上，再躺上去，就這樣與魔鬼頑強對抗，宣揚受難的價值。警察來逮捕他時，村民都到街上抗議。勇敢些的躺在路中間，擋在卡車前面，有的甚至爬到車上。警察不得不向天開槍才終於通過。[40] 到此時，關於世界末日的說法開始散播開來，人們已經很清楚政府將會嚴厲鎮壓。7 月 9 日，教眾在洞兒溝的七苦聖母堂祈雨，第二天雨就下了。7 月 11 日，有 5,000 人聚集，扛著十字架和一尊聖母像到山頂朝聖。本地教堂的一支樂隊跟著他們出發；山上全是人，好不容易才通過。人們上山是為了答謝祈雨成功，不過到今天他們還記得，那也是因為他們預知和恐慌於將要來臨的苦難，因此向七苦聖母求助。[41]

—✝—

接下來發生的，是「四香」故事裏所忽略的：政府大規模的鎮壓和持續一年多的教育運動，其中包括讓前一年抓獲的李珍香和其他領導人公開控訴教會，最後以多數天主教徒正式棄教結尾。很多故事都涉及這些事件，但重點多在講述與政府頑強對抗的小部分英雄人物，而不是那些選擇了屈服的多數人，或者成為政府積極分子的少數人。這個時期，工作組成功地讓天主教群體分化，摧毀了他們從 18 世紀以來的一個重要品質：對群體的忠誠。

七苦聖母朝聖四天後，省政府展開了嚴厲的打擊，2,000 名民兵包圍了梁泉道，另外 1,000 名挨家挨戶登記誰在誰不在。如在義和團時期，這是梁泉道村民尋求和接受神助的時刻。一個警察記得，村民把聖水灑到警察身上（給他們驅魔，就好像當年給拳眾一樣）。還有很多故事提到，這個時候煉獄魂也出場了。據說連民兵都聽到奇怪的聲音在祈禱，也傳言說，當時警察對著牆上

的照片，指認出幾個上次參與拒捕的村民。照片中的人當時都已死去，但警察看到他們站在村民中間。這天夜裏，村外來的很多人，包括幾個洞兒溝來的，都被包圍並帶到本地的法庭上。大部分人第二天就被釋放了，但包括鄭粉桃在內，有幾個人被帶到洞兒溝附近某村，草草地公審後囚禁。[42]

政府此時又派出工作組入駐天主教村莊，禁止所有宗教活動。因為此次事件，洞兒溝成為重點關注對象，工作組由公安局直接派來。幾個村民被判了很長的刑期，至於關誰、關多久，取決於他們做了什麼，也取決於社教運動的需要。有個貧農叫段潤成，工作組費了無數氣力要說服他。此人從小就半盲，因此不識字，但卻頑強、堅決，也頗有智慧。他反對關閉村裏的教堂，請他妹妹代他寫了份聲明，就國家宗教自由政策與工作組辯論。以下是他回憶的辯論過程：

> 又過了一天，工作組將我叫到辦公室說：「聽說你沒文化，你也太死心眼了，看你出身好，原諒你的糟糕思想，你就不能靈活點兒？」我問：「如何靈活呢？」工作組告訴我，你心裏信天主，我們也看不見，只要你口頭上說一句「不信」，承認錯誤，我們就不追究了，我們也交差啦。當時，我脫口而出說：「毛主席教導我們：『世界上怕就怕認真二字，共產黨就最講認真。』我信天主，口裏能不說心裏話嗎？」工作組又說：「你不怕坐牢？」我說：「我沒犯國家的法，也不夠條件坐牢。」[43]

一名中農因為去了長溝，家裏接待了一個佈道人，此時被判了十年刑。神職人員也要對這些事負責，他們按照等級高低領刑，儘管太原主教早在1955年就已入獄，其他被控有罪的教士，整個事件期間都被關在學習班。洞兒溝堂區教士作為方濟各會領

導，被當作教會高層，正式批捕入獄。其他神職人員繼續被囚禁在太原主教座堂大院裏。[44]

那些被囚禁的人體驗各異。最開始，洞兒溝很多人被關在本地同一座監獄裏。有個人回憶，他的工作是打掃庭院，常常趁守衛不注意，把包菜根掃到牢房裏，而牢裏關的是堂區教士和村裏之前的國民黨支部領導，沒有東西給他們吃。洞兒溝一名婦女回憶，她曾看到拖著尾巴的紅色魔鬼跟在監獄守衛後面，就拿吃的砸牠，因此被連續審問了七個晚上，正午時分被綁在外面牆上，大把頭髮被拔下，還遭到電擊，以至於三個月後被釋放的時候，她的孩子們都認不出她來了。她堅定地拒絕合作，如今還宣稱，神奇的是這些都沒對她造成任何痛苦（當時其他人也有類似說法）。大部分被捕的人，都在幾天或幾週後被釋放，但有些人一直被關著。鄭粉桃並不是抵抗運動的領導人，但也在被關押的人中，有關她完全拒絕合作的故事也開始流傳了。[45]

但也有人同意公開認罪。事態最嚴重的天主教山村如洞兒溝、梁泉道、圪潦溝、沙溝和紅溝，安排了一系列大型鬥爭會，每場都有兩萬人參加。李珍香和其他主要人物被帶到大會上，坦白罪行，揭發別人。那個把母親打死後懺悔的年輕人激動地大聲控訴教會，被當作榜樣。這些群眾大會的過程被錄下來，片子在後來的運動中一直使用。此外村裏也有較小型的鬥爭會。一個見證過異象的年輕人被帶到派出所，受盡折磨，被用棍子打、電擊、剝奪睡眠，於是招認他做了一些令人難以置信的事：他在洞兒溝逗留的兩天內，與兩個未婚女性和一個少婦睡覺。洞兒溝的堂區教士，一致被認為很膽小，因為不曾與女性說過話而出名。他除了被告強姦之外，還被揭發把一台發報機藏井裏。人們回憶說，他被命令下到井裏把發報機取出來，但他恐慌到站著一直發抖，最後派了別人下去。

　　社教運動進行一段時間後，每個村民都被要求寫一份書面檢
討，詳細說明他們參加過什麼樣的天主教活動、都發生在什麼時
候，以及他們現在明白這就是掩蓋在宗教外衣下的非法反革命運
動，也不會再被騙了。洞兒溝的大會則發展到高潮，人們在1965
年冬天的聖母受胎節（Immaculate Conception，12月8日）搗毀了七
苦聖母堂。所有的村民都上山，拆毀建築，搬走磚頭、木頭和瓦
片，用在自己的建築上面。據說，除了那些在牢裏的，沒參加這
事的就是段潤成和一名病弱的老年婦女。[46]

　　工作組隨後開始教育村民，宣講宗教邪惡之處。一批專門的
教科書為此迅速出爐，譴責天主教是帝國主義侵華的工具，援引
中世紀教皇腐敗的例子否定教皇制度，最後討論馬克思認為宗教
是階級剝削工具的看法。這些教科書也討論重要的本土話題，如
批評「天下教徒是一家」這種觀點，因為「他們不只在鬧事中『親如
一家』，在日常生產生活中也劃不清階級界限」。[47] 其中有一本書
逐條批駁了十誡：不要殺人的誡命屬於奴隸社會，是對愛國主義
的破壞，尊敬父母的誡命是封建主義的，不要偷盜的誡命是用來
反對土地改革的，不要作偽證的誡命是用來阻撓工作組的工作等
等。在小組討論中，領導人細數教會的罪行，隨後就這些事情分
別反覆詢問在場的每個人：天主教是好宗教還是壞宗教？那些說
不知道的、說不能理解的，或者認為裏面雖有些壞人但總體是好
的，這些人的小組學習就得再來一遍。1966年春天，社教運動圓
滿結束，那些被定為「調查目標」的人都做了登記，還出了一份報
告，匯總了那些被說服申請加入黨領導的群眾組織的人名。[48]

　　這年夏天，另一場規模浩大的全國性運動宣告開始：無產階
級文化大革命。以前社教運動打擊的是基層官員，現在則是黨內
的高級幹部。最開始，山西省政府抵制這場運動，因而事態發展

緩慢，但在8月份，四人幫鼓勵學生串聯交流革命經驗，幾千名紅衛兵從北京到達太原。由於近期的事件，天主教會是他們要打擊的明確目標，於是在太原主教座堂組織了一場神職人員的「活人展覽」。在三週的時間內，社教運動中被關押在主教座堂中的教士和修女，被帶到公眾面前展示。他們被迫在雨中跪了數天，整日聽紅衛兵對他們喊口號，被圍觀群眾用棍子戳，被迫吃土，被毆打。一名年老的教士和一名修女死了。據說有60萬群眾參觀了此次展覽：至今城裏很多非天主教徒還記得小的時候去看過，那時也有成群結隊從農村過來看的。[49]

165

紅衛兵也出動，到附近的天主教村裏教育村民。他們攻擊村幹部和在社教運動中出問題的人，還給教眾辦了學習班。到這個時候，絕大多數天主教徒最終宣佈放棄信仰。很多人上交了手寫的聲明，但對大多數人來說，紅衛兵也勉強接受他們口頭表示「天主教是個壞教」。這些手寫的聲明標題為「決心書」或「退教書」，簡短而高度公式化。以下是一份寫得較粗率的決心書，簽名的是來自平原村莊的一個天主教徒：

> 我是一個祖傳的天主教徒，從小腦子裏裝滿了迷信毒素，把我的思想都迷惑住了。這（就）知道想上天堂，怕下地獄，給帝國主義當奴才。
>
> 我經過工作組的耐心的幫助、教育，又聽了錄音，我才認識到天主教是壞教、洋教、地主教、剝削教、害人的教。我再不往下傳，再不信壞教。天主教是侵略中國的工具，我要同他一刀兩斷，洗手不敢（幹），再不上當受騙。從今以後要聽毛主席話，讀毛主席書，照毛主席的指示辦事，同廣大的工農兵群眾站在一起，努力生產，爭取當個五好社員。[50]

　　另一份聲明是別人替一名不識字的老年婦女寫的，説她如今
認清「天主教是帝國主義對中國的文化侵略，它所制訂的教規教
義是反黨反人民的，是反動的欺騙的剝削的」。[51] 這些想法過於複
雜，倒是有人簡單地回答工作組和紅衛兵，説他沒上過學，不懂
什麼帝國主義，只是相信天主而已，這樣聽起來真實一點，可能
反而更容易贏得同情。[52]

　　與義和團時代相似，參與抵抗且為此受難的，並不只有那些
非常虔誠的教徒。而洞兒溝的情況是，參與抵抗的那些虔誠村民
中，中富農出身的特別容易受到迫害：一名老年婦女因為不聽勸
還在禱告，被押著遊街，一塊大牌子穿著鐵絲掛在她的脖子上。
工作組對男性更不客氣，因為作為一家之長，他們的責任更大。
那些男性教徒中參與抵抗的，更多地是出於傳統意義上男性的美
德：勇敢、孝順和忠誠。有對教徒夫婦，在1965年前和1980年
教會復興後，都被形容為「非常冷漠」，但是在運動期間，就算被
工作組毆打，他們也拒絕放棄信仰。當父親的告訴他的孩子們，
如果他們敢否定自己的宗教就殺了他們，所以孩子們不敢這麼
做，雖然他們還太小，不明白到底怎麼回事。多年後，堂區教士
問這對夫妻，當時為什麼這麼堅定。他們不知如何作答，最後只
是説了句，不能背叛祖先。段潤成也一直拒絕合作，堅持説宗教
自由的政策是允許他信上帝的。由於他不容置疑的貧農身份，他
沒有被送進監獄，但此後四年，白天在地裏幹活時，都要戴上紙
帽和寫著「帝國主義走狗，反革命分子段潤成」的牌子，晚上還要
不停地被批鬥，遭到拳打腳踢，被拉出去遊街。[53]

　　這場運動終於讓工作組和後來的紅衛兵成功地在洞兒溝吸收
積極分子。如那些抵抗的人各有不同，積極分子也有差別。有些
人仍然很虔誠，有些人是真的失去對上帝的信仰，有些年輕人則

只是想抓住往上爬的機會。工作組要重點下手的是獨居的婦女，因為她們很脆弱，容易被說服。梁泉道的一篇政府報告裏有個經典的例子，講的是工作組專門挑了一名非常窮的婦女，她丈夫幾年前剛去世，留下五個孩子都不到12歲，整個家庭都依靠政府資助。社教運動開始時，她很配合工作組，寫了一封信聲明脫離教會，但李珍香來的時候，她也加入人群到工作組辦公室索還信件。後來工作組派了一個人每天幫她挑水、洗地板和磨穀子，一連幹了兩個月，終於又把她爭取過來了。她最終屈服了，開始在公開場合發聲，在群眾大會上揭發別人。先後由民警和部隊組成的洞兒溝工作組，都以此為榜樣，挑了另一個孩子還小的窮寡婦做工作。他們說服她相信黨在宗教上的指導是對的，每月給她一大筆錢讓她私底下作報告，給她孩子離開村莊參軍和入黨的機會，但也在性上利用她。[54] 在洞兒溝吸收政府積極分子，此時仍然需要努力和耐心，但以反天主教運動的烈度，終能得以實現。

167

—　+　—

　　此次鎮壓之後，洞兒溝在接下來的13年再無公開的天主教儀式了。但不同於社教運動，山西的文革重點並不在天主教村莊。那些因為宗教活動被捕入獄的、抵制工作組的，往後還要繼續受苦，但省委幹部和紅衛兵現在最操心的，是日益升級的武鬥奪權。神職人員展覽持續三週後結束，人被送到一座佛寺，在那又被關了12年，一直在一座小作坊中做防護手套。[55] 在鄉村中，來自紅衛兵的壓力又持續了幾個禮拜，直到他們開始把注意力轉向省政府。1967年1月，省政府被打倒，下台的省長不久就去世了。此後三年，中央無法控制山西的局勢，派系之間展開大規模武鬥，直到1969年部隊介入才成立了新的省政府。

　　1970年春天，被打敗的一派紅衛兵主要領導被槍斃，新成立
的領導班子又開始肅清反對派。這場運動叫做「鬥批改」，要求幹
部要像備戰一樣認真對待。全省有154,000人受到衝擊，此時的
市政府只要所謂的民眾投票通過，就可以將人正法。被這場運動
裹挾的眾多人中，有些是1965年就被關押的天主教徒。洞兒溝那
個膽小的堂區教士，最開始就屈服於政府壓力，寫了一封很長的
檢討，而他的姐姐，在梁泉道家中修行的修女，卻是反抗得最激
烈的人之一。她被剃了頭，後來在一場鬥爭會上，衣服被撕爛
後，一邊被毆打和左推右搡，一邊拼命還要蓋住自己。後來她全
身腫脹得厲害，臥床不起。幾天後她就帶著這些傷死了，屍體被
扔到河裏。也許被他姐姐的慘死所觸動，教士收回他的檢討，此
後他變得非常勇敢，讓認識他的人都很震驚。後來他被公開處死
了，與他一起的是太原最早的兩名中籍主教。親見過行刑前遊街
的一個人報告說，他看到隊伍慢慢經過城市的主幹路到刑場去，
此時聽到教士喊了一聲：「天主教萬歲！打倒共產主義！」一個積
極分子跳上車，把本來應該用來堵他嘴的鐵絲穿過他的臉頰，讓
不能再出聲。一個教徒在夜裏把他的屍體挖出來重新安葬，但
又怕被發現，後來把他的骨頭裝進麻袋放自己家裏，對著這個殉
道者祈禱。[56]

　　鄭粉桃也被處決了，但她只不過是個窮村婦，未經公審的整
套盛大程序，直接在獄中槍決。因為參與「天主教反革命騷亂」，
她被判了12年的徒刑，新運動一來，又被控「現行反革命」，判了
死刑。確切地說，她量刑被加重，是因為拒不認罪，有一次還說
「劉少奇是清官」，並且一直說「天主教好」。[57] 她的兒媳婦驚慌失
措，以至於認不出她埋在哪裏，最終屍體也未收殮。

　　也正在此時，段潤成最終被送進監獄了。當時正值全國備戰
防範蘇聯，一條穿過村莊的軍用高速路正在建設中；調來的修路

工人開會批鬥他，正要打他時，突然停電熄燈，段潤成便趁機逃跑了。結果出席批鬥會的幾派人自己打起來了。三天後，他因為反革命活動被抓起來，後來被判了12年勞改。[58]

1970年代初，社教運動最初的目標基本達成。若干天主教群體已經搗毀了他們自己的教堂。聖母朝聖堂太遠了，石頭牆沒有被扒掉，但是紅溝村的教眾把室內陳設都搬走了，屋頂的木頭也被卸下來，只剩一個空殼。全省所有教堂的塔都被毀了，其他的教堂建築被改造成活動室、糧倉、宿舍、辦公室、學校或者小作坊。洞兒溝的堂區教堂被改造成糧倉。[59]公開的宗教儀式停止了。人們記得那時在聖誕節甚至不敢吃好的麥粉麵條或餃子。宗教圖像、書籍和念珠都被沒收、銷毀，要麼就藏起來。有些家庭繼續早晚禱告，但也就在家裏，而且常常只能無聲地祈禱，而不是以前我們熟悉的大聲唱誦。[60]

天主教徒群體也被分化了。解放後，太原的神職人員尚能保持團結，如今被關押在一起，反而做不到了。不同派別的神職人員從來都會有些矛盾，特別是在自認為是精英的方濟各會會士和教區教士之間。如今，新的分歧則來自這些人配合工作組和政府要求的不同程度。工作組給教士施加巨大壓力，驅使他們相互指責、欺壓，甚至肉體傷害，更加重這些矛盾。有些人整個人都崩潰了，丟了信仰，結了婚，棄絕教會。他們中有兩個頑強抵抗，但因為被殘害得過於慘烈而自殺。洞兒溝也被分裂成多個對立的陣營。之前與工作組走得近的都成了紅衛兵，甚至入了黨，而那些頑抗者的家庭則被孤立了。曾幫段潤成寫海報抗議關閉教堂的妹妹被撤銷戶口，丟了口糧，被迫離開村莊。段潤成的妻子和五個孩子也無處可去，紅衛兵還一度要把他們趕出村。在地裏幹活的時候，他們要忍受積極分子的咆哮，而段潤成女兒到牢裏給他送飯，回去後還要在地裏幹一天的活。[61]

　　對於自己經歷的這些，段潤成與很多人一樣，相信那是上帝選擇了某些強大的人來擔別人的苦，替他人贖罪。這個觀念在20世紀初的意大利很流行，那時有些婦女被視作聖徒，因為儘管飽受病魔摧殘，但她們欣然接受這些痛苦，視如此安排為上帝的意志。在山西這些村莊裏，類似觀念也讓那些繼續抵抗的人在受的苦中找到意義，也讓別人看到他們就是上帝揀選的人。段潤成在被捕後，記起多年前做過的兩場夢。當他還是孩子時，他夢到一個閃著白光的人抓著他的手，把他領到瑪利亞雕像前。多年後，他又夢見一個聲音對他說：「主將來要讓你作補贖。」[62] 1965年，洞兒溝有個年輕教士被捕，他有個姐姐也曾對他說出相似的話。這個教士被捕十年後，被轉移到晉東山區一座煤礦中幹活，允許人來探望。他那拒絕棄教的姐姐長途跋涉來看他，發現曾經帥氣的弟弟灰頭土臉，虛弱到幾乎不能行走。她哭了，但安慰的話說出來卻是：「天主讓你作補贖。」[63]

　　到1970年代末，這共產主義國家最終在經濟上還是有一些成就的。村民講了一名好警察的故事：那是一位從平原地區來的白髮和藹老人。紅衛兵找段潤成麻煩的時候，是他出面試圖調解；一名婦女跳井要自殺的時候，也是他叫了些年輕人來救。村民還感激他最終幫村莊解決從晉祠取水的問題。清源縣政府新打了一些較深的抽水井，規模最大的在洞兒溝。由於工業取水已經讓含水層枯竭，晉祠的泉水越來越少，清源新打的井更導致寺廟的泉眼幾乎流不出水來，於是人們説洞兒溝的天主教徒破壞了晉祠的水源。在義和團之後，那些傳教士想給村民卻給不了的，最終是共產黨政府給的。這些水其實也持續不了太久，但不管怎樣，已讓村莊大大改觀，農民原來只種抗旱的小米和棗樹，後來改種經濟效益更高的蔬菜和果樹了。[64]

170

———— ✛ ————

到 1979年，共產黨已深入天主教村中，給洞兒溝帶來巨大的經濟發展，但當初工作組和紅衛兵的壓力已瓦解了教會群體。國家在社教運動中已實現它的目標，但也為1980和1990年代的宗教狂熱、教堂建設和新一輪皈依奠定了基礎。天主教群體一度被瓦解，但瓦解它的隔絕和迫害，反而強化了天主教徒作為一個整體的身份認同。一獲批准，村民很快就開始重建了。他們曾經親手毀了自己的教堂，但如今的七苦聖母堂不再是以前那種哥特式小教堂了，而是座壯觀的中式宮殿風格的朝聖堂。很多人沒有公開表達意見的勇氣，但他們敬仰少數抵抗者的堅定、忠誠和如孝道般對主的虔誠。段潤成受的苦也賦予他威望，使他成為一名成就頗高的傳道員，影響遠遠超出村莊外。

171

第七章
1980年代以來的村莊

　　有這麼一則故事，講的是1980年代中期洞兒溝一個教士回家的事；這故事並不在村中流傳，而是他家人講的。這個教士在離家很遠的晉東山區服刑多年，但在某個冬夜，毫無徵兆就被釋放了；此時老人除了一床被子和一些個人用品，什麼都沒有，身體又非常虛弱。他唯一可求助的是從梁泉道附近農村來的一個獄警。老人連夜艱難跋涉找到獄警家，但獄警妻子沒見過他，於是又花了些力氣解釋了一番，隨後夫婦倆熱情地把他迎進屋裏。第二天獄警打電話通知了洞兒溝的村辦公室，但是接電話的人沒有先通知他們家，而是直接到地裏幹活了。最後他家終於接到消息，派了幾個人去接老教士。他們到獄警家裏坐了坐，然後搭火車回太原。出了車站，他們看到有開往清源的公共汽車，正好司機是梁泉道的天主教徒。司機不認得這羸弱的老人，可當他知道是誰時，不等其他乘客到馬上就出發了，也不遵守公交車路線，直接開到了洞兒溝。老人在家住了三年，康復後搬回梁泉道繼續當教士。從監獄出來後，他變得嚴肅，不苟言笑，不是人覺得很親近的那種，但卻收穫人所敬佩的堅韌不屈的聲名。故事中的公交車司機，代表的是教士家人眼中他應該受到的熱烈歡迎，但是村辦公室人的反應也在提醒聽者，政府方面對此的否定、害怕、厭惡和敵意，也是有的。

　　老教士回來後的遭遇還好，但要讓教眾接受那些在壓力下屈
服的教士，就比較困難了。這些教士有的放棄了信仰，有的否定
上帝存在，有的甚至把別人出賣了。幾年前，另有一個洞兒溝的
教士被釋放，有關他的故事說起來可能更慘，但也更難說清原
委。故事從他童年時開始講起，當時主教要培養他成教士的時
候，他家非常有信心，認為主教很有眼光，因為進神學院的時候
他只有十歲，卻沒哭。後來他被關押、折磨，在重壓下被迫和一
個修女結婚。文革結束後，兩人散夥，修女回了娘家，他回了洞
兒溝。他隨即向羅馬寫信，要求免除他的教士職位。收到決定的
時候過於開心，以至於竟中風了。後面十年他癱瘓在床，住在父
母留給他的一間小屋裏，家人都說中風是上帝在幫他。這故事很
奇怪，中風癱瘓，為什麼說是上帝在保護呢？不過，從別處搜集
來的一些信息片段隱約說明：這則故事背後，事情可能是另一個
樣子。老人當時確實與其他教士關在一起，但他的待遇還不差，
是給這些人做飯。他們被釋放後，修女回了娘家。從羅馬來的，
並不是免去他教士職位的文件，而是修女家同是教士的兄弟們求
來宣佈婚姻無效的。他在主教座堂裏又待了兩年的時間，直到體
弱多病了才退休回家。此後也有人批評，他退休回家後，家人沒
有善待他。我們可以猜到，整件事可能是這樣的：他在文革中與
當局合作，結過婚還想要繼續做教士，但被教眾拒絕了。不像拳
亂之後的傳教士，文革之後的天主教徒不太苛責人們是否背教，
儘管他們很敬仰那些沒有放棄的。他們強烈譴責的是在運動中主
動交代、敗壞群體名譽、出賣別人的那些人。對教士來說，背教
的最顯著標誌就是結婚。在 1960 和 1970 年代的政府看來，證明
一個人真正放棄了教士身份、與國家一心，就是結婚的實際行
動；如今教眾也以同樣的標準來對待他們。[1]

　　這些故事太接近現在,與尚在世的人關聯太多,過於糾纏在堂區日常政治的瑣碎,不足以展現完整的群體面貌;但這些故事也把從1980年代起就影響著教會發展的主題和矛盾都提出來了。這些矛盾的核心,是如何理解發生在1960和1970年代的事。那個時候,這些事件把很多普通人都裹挾其中,但老教士的問題是有象徵意義的,圍繞著對他們如何定性人們爭論不休。到1970年代末,國家政權的重壓雖然把天主教群體瓦解了,但這一進程卻也讓教眾與其他人群的隔閡更深。當宗教崇拜再獲批准時,天主教徒很快開始重建群體,這不僅包括重建教堂這樣相對直接的工作,也包括重建被破壞的人際關係、與過去達成和解這樣更艱巨的任務。人們宗教熱情高漲,因而積極捐建新教堂,但正是這種熱情常讓他們很難原諒這些教士或曾為難他們的鄰居。結果是形成了這麼一個群體,在其中,宗教熱情帶動了18世紀以來第一次傳教高潮;它也吸納了無數年輕男女進教會成為教士或修女;但它也很快被撕裂成官方和地下教會兩部分。

— ✝ —

　　1979年,政府廢除了公社,不再巨細靡遺地監管村民如何花時間和花錢,與此同時也允許公開的宗教活動了。1980年代,教會進入快速重建期:教士返回堂區,教堂重新建造,眾多在1960年代棄教的人又回來了,曾經把天主教村莊緊密聯繫在一起的朝聖網絡也重建了。但1960年代的分裂和背叛沒有被忘記,於是到1980年代末,便有了組織上獨立的地下教會。

　　從1970年代末開始,洞兒溝那些因為信仰而入獄的人逐漸被釋放:小部分服從政府的神職人員被派到剛重新開放的主教座堂,有一點薪水。1980年,洞兒溝家家戶戶在屋裏或院子裏都可以公開祈禱了。人們在房子裏貼上聖像畫,雖然這些畫很難弄

175 到，直到1984年太原的一個教士才訂購到聖像、十字架、念珠和
紀念章，這些在華南地區已有工廠在生產了。[2] 1982年，宗教新
政策一發佈，就有幾座教堂被收回重建。洞兒溝的堂區教堂相對
容易收回，因為損毀不嚴重，且公社化已結束，不再需要那麼大
的地方作倉庫了。但有些教堂被徵用改造成政府辦公室、工廠、
學校或宿舍，要討回來的話，爭議就比較大了。通常當地政府會
另外批一塊地，由天主教徒自己籌錢建造。梁泉道的教堂已被徹
底搗毀，由當地捐資重建。新教堂夠大，能容納整個教眾群體
4,000人，花費30萬元（那時當地年收入只有500元多一點）。[3]

　　天主教的復興速度飛快，特別是比起同一地區緩慢恢復的佛
教和民間宗教。但此時的發展，並不是舊事物的回歸：相反，
1980年代的宗教熱情是很新的事物，至少在晚近的歷史中可以這
麼說。國家對天主教長達30年的歧視，強化了天主教的群體認
同，也加深了他們與鄰居的疏離感。另外，在1965年的事件中，
人們對神的臨在有一種強烈的體驗，而隨後的政府鎮壓也讓那些
抵抗者更受尊重。當宗教又被允許公開後，曾經寫了書面檢討棄
絕教會的那些人，大部分積極地重新入教，也更慷慨地捐贈，以
挽回他們的名聲。

　　那些曾經成為積極分子的天主教徒，頂著巨大壓力懺悔曾經
的過錯；他們試圖回歸教會，但常常發現很難再回去了，因為無
法面對那些曾被他們傷害過的人。但如果他們不回教會，也不得
不面對深深的敵意：1980年代末，梁泉道有個人脫教入黨，為防
窗戶被砸破，他不得已在房子周圍裝上護板。洞兒溝流傳的很多
故事，也表達了村民同樣的敵意，如上帝對那些積極攻擊教會的
家庭降下懲罰。有個積極分子到煤礦工作，被失控的煤車撞死。
有個人曾控告堂區教士強姦他的妻子，他有個兒子某天突然毫無
徵兆地摔斷腿，很快就死了。有一戶人家用被搗毀的公墓中的材

料建房，得了奇怪的精神疾病，孩子天生即有缺陷。當人們被問及那些積極分子後來都怎樣了，他們常簡單說道，這些人遭了報應，年紀輕輕就死了。這就直接結束了談話，達到保護群體聲譽的效果，但這種看法也有群體願意接受還活著的積極分子的意思：因為他們還活著，所以不可能太壞。[4]

　　村民既譴責積極分子，對那些倖存的異象見證者也很不滿。在那個時候，這些人曾經很得大家信任，但如今據說他們長期精神有問題。人們譴責他們給教會惹麻煩，禍及其他教眾。當初工作組逼迫這些異象見證者在群眾大會上公開認錯，很多教眾離場時惶恐而困惑，但現在輪到教眾批評他們，也是因為如今群體需要告別那個神鬼隨意闖入人們生活的時代了。那些繼續看見異象的，知道說了也不可能被普遍接受，猶豫著不敢說出他們的體驗。洞兒溝有個婦女，在很小的時候就認識了異象見證者韓清香。此後她有時會看見異象，還有煉獄魂在夜裏來找她。煉獄魂帶給她的消息是與群體重建相關的：他們要她轉告他們的家人，戒掉壞習慣，還清欠的債，與他人修好，以及參加祈禱。煉獄魂更特別要求他們的家人去懺悔、告解和領聖餐。這些信息是村裏幾乎所有人都會認同的，她前去傳達的有些家庭雖感震驚，但也信服了，儘管如此，家人和她自己都不希望得個異象見證者的名聲。[5]

　　天主教村莊合作重建了太原北部山區的聖母朝聖堂，在此過程中也修復了他們之間的聯繫。在1982年，從13個村莊來的幾千名教眾扛著一尊瑪利亞的雕像去往山上沒了屋頂、只剩空殼的朝聖堂。第二年市政府勸說教士讓他們不要去，然而後來在1984年，來了一場乾旱，於是在近一個月的時間內，村莊一個接一個地到山上朝聖祈雨。此後政府同意教堂重建，還出了兩萬元。梁泉道的教堂重建就花了30萬元，這座聖母堂重修花的錢，應該比政府撥的要多很多。負責重建的教士有個兄弟在香港作教士，可

177　能他提供了些資金，但是關於這件事如今大家記得的，是極富象
徵意味的群體參與。每個村都組織人們把建築材料扛到山上去。
如今教堂的介紹手冊裏有這麼一則故事，故事中一個四歲的小姑
娘把用來拌水泥的沙子裝在書包裏，但是包帶斷了，於是她用手
捧著沙子一路上去，獻給聖母。[6] 相比較以前代表群體的都是成
年男性，這則故事說明了婦女和兒童在社會中的新地位，也標誌
著參與重建群體的每位成員各自的重要性。

　　在重建的過程中，天主教徒和周邊人群之間的矛盾也逐漸突
顯出來。洞兒溝附近有個村，教眾在1980年代末重建教堂和附屬
的塔，但其他村民很生氣，因為塔建得比他們的寺廟高。他們把
繩子繞在塔上，要把它拉倒，於是教眾聚集到教堂裏，並表示如
果整座建築塌了，他們願意一起死。最後警察介入，把教眾都抓
走，塔也被推倒了。後來村民一有情緒，就把石頭從牆頭扔進教
堂院子裏。有個新來的教士跑去向村領導抱怨，他們反而讓他去
告訴那些天主教徒，不要去洞兒溝和梁泉道找人來報復村民。[7]
看來記得義和團的事的，不只那些天主教徒。

　　天主教群體內部也存在矛盾，特別是關於如何看待背教的教
士。這些爭論雖是關於教士的，但對規範普通教徒與政府的關係
也有指導意義。如今的政府官員常常是1960和1970年代掌權的同
一批人，依然不信任天主教徒，也決意維持對他們的嚴格管制。
從1950年代起，別的省就有地下教會了，那些地方本地人與傳教
士的關係和山西的不太一樣。山西的地下教會成型雖晚，但也早
有兩個根源：首先是1951年全部教士加入新政府的教會時就出現
的一些矛盾，其次是文革中被囚禁的神職人員之間的鬥爭。有個
教士，1980年代被釋放後，拒絕加入到教階體系中，因為那樣就
等於認同國家管制宗教的權力。這個教士的做法頗受讚賞，很多
人也一樣不信任政府扶持的教階體系，但直到1989年，山西才出

現體系獨立的地下教會。那年全國性的社會和經濟矛盾達到頂　178
點，人們都期盼政治改革。天安門事件後，政府威信大損，鄰省
陝西的地下教會，有一部分神職人員自己組織了一場全國性的主
教會議。那些參加的人很快都被逮捕了，然而得到此次會議啟
發，運動迅速擴散開來。有個療癒水平很高的傳道員到晉中地區
的鄉村，成功地說服一些教眾建立獨立的地下教會團體。地下教
會至今都還記得當年的事件，那裏有人講了梁泉道某個年輕軍人
的一則故事：他拒絕開坦克軋學生，於是被拖出來，降級處理。[8]

　　儘管地下新教會由省外領導（至今也是），而且晉中地區一直
沒有地下主教，但它很快就緊密地融入本地群體。地下會眾由平
信徒領導人組織，他們唱誦傳統天主教祈禱詞的時候情緒激動，
西方人聽了可能更容易聯想到新教陣營中的福音派（evangelicals）。
教士一般都較年輕、清瘦，經常四處走動。他們念完彌撒後會很
快把祭服換掉，平靜地加入到隨後的祈禱中去。這氛圍很不同於
正式的官方教會，也得到官方教會很多成員的欣賞，但是成為地
下教會的一員，代價也很大：這些人不只會與政府關係緊張，而
且還導致地方天主教群體分裂，當他們拒絕參與官方教會儀式
時，甚至與家庭決裂。洞兒溝沒出過歷史問題特別複雜的堂區教
士，因此那裏加入地下教會的人少。對官方教會來說，教士個人
的經歷和品質也很重要，因為儘管國內外教階制度各自獨立，但
官方教會幾乎所有的教士還繼續宣誓效忠羅馬。自法國大革命以
來，梵蒂岡就一直在處理與民族教會相關的類似爭論，反覆發佈
命令，要求雙方要合作。[9]

　　　　　　　　　—＋—

　　1990年代，山西天主教徒的生活經歷了兩場大變革：一是成
果顯著的新一輪入教，二是教會制度架構的重建。推進新一輪入
教的動力來自平信徒，特別是那些在1960年代因信仰受難的人；　179

他們的經歷讓他們在為信仰辯護上積累了很多經驗，在群體中也很受尊重。這些人跟18世紀的首批傳道員一樣，傳播的是能治病、能驅魔、強調孝道這樣深嵌在地方文化中的宗教，但也為新群體創造一個制度框架，解決教眾的日常問題。

1990年代初，晉中地區幾乎所有天主教徒，都屬於18世紀首次大批皈依者的後代；到千禧年的交點，新信徒已有很多，而且人數還在持續增長中。1949年解放的時候，太原教區的天主教徒總數有40,429名，但每年告解的不到一半。1950年代，由於很多有名無實的天主教徒、新近的入教者退出教會，很可能剩下的不足20,000人。不管是教區還是政府，都沒有可靠的統計資料保存下來，但據他們的教士估計，到世紀末這個數目已經翻了三倍，達到80,000人。[10] 這其中部分來自傳統天主教村莊的人口增長，但新入教的也很多。1980年代宗教復興時，政府明確反對傳教活動。大部分的新入教者是年輕人，他們加入教會是要與天主教姑娘結婚。當越來越多的青年教徒在外打工和讀書，這種模式就變得越來越普遍了，但即便如此，這部分新入教者的數量還是很小。[11] 然而，當人們意識到有些地方政府對傳教睜一隻眼閉一隻眼時，1960年代式的宗教熱情和群體的逐步重建，兩股力量便合在一起，為新的大規模皈依奠定了基礎。

當地最有名的傳道員是洞兒溝的段潤成。由於弱視，他地裏農活一直做不好。他從牢裏出來後有一段時間務農，後來把家裏的果樹交給他愛人打理，到沙溝教堂找了個看門的活。在那裏他遇到一個有文化的教徒，那人讀了一段基督教的傳教故事給他聽。段潤成受到啟發，於是就辭職了，開始了義務傳教的生涯。此後他大部分時間都在洞兒溝西部的山區裏活動。那裏在20世紀初期曾是傳教所及之處，但唯一的教堂在抗戰中被毀，此後再沒

有集體的宗教活動了，但還有少數天主教徒。段潤成一村村地
走，住到人家家裏，給他們講自己的故事，療癒病人，組織小團
體佈道。他號稱自己曾讓三千人入教，並且在2005年，在洞兒溝
為他親手創立的40個天主教群體舉辦了一場領導人培訓會。[12]

　　段潤成還印了一本入教手冊，裏面有他的生平故事、教導，
以及他成功經驗的介紹。小冊子以他自己的故事開始。他講到在
1960年代與工作組的辯論，還有他的入獄經歷，但卻不帶絲毫恨
意。確實，他自己喜歡加上些開心的小細節，比如說在地裏幹活
要休息時，把本來該掛脖子上、寫著「帝國主義走狗」的板子坐在
身下。段潤成的傳教風格，顯然是不抵觸權威的（而且還很自豪
自己的兒子是名警察），反而強調自己情願受苦，因為這是對他
真誠信仰的考驗。接下來，他介紹了以十誡為基礎的倫理，又從
幾個基本原理出發，論證上帝存在的必要，結合兩者要求人們對
造物主上帝行孝道。如同19世紀的入教手冊，從對造物主上帝的
孝道出發，自然而然引出對基督神學其他部分的理解。遵從十
誡，特別是重孝道，本來就是這個地區天主教崇拜習慣的重要特
徵：傳教士以前一直抗議的對棺材三叩首，如今在教眾眼裏，反
而是他們自己喪禮的特別之處。[13]

　　在小冊子的序言中，段潤成寫道：「如果沒有天父的恩寵，我
現在還是洞兒溝小山村裏，讓人瞧不起的大字不識的瞎老段。」[14]
穿著T恤和塑膠涼鞋，操著濃厚的本地口音，或搭公交車或步
行，看起來確實與其他老年村民無異。他所傳播的天主教，與他
18世紀初的祖先在洞兒溝接受的差不多，很適合山居村民，但如
今群體也有與國際基督教接軌的需求了。不同於19世紀末寫入教
手冊的，段潤成從未考慮過會遭到這樣的反對：基督教作為外國
宗教不適合中國人。關於這問題，稍有提及的，就是他自己寫到

180

的 1960 年代與工作組的辯論，在其中他解釋到，耶穌之所以長得金髮碧眼是因為他出生在產生這種長相的氣候中，如果他出生在中國，長得就像中國人了。

對於這一可能的指責，段潤成雖沒有直接辯護，但他選擇了基督教與科技聯繫這一角度。他自己提問道：「科學家為什麼有 80% 信仰天主教？」然後答道，這是因為科學和信仰是相對應的。[15] 他講到原子彈、基因和天氣變化，辯稱每一項科學知識，都引導我們理解上帝在宇宙中的重要角色。他面向佈道的這群人，現代的科技世界已經成為他們日常生活的一部分了，即便在偏遠的村鎮，也能與象徵社會地位和美好生活的事物聯繫起來。他講了一個年輕人的故事，那人到太原買兩個衛星電視接收盤。回家路上，乘坐的拖拉機在山間小路上翻車了。車壞了，但六個乘客和衛星電視盤都沒事；後來接到電視上去，用起來也沒問題。年輕人的母親想要答謝上帝，於是把自己住處幾間房捐出來，佈置成一座小教堂，也讓教士或傳道員有棲身之處。傳教、科技以及與外面世界的聯繫，正是這一事件要表達的幾個方面。[16]

段潤成的小冊子還列舉了好多他所見證的、體現神意的奇跡和信仰事跡。這顯然很不同於 19 世紀基本只有辯論的入教手冊，倒比較像幾個世紀前對傳教事跡的真實記錄。段潤成講到這麼一個故事：一個牧羊人趕羊群回家的時候被魔鬼尾隨，後來他口不能吃喝，也不能言語。本地的醫生看不出什麼毛病，於是家裏人把他帶到鄰縣的醫院，後來再到太原市。太原看病特別貴，但也沒用，因為那裏的醫生也認為這人沒病。最後段潤成被叫來了。到了他就祈禱，並向此人灑了聖水。第二天這人就能自己穿衣服，兩週就痊癒了。就像過去一樣，入教的人普遍相信神鬼存在，而若要成功傳播神的福音，則經常要學會驅魔。[17]

祈禱、神力干預與群體建設、實際救助結合在一起，幫助貧困山區的家庭度過難關。段潤成的一則奇跡故事講到，一群教徒聚在一起，為一個經濟有困難的鄰居祈禱；此人被借了錢，但是借錢的人跑了；他們還設法找到欠錢的人，把錢要回來了。段潤成還為不育的夫婦和問題兒童祈禱。對於怎麼生出學習好的小孩子，他的建議是：懷孕之前不要吸煙和飲酒，家庭要安寧，要一起禱告，懷孕期間不要吵架，妊娠的第三月期要讓胎兒聽音樂，以及母乳餵養孩子一段時間。他常在爭吵的鄰居間斡旋，有個天主教徒被控毒死鄰居家的豬，此事連警察都得請他去幫忙解決。段潤成用這些事例證明，上帝愛護世人，也時時介入人間事務，如他引用耶穌的話說的：「你們敲門，我就給你開門」(典出《瑪竇福音》7:7)。[18]

182

作為一名出色的傳道員，段潤成很有名，但他與神職階層和教區的關係就不怎麼樣了。那些受過良好教育的教士們住在城市裏，面對的是城裏世俗的知識分子，他們不大喜歡他宣講的奇跡和佈道的方式。最近段潤成印了一本新版的入教手冊，裏面刪掉了遭到教士們強烈反對的一些因素，包括指導如何驅魔。驅魔是用戲劇化的手段證明上帝對其他神靈的掌控力，段潤成在手冊的第一版詳細地說明了如何操作。傳道員先要向著魔的人和他家人灑聖水，呼喚曾在十字架上受難並以此打敗惡的耶穌把魔鬼趕走，之後舉著十字架依次放到身體的五臟上面(按照中醫理論所指)，命令撒旦離開。[19] 在1960到1970年代，神職人員都不在了，普通天主教徒也被認為能接受神啟，也開始承擔之前只有教士才能承擔的角色。神啟和伴隨而來的權威，賦予他們為信仰挑起重擔並為此受難的力量，也在後來讓他們成為強大的傳道員，吸引到大量新入教者到教會中。然而，在他們所創造的局面之

下，當代表著體制化教會的教士們歸來時，兩者便不可避免地產生衝突了。

— ✦ —

在1990年代，另一股潮流出現，推動教會朝著不同的方向發展。這便是通過授職新一代教士，實現教會體制的重建。這些年輕的教士開啟了新一輪的教堂建設，從不斷發展的國際天主教會中引入新的儀式。隨著他們所掌控的機構擴張，他們中有些人在村裏就很有份量。他們期待看到教會的持續發展，但畢竟接受的是現代教育，且與國外聯繫密切，因此與老一代的傳道員走的是不同的方向。

183 那些曾繫獄的神職人員，出獄後就想方設法恢復與羅馬的聯繫：1980年，新主教就請求獲得梵蒂岡認可。他們也通過政府把從1949年後教區就失去的教產要回來一部分，包括太原主教座堂的一些建築，還有天津三個地塊的八棟建築。教區靠這些建築一直收租到2003年（直到城區大改造後拆除）。此外，培養更多教士也是一項迫切需求：政府撥了一筆錢，很快神學院就重建了，還有從梵蒂岡輾轉送來的日常運營資金。[20] 擁有作為國際教會一部分的合法性、地產出租得來的穩定收入，以及一群活躍的年輕教士輔助，1990年代的教區領導人發現他們與1840年代的傳教士有相似的處境，那就是在經歷多年平信徒領導後，他們需要去爭奪控制權。也像以前發生過的，他們重奪權威的手段之一，就是否定群體的傳統宗教習慣，推行他們認為與國際教會合拍的新做法。令人困惑的是，這些國際標準卻帶著「本土化」的標籤，對此的解釋是這樣的：18世紀的教皇曾經錯誤地否定耶穌會，而現在要重啟這一文化融合的進程。結果便是，讓天主教徒放棄唱誦長祈禱詞等歷史上形成的崇拜方式，採用國外天主教的一些做法，比如用本國語言做彌撒這種新形式。

　　神學院第一屆的年輕教士畢業於1989年，其中一個被派到洞兒溝。他來自傳統天主教群體，家族史可以追溯到明代太原某個入教的官員。他年幼的時候就聽祖母講耶穌會的故事，聽她唱王廷榮記錄羅馬旅程的歌，還聽她繪聲繪色地講自己的身世遭遇：那時正值庚子事變，婦女都在山裏避難，她就出生在此時。甚至有人提醒他說，洞兒溝是個很難教化的堂區，因為那裏的村民都是茹底亞人。但他也是在復興後的神學院受的教育；不同於以前老教士嚴格的拉丁文教育（早先都要求學生用拉丁文寫下年度報告，向上帝彙報每年的活動情況），現在的神學教育，用的是體現1940年代以來國際教會主要變革的新課程。[21]

　　這些變革中最顯著的一項與梵二會議（Vatican II）有關。那是在1960年代的一場大型主教會議，該會議推動教會放棄它長期的保守立場，採取了面向現代社會的策略。其中的主要變化，在山西教士看來就是本土化，比如把彌撒翻譯成本土語言，強調教會應當適應本土文化。同時，新的崇拜重點落在耶穌形象上，淡化背誦祈禱詞和向聖徒獻祭的重要性。1970年代，這些變革措施在國外推行時，也曾引起教士和教眾的反對。假如在山西遭到類似抵制，自然也不奇怪，因為那裏的天主教徒認真踐行的正是改革派所批評的宗教習慣，而且也深受保守天主教冷戰思維的影響。此外，到1990年代梵二會議精神影響到山西的時候，教皇若望保祿二世（Pope John Paul II）領導下的國際教會又變得保守了；同時，由於中國天主教會不受羅馬管轄，羅馬有何意願都無力在中國實現。然而，自當年王廷榮去羅馬以來，山西的教士就一向屬於教會中自由的一派，如今強調適應本土文化正是他們所切盼的。因此，神學院的年輕學生學的是教會的新政策，從上海和香港來的教師教的是新的中文彌撒。老教士們還採取一系列措施讓教眾接受新舉措，比如印發梵二會議的主要文件、用拉丁語做彌

撒時也播放普通話版磁帶、傳看若望保祿二世念新彌撒的錄像帶等等。[22]

新禮儀要求普通天主教徒做出重大改變。很多新建的教堂也重新裝修，把祭壇往前挪，這樣教士在做彌撒的時候就能面向教眾了。教眾已經習慣了在整個過程中用方言祈禱，如今被要求認真聽教士用標準普通話念彌撒，然後適時回應。以前唱誦的祈禱詞基本上是敬獻聖母瑪利亞的，但是新彌撒的重點是耶穌，而且多年以來神職人員堅持要讓這點體現在教堂內部陳列中：洞兒溝的露德聖母像從祭壇被挪到教堂邊上，取而代之的是十字架上的耶穌石膏像。自然有很多人不願意看到這樣的變化。有一段時間，一些虔誠的天主教徒甚至脫離教會，自己組織了一個「聖母教」，專門敬拜聖母瑪利亞，等待2000年世界末日的到來。其他人仍繼續在彌撒期間念玫瑰經或其他祈禱詞。今天，還有些老年婦女，當她們在做苦路各處的祈禱時，會站起來向牆上的聖像鞠躬，這在20世紀早期很合適，但如今卻常遭到年輕一代教士的反對。現在大部分的天主教徒對1965年之前的教會儀式已經很陌生了，他們對新禮儀的全部體驗就是現在的彌撒，儘管多數會眾依然在彌撒前後唱誦一個多小時的祈禱詞。[23]

新一代年輕教士的到來掀起了第二輪重建教堂的風潮，而且既然是本土化，那就意味著會出現用明顯的中式風格建教堂的情況。這是本地神職人員對梵二會議的一個特別回應，他們把本土化理解為：天主教宗教實踐應當體現中華民族的文化。洞兒溝新來的教士決定重建七苦聖母堂，只是不重修原來的哥特式小教堂，取而代之的是壯觀的中式建築（圖16）。[24] 原來小教堂所在的位置，現在是一條寬闊的石階梯，盡頭是大拱廊，廊上是挑出飛簷的藍琉璃瓦屋頂。此設計最初模仿巴黎的凱旋門，後來建築師加了個中式屋頂，於是整體效果更像1930年代在南京建的中山

圖16：七苦聖母教堂。作者拍照。

陵。拱門上刻「上天之門」，這是連禱中對聖母瑪利亞的一個尊稱。朝聖隊伍穿過這座拱門後，面前就是「天壇」了：山頂被鏟平，開闢出一片開闊地面，在慶典時節可以容納數千人，中間立著一座壯觀的三重瓦頂圓形大殿，模仿的是皇帝每年祭天的北京天壇。屋頂下四周洞開，中間有座石質大祭壇用來做露天彌撒。在後面，充當彌撒禮壯觀背景的，是一座有紅色柱子的巨大建築，飛檐金瓦，風格如同紫禁城裏的宮殿。在屋頂上的十字架兩邊，各有一條蜷曲的金龍，教區把牠們解釋為中國的象徵：既然龍都面向十字架了，中國自然也會歸化上帝。

　　洞兒溝村民對此壯觀的新組合建築懷著複雜的感情。如同當年傳教士所建的設施，新建築很惹人矚目，也為村莊增色不少。此外，他們只是出了些力，沒出錢就免費擁有了這座建築。另一方面，很多人對於此種很像寺廟的風格感覺很不舒服。當時政府

186

積極推動民族主義，而所借力的中國古代光輝形象特別受年輕人歡迎。但真正讓中式教堂實現的是台灣來的一個教士；他生在西柳林，1949年解放前就連同他的神學院同學一起撤離了。後來手裏有了一大筆錢，這是之前西北地區一個傳教士主教帶到台灣的，後來交到他手裏；現在他要用這筆錢來建新教堂，但條件是得建成中式的，這在台灣很流行，不僅響應梵二會議強調本土化的精神，而且也迎合國民黨政府發揚中國古代文化的倡導。普通教眾不太知道這件事：有些人甚至把中式風格視作神職人員向民族主義投降的標誌，而後者最終強化了黨的統治；如果去問為什麼教堂要建成這個樣子，教士們會說這是政府要求的，然而管宗教事務的幹部就不同意了，因為既然官方認定天主教是外來宗教，結果教堂竟然建成中式風格，顯然就與他們的口徑相反了。

因為屋頂上的龍，本地很多教眾感到中式意味太濃，而且據說有些人為此拒絕進教堂。在今天，龍是古老中國的重要象徵，但牠也是盤在晉祠聖母堂柱子上並被山民崇拜的神靈，而那是天主教徒所否定的。梁泉道人回憶，有個佈道人把龍的形象合理化，並解釋說，龍代表的是被十字架打倒的惡魔，如同大天使聖彌額爾用矛刺穿的蛇。這個解釋也是很傳統的說法，但並不是最開始設計的目的，用牠來描述氣宇軒昂地盤曲在屋頂的龍，也不是很有說服力。

儘管抱怨有一些，教堂仍然特別受歡迎。每日來訪的人絡繹不絕，在兩個主要的慶典節日，前來的人群更是數以萬計。敬拜如母親般慈悲的瑪利亞，對很多人來說還是有吸引力的，而本地天主教徒到這裏走苦路十四處，成為他們崇拜儀式中一個固定的項目。洞兒溝一些很虔誠的教徒每天都做苦路祈禱，很多村民則在星期天的彌撒禮之後做。鄰近的天主教村莊常有定期來訪的，特別是在每月的13日，他們有舉家前來的，有年輕信眾成群結隊

的，還有搭公交一整車來的老年婦女。去教堂的途中，總會碰到
朝聖的隊伍。有些人遇到困難無由得解，於是來找這力量強大、
有同情心的聖母，比如有個老農民憂心如焚地來這裏，說他兒子
丟了一筆25萬元的巨款。教堂請了一個管理員來聽這些人訴苦，
接待很多從遠處來的人，因為最近幾年朝聖和旅遊業相伴著發展
起來了。旅遊巴士經常停到村裏；來拜訪的人中有河北的天主教
徒，當他們拾級而上的時候，邊跪邊哭，虔誠得讓當地人都震
撼；也有對天主教一無所知的遊客，這些人要特別防止他們坐到
那座石製大祭壇上。

　　這教堂是洞兒溝新建機構中最顯眼的一處。同樣是這批年輕
的教士，也建了孤兒院和託兒所，也出錢重建了鄉村小學，挖了
一口深井，從部隊處把修道院建築要回來，又建了座新公墓。這
些大部分由德國一家天主教會慈善機構贊助，後來有些新機構也
能做到自給自足。孤兒院收留棄嬰，同時也為殘障兒童提供特別
看護，這正符合19世紀以來本地人對教會的期待：一直有兒童被
遺棄給教會。支持中國孤兒院的事業，對外國人來說也非常有吸
引力：美國高校一些學生為此籌集資金，同時也志願到那幫忙。
辦孤兒院，一如既往地花費很高，這一所也隨著創辦的教士離開
村莊而逐漸衰落。託兒所最初由村委會創辦，後來重建成為蒙台
梭利（Montessori）學校，由教會提供建設費用和此後的開支；這
學校逐漸吸引到別村孩子前來，成為求學的好去處。新小學是一
棟外面貼白瓷磚的大樓，可以容納500個學生。教會也在那舉辦
假期教義問答班，提供安全、便宜的兒童看護和宗教教育，以及
學校基礎功課的額外輔導。關於修道院建築的歸屬長期有爭端，
因為正佔著它的部隊要賠償才肯搬走；此事鬧到全國人民政協，
最後以教會勝利告終。今天，一小群青年修女管理這些建築，她
們在夏天舉辦暑假女生學習班，招收來自整個平原地區的農村姑

188

娘。整個地區愈來愈嚴重的乾旱，加上地下水過分抽取，使得1980年代後期村莊的水資源又開始緊張了。教士提供資金在山腰另挖一口深井，架設電水泵供水給堂區建築。如今，這口井每年都有一定時間為全村供水。新公墓建在山腰，中間是座壯觀的中式建築，它取代了之前在公路建設中被毀掉的舊公墓，為太原地區的天主教徒提供安葬的場所。這是賺錢的事業，收入也用來支持堂區。[25]

這些工程符合中國政府對農村的期待。中央政府讓村委會建設基礎的公共設施，如建學校、供水、造路，但並不出錢，而是要村裏自己籌錢解決。洞兒溝此時有一個黨委會，但由於一直禁止教徒入黨，且村民對在1960年代曾是積極分子的人也信不過，因此黨委會形同虛設。相反，村裏的教士精力充沛、文化程度高、手裏有一大筆資金，他扮演著村莊和地區政府聯絡人的角色，常被堂區教眾戲稱作村長。他捐資建新校舍被縣教育局表彰時，村裏管理宗教事務的幹部很憤怒，但也沒辦法，因為縣教育局級別比他高。該教士也與省裏的交通局打交道：此時要新建一條南北縱貫村莊的高速公路，他去談判，最後公路沿山而建，教堂建築和村莊的農田都保全了。[26]

教士成為村莊與地方政府的聯絡中心，並不是普遍情況。這個教士的能力和意願都非常強，能夠勝任這份工作，但他離開後，後來的教士對這些事務不感興趣，村委會就又重新獲得了一些權力。然而，這種情況也是純天主教山村的特別之處。若在平原鄉村，天主教家族雖繁衍了一些後代，但掌控政府的是非天主教徒；有些天主教山村的情況與此類似，有一兩個家族在1949年後搬來，但從未入教，他們反而掌控了村政府。在有些混居的群體中，村政府工作很成功，關係也處理得不錯：在某村，據說在鄉村選舉中，天主教徒作為一個片區投票，而村政府為教會提供

免費用電，還送了一棵聖誕樹。然而，很多純天主教村莊的村政府較弱，教士就是群體和國家之間重要的聯絡點。[27]

　　教士的作用，特別明顯地體現在計劃生育問題上。中國的一胎政策，限制農村家庭規模就是生一個，或者頭胎是女的可以生兩個。通過大規模的墮胎來實現計劃生育，這與反對避孕和墮胎的梵蒂岡有明顯衝突。教士們對此衝突意見不一。1980 年代，有些教士對一胎政策高度認同，他們強調聖保祿的教導，認為基督徒應該接受既有的權威，服從法律。儘管如此，其他天主教村莊中很多家庭並不遵守，這也不奇怪，因為這一政策很不受歡迎。一家有兩個男孩，或者有一女一男，在山西農村很普遍，且在天主教朝聖大遊行的人群中，常常可以看到一家有好幾個姐妹。洞兒溝有些家庭也有好幾個女孩，很多家庭有三到四個孩子，少數家庭生得更多。一般來說這些家庭寧願交罰款了事，但地方政府不時狠抓一把。有一則故事廣為流傳，講的是教士對計生政策的態度，當時有幾名婦女不遵守計劃生育，被抓到縣裏關起來。其中一位丈夫同意手術 (要麼是墮胎，要麼結紮)，結果教士拒絕讓他領聖餐。後來那名婦女被釋放了，但其她人還關著，於是堂區教士每日赤腳到山上七苦聖母堂朝聖，祈禱她們能被釋放，結果餘下的婦女幾日後安全返家了。大家都認為該教士施了個奇跡，而且特別讚賞他的勇氣，因為這件事與造路事件一樣，在地方政府眼裏，教士是要對村莊負責的。教徒不能入黨，有些天主教群體就產生不了有效力的村政府，結果便是教士不得不站出來作為國家和教眾群體溝通的樞紐。這讓教士有時候很難辦，但顯然也有利於提升他們的威望。[28]

　　自從神學院重新開辦，山西的天主教村莊培養了大量教士，也有很多年輕女性成為修女。其中一個原因是，經歷多年壓制後，群體的宗教熱情高漲。同時，教育機會多，神職堪擬官位，

190

施禮收入高，這些都成為年輕人和他們的家庭選擇教士職業的顯著動力。1980年代，老教士們被釋放後，有些人拿到養老金和一小筆國家補貼。但跟過去一樣，他們的主要收入還是做彌撒的報酬，特別是每年11月為煉獄魂所作的彌撒。新一代的教士還能通過很多建築工程獲得資金和贊助的機會。當然，他們能獲得多少，與過去一樣還是取決於堂區的財富。儘管如此，有些教士過上了舒適的個人生活，有公寓，還有專車和司機帶他們往返堂區。但眾多教士不論老少都很虔誠，有些人則生活非常簡樸，但正因為生活簡樸這種值得欣賞的美德，他們通過慈善事業把錢散播出去的同時，也擴大和提升了贊助網絡。教士們為沒有房子的家庭提供住處，資助孩子上學，慷慨地捐贈建築工程。當然人們也都曉得教士們往自己家也拿了不少錢。在教會之外，人們會說天主教教士通過買賣聖職來發財，正如說和尚和女性有不正當關係。[29]

進神學院的年輕人多來自生計無著落的村莊。神學院提供良好教育，而神學院學生放棄結婚和家庭生活的願景，換來穩定的工作、出國旅行的機會、舒適的生活、半官方的地位、在群體中得到的尊重，以及扶助自己家庭的機會。虔誠的父母常常也很積極，如他們說的，把自己的兒子獻給教會，所以就不奇怪有些家庭非常支持有此興趣的男性後代進神學院了。老一些的教士曾抱怨說，從1980年代以來，神學院年輕人入學時的教育程度在降低，但太原教區持續過多地培訓教士，崗位卻有限：1985年到2006年間，授聖職的148個教士中，半數以上都在教區外工作。很多人在山西其他地方工作，也有到全國各地甚至國外工作的。有時候教士常常是整批地遷徙，比如有七個教士從同一山村裏出來，如今都在絳州工作；曾有江西某教區為太原神學院學生提供全獎，條件是他們畢業後願意到江西工作，這樣就有一批都去了。到江西的貧困山區作教士，並不比其他到外地打工的人容易

多少，但也有教士能發展好，最後到上海和北京更有前景的職位
上去。[30]

　　教士的權力、地位以及他們和國家的結構關係，給他們的家
族帶來些優勢，但也可能給群體帶來麻煩。隨著被授聖職的年輕
人越來越多，他們被派到山區天主教群體中，而那些地方的崇拜
方式，大多是傳統的祈禱詞唱誦，每年一個教士去做一場彌撒而
已。新教士接受過高等教育，與他們被派去接觸的偏遠群體許多
理念都很不同。其實他們也不願意到那去：就像以前的傳教士，　　192
他們更願意接受城市或者平原鄉村裏的職位。同時，這會讓之前
的群體領導人感覺到被架空了。老段潤成不滿意這些年輕教士，
譴責他們只喜歡玩電腦，心思不在傳教。他用一首打油詩諷刺年
輕教士對大拆大建的熱情：

　　紅紅綠綠蓋了堂，冷冷清清不進堂，

　　樹立了鋼築水泥堂，破壞了心靈愛之堂。[31]

　　他抱怨道，這些教士是有傳教的時候，可只會辦聖經學習
班，把窮人和文盲都嚇跑了。但段潤成的不滿，明顯是因為教會
高層拒絕資助他；華南地區的新教傳道員也有類似的抱怨，這些
都說明背後的問題是：在文革之後，有正式神職的人員逐漸奪回
了權力。[32]

——✝——

　　老一代平信徒領導與新神職階層之間的矛盾，與鴉片戰爭後
新傳教士到來引起的爭執很相似。當今形勢下，又摻雜了一個長
期存在的矛盾，即：政府既然阻撓中國教會併入國際天主教會的
層級架構中，那麼教士與政府合作的限度又在哪裏？這個問題持
續困擾著梵蒂岡、中國政府，還有中國天主教會，三者還停留在

由20世紀初的體制和事件所塑造的思維中，但在如今日益全球化的一個世界中，這種思維很快會過時。

在2000年庚子事變100週年紀念會上，教宗若望保祿二世封聖了120名在中國遇難的殉道者，這其中有一大群人是在山西被殺害的。山西有此榮譽，得益於安懷珍由此殞命的採訪所搜集來的資料。新聖徒中，安懷珍的妹妹聖嘉納（Clelia Nanetti）也是其中之一。其他人包括：說過傳教士要「機警如同蛇」的富格辣、他的主教上司、另外三個意大利傳教士，以及另外六個差會修女。對山西天主教徒來說更重要的是，神學院裏的五個中籍學生和傳教士僱的九個人，與主教們一起死在太原，都被封聖了。這一群人身份各不同：有個神學院學生只有16歲；傳教士僱的那群人中有兩個行政助理，曾在神學院學過，年紀較大，仍守貞；還有幫廚的一個年輕農民。不管怎樣，他們是教會認可封聖的首批中國人，大部分來自太原地區的家族和村莊。新聖徒中有一個人，他的母親是洞兒溝人，其他人從新立、圪潦溝、西柳林、祁縣和平遙來。這些人的村莊和家族，如果可以的話，會毫不猶豫地慶祝他們自己人成為天主教會的聖徒。然而，中國政府把封聖這一行為看作是對民族感情的傷害。太原地區的天主教徒，2000年那時不能慶祝，後來也被禁止紀念。因此，當梵蒂岡鼓勵本土化和封聖中國人時，中國政府則發佈了嚴厲譴責帝國主義的聲明，中國的教會階層也不可避免地由此分化。[33]

隨著衛星電視、互聯網、旅遊業、移民和大規模出國留學的出現，這些問題在21世紀繼續發酵。這些事物創造的聯繫，即便沒有垂直地把中外教階體制連接起來，至少水平地滲透到朋友、親戚及各大洲的信徒之間。如今，很多虔誠的山西天主教徒家裏牆上掛著證書，寫著教皇祝福婚姻長久的話。這樣的證書，與中國教會的海外聯繫無關，只是去羅馬旅遊的人，花一點錢就能買

到這樣的紀念品開心一下而已。2005 年，教皇若望保祿二世去世，消息傳來的時候，太原主教正訪問洞兒溝。有關此次訪問的記錄提到，人們一直通過香港的衛星電視跟進教宗的病情，他們也明白，若望保祿二世正是法蒂瑪預言提到的偉大領導人。太原主教座堂在其立面垂下黑布哀悼。後來政府下令把黑布去掉，但在主教座堂工作的一名女志願者辯稱，黑布並沒有違反政府的宗教政策，因為它們是孝道的象徵。[34] 若與梵蒂岡建立聯繫，神職階層更有社會威望，因為對外聯繫和出國經歷，就是此時社會地位的重要標誌，而用「孝道」來為哀悼教皇辯護，說明官方教會與國際天主教的聯繫很不一般。

在某天主教徒家中，有這麼兩幅聖像畫，它們是全球範圍內教眾日常崇拜習慣日益融合為一體的標誌（圖 17）。大圖是以 19 世紀感性風格創作的「聖家」畫像。教眾表示喜歡這種風格的畫，因為裏面的形象看起來和藹而優雅。在大圖的角落，主人塞了一張祈禱卡，裏面的耶穌作為天主慈悲（Divine Mercy）的形象出現。這個形象被做成大條橫幅在太原主教座堂主祭壇上掛了一段時間，上面用英文寫著「耶穌我信賴你」（Jesus I trust you），呼應梵二會議對耶穌形象的強調，也說明了人們對國際天主教的認可。其實，這只是起源於波蘭的一種崇拜方式，因為教皇若望保祿二世是波蘭人而風靡全球。這幅肖像畫描繪的是將在世界末日前顯聖的耶穌，代表天主慈悲的到來（緩和了 1960 年代對末世的強烈恐懼）。[35] 這種崇拜方式之所以流行，是因為人們深信，通過觀看這奇跡形象能得祝福。如同 17 世紀中式繪畫中的聖母瑪利亞（第一章，圖 3），這幅畫也拉近觀看者與過去原型人物的距離，這本身就很有衝擊力。

這些跨越各大洲趨同的崇拜習慣，是洞兒溝天主教徒與外界逐步加強的聯繫中的一部分，而隨著出國旅行越來越方便，聯繫

194

195

圖17：聖家畫像和「天主
慈悲」耶穌聖像祈禱卡。
作者拍照。

也越來越緊密。現在進入神職階層的年輕人，通過國際聯繫走得
比前人更遠。如今找當地到七苦聖母堂朝聖的人交談，輕易可以
碰到一個曾在羅馬學習過的教士，一個有修女姑姑在澳大利亞學
醫的年輕姑娘，還有通過在海外工作的神職人員把年輕人送往美
國中西部和意大利北部工作和學習的家庭。段氏家族的一個後人
在洞兒溝長大，後來在美國學了幾年，最近被派往巴西作傳教士。

—✝—

　　對洞兒溝村民來說，從18世紀以來到今天，天主教一向是他
們身份認同的根本，不管群體儀式還是流傳的故事，都體現了
這一重要性。[36] 有張堂區教堂的照片，攝於2009年聖母升天節
（Assumption），當時的教士正要走進教堂做彌撒（圖18）。1930年
代由傳教士籌資建的羅馬式灰磚教堂，現在用條幅對聯裝飾著，
它傳遞出的信息，既有天主教的國際化訴求，也有中國人的民族
驕傲：

圖18：2009年的聖母升天彌撒。作者拍照。

萬民同慶救恩獲得長生，

吾輩持恒立志愛主愛國。

　　當天下午早些時候，有唱歌、演講以及穿著清一色主日學校
T恤的村裏孩子們的演出，擴音器放出的音樂響徹全村。表演還
在進行時，大人們就開始進教堂了。在教堂內昏暗的光線中，男
人和女人分別跪在過道的兩旁，會眾中的長者帶領他們念玫瑰經
和其他祈禱詞，用的是他們融合了佛教誦經、格里高利聖咏和意
大利民歌的傳統方式。孩子們排著隊坐到前面幾排。窄凳上很快
就擠滿了人，還有些人沒得坐。在外面庭院中，男人站在教堂的
一邊，帶著小孩的老少女性則集中在另一邊。

　　如在過去，村裏幾乎所有人都是天主教徒。有些年輕女子嫁
過來的時候不是教徒，但迫使她融入群體的壓力很大。幾年前，
有個認真的堂區教士很驕傲地宣稱，洞兒溝的居民只有一名非天

196

主教徒(一個離婚的女人,如果她入教的話,就要回到她第一任
丈夫的身邊)。因此就算不是很虔誠,人們也樂意參與這樣的慶
典。男人們有些在外面閑聊,年輕的媽媽則吃力地照看著不安分
的孩子。也有從神學院回來參加此盛會的年輕人;在偏門處聚集
的青少年中,有一個濃妝艷抹的姑娘,雖然想當明星,但每天都
來參加晚禱。有一群人故意缺席,那是對神職階層不滿的那些家
庭,他們參加了所謂的地下教會。由於他們拒絕進入堂區教堂,
因此這一年的慶典,地下和官方兩教會為這些人聯合安排了一場
前往聖母堂的朝聖。

　　整個祈禱過程持續了兩個多小時,教士從居所出來後,遊行
隊伍開始匯合。穿著清一色粉紅襯衫的中年婦女在教堂門口兩邊
各站一排,手持鐃鈸和大紅鼓,開始按節奏熱鬧地敲打起來。在
過去,加入樂隊是男性的專屬權利,但今天社會準則變了,很多
堂區都有女性鼓隊。遊行隊伍穿過兩排鼓隊進入教堂,其中包括
穿著清一色軍服襯衫的女子銅管樂隊,還有一群男子演奏傳統中
式樂器。當會眾唱起來時,鼓隊、鐃隊、銅管和中式樂隊同時演
奏不同的音樂,響聲震天,一派民間宗教喜愛的熱烈和喧鬧的氣
氛。遊行隊伍後面是一大群孩子,他們初次領聖餐,男孩身披紅
綬帶,女孩頭戴垂著白色面紗的塑料玫瑰花冠。最後是穿著慶典
華服的教士。如同大部分教士,他是當地人,但當他走進教堂的
時候,用方言正唱著的祈禱就停下來了。他用標準的普通話領著
念彌撒,也按照國際天主教會通用的現代規範來施禮。

　　對未來中國天主教的命運有很多預測,那些預測者各受自己
所處意識形態的深刻影響。一方面,有些人看到1980年代以來入
教人數眾多,認為基督教在中國的崛起勢不可擋。新教福音派有
很多人也這麼看,他們甚至預言幾十年內中國將會成為一個基督
教國家。這個趨勢也讓政府官員擔心,由此意識到要盡力阻止基

督教擴散。另一方面，有些人相信社會現代化之後宗教不可避免
會衰落，隨著城市化的進展，中國的天主教徒將放棄他們的宗
教，傳統天主教群體將瓦解。政府大體上持這種看法，而很多西
方學者也相信如此。然而洞兒溝的例子說明，雙方的這些觀點都
過於想當然。天主教一直是維繫村民身份認同和群體歸屬感的根
本，未來很可能還會如此。但是，從1990到2000年代山西出現
的大規模皈依，只是由多種因素促成的特殊結果。首先，這本來
就是一個全球性的宗教，如今藉著改革開放的機遇，自然而然轉
向外部世界，加強國際聯繫，追求普遍嚮往的現代西式生活。另
外，正因為1960和1970年代天主教群體在政治高壓下受難，宗
教熱情被點燃，成為後來成功傳教的基礎。這也創造了宗教投入
的氛圍，傳道員持續得到贊助和支持，曾經受難的男女也由此更
得威望，成為如今特別有成就的佈道人。不過，這兩個現象中的
任何一個，都不可能持續太久。第一代平信徒傳道員已經老了，
同時也越來越受到復興的教會體制的制約。如同19世紀中期的傳
教士，趁著列強擴張的形勢掌控了局面，現在新一代的神職人
員，顯然也向著鞏固和加強與國際教會聯繫的方向努力。

198

結　語

　　如今，山西天主教村民自己的故事，不只大人會講，十幾歲
的孩子也知道很多；大人講的時候，他們就圍過來，邊聽邊問，
對1965年的事尤其感興趣。教會出版的簡報定期刊登當地教會史
專欄文章，主要是對20世紀初傳教士興辦的學校、診所和其他機
構的介紹。教士中頗多對此一腔熱忱的業餘歷史學家，他們還搜
集了數量可觀的出版物和檔案。這本書的成型，多歸功於這份對
歷史的集體熱情；正是因為這份熱情，山西的教眾不吝與我分享
這些有點長、但也十分動人的故事，還到處託朋友從埋沒在羅馬
的檔案中找文獻，也到其他村莊去採訪和記錄。為什麼他們這麼
看重自己的歷史呢？原因很明顯：對他們來說，有一版官方認可
的關於他們自己的歷史很重要，可偏偏現有的與他們所知的過去
齟齬甚多。

　　現行版本的天主教歷史，與官方的態度有關，但可以追溯到
1860年代清政府官員對此的認知。他們當時看到這些天主教群
體，以為都是鴉片戰爭後來華傳教士勸化的。當時的傳教士也樂
於人們這麼想，而庚子事變的集體暴力更使它成為一般人的共
識。此後在20世紀初，這種看法又被吸收入反帝民族抗爭的偉大
敘事中，也被後來的中國共產黨繼承了。在這樣的英勇抗爭敘事
中，基督徒被定位在壞人一方。就像段潤成曾經掛脖子上的木板

寫的那樣，他們是「帝國主義走狗」。今天，天主教徒不再有棄教的壓力（除了入黨時），但這一版本的歷史都還充斥在書報、電視，以及教眾之外人群的頭腦中。

山西天主教徒自己講的歷史版本就很不同。他們的故事裏面，有在清初入教的祖先，有到羅馬尋公道的王廷榮，還有庚子事變中的屠殺，以及各類書寫英勇事跡的故事，有時也會講到1960年代運動中受難者奇跡般的力量。這些故事沒有泛濫於教科書和電視劇的極度浪漫化的民族主義，但同樣應當促使我們反思過去深受晚清官員和傳教士影響的對中國基督教史的理解。正是傳教士報告中描述的庚子事變，讓萊昂・若利得出結論認為，因為基督教從來不被視作中國的宗教，所以傳教事業才會失敗。有一系列作品正是從他的觀點出發，圍繞著「中國和基督教是否能兩全？」這一問題爭論。有關文化適應的很多探討，背後其實都是這個問題，也預設了這一點：基督教只有在逐漸調整適應地方文化的情況下，才可以稱作是地道的和成功的。前文對此已有所批評，而本書論證的是相反的看法：中國的基督教史，是基督徒在幾個世紀間慢慢引導中國教會走向國際教會的一個過程。以上的論斷，來自對一個天主教村莊和周邊群體三百多年歷史的考察。論證嚴格基於史料，只不過材料集中在天主教和北方內地一個省的小部分區域。作為本書的結尾部分，此處需要再探討一個問題：這樣的研究方法對於理解整個中國基督教史是否有啟發？如果用這種方法來研究中國其他地方，在天主教之外也考察新教，我們可以得到什麼新認識？

201

中西文化，兩者並不是全方位不同的存在，因此，假如看到兩種文化有一些相似處，並不一定非要說兩種文化誰影響了誰。基督教、佛教、道教和中國民間宗教皆是博大精深的文化傳統。歷經數個世紀的變遷，每一種宗教都吸收了眾多理念和行為方

式，有一些重合並不奇怪。連禱、齋戒、花錢請神職人員超度祖先的靈魂、扛著神像遊行、群體祈雨、進入幻覺和恍惚的狀態，這些在意大利天主教和山西民間宗教中都有。19世紀有些新教傳教士看到了這些相似性，宣稱天主教就是靠這些讓人入教的。[1]由於當時的新教處處強調與天主教的不同，這麼說等於直接把天主教貶作異教了，但與民間宗教相似，這也同樣是新教入教者崇拜習慣的顯著特徵，如都相信罪和報應、相信善惡對抗、相信超自然的異象和聲音，以及寄希望於永生，這些都是早期新教崇拜的核心內容。近期高晨揚 (Chen-yang Kao) 的研究把從1970年代起在華南地區傳播的有「靈恩派」(Pentecostal) 傾向的新教稱作「一種包含最簡明的教義和形式的基督教文化」，它讓教眾把其他神靈貶作魔鬼，並以征服它們為使命。[2]

若長期觀察，基督教和民間宗教有相似處，這不是特定時期的問題，而是新入教群體的顯著特徵。在很多人看來，這說明皈依和信仰不徹底，不是純正的基督徒，但其實連禱、齋戒和遊行，都是19世紀意大利天主教鮮活的一部分。按廖慧清 (Melissa Inouye) 的看法，療癒、驅魔和善惡的對抗，不僅是當今中國新教的特徵，也是當今強調嚴格字義解經的全球新教群體的普遍特點。[3]因此，把這些相似點看作皈依不徹底的標誌，是不對的；同樣，認為這是基督教逐漸被改造到適應中國的結果，也是不恰當的。我們更應該把這些相似點看作起點。群體祈禱、齋戒、十誡條目，以及敬拜聖母，這些都很接近中國宗教的形態，也是天主教初到山西時帶來的首批基本內容。它們到今天仍然是山西天主教崇拜的重點，但數個世紀以來，與國際教會的聯繫漸多，更多的儀式和理念也被吸納進來了。20世紀的天主教徒，當他們有崇拜的新對象 (如法蒂瑪的聖母和無染聖心聖母)，對受難有新理解 (如相信自己被上帝揀選出來為他人贖罪) 時，就已經是國際天

主教的實際參與者了。而加了這些新元素的天主教，就遠遠超出與中國文化相似的範圍了。

若要重新思考「文化適應」理論，便要重新看待傳教士這一角色。在文化適應理論中，由傳教士帶來的是基督教原始的（或外國的）形態，此後它逐漸調整以適應本土文化。以往對傳教士的定位很明確：既然他們把基督教介紹來，那麼他們的標誌性活動就是佈道。我們一向假定：傳教士做的事情就是勸人信教，因為當初他們來就是這個目的，而且一寫信回去，不管完成任務的是誰，都會在信中彙報成就。然而勸人入教並沒那麼容易，何況傳教士還受制於語言不通、文化差異，以及一開始就欠缺的人際關係。

在1980年代之前的晉中地區，天主教皈依的主要時段是18世紀早期，儘管那個時候都沒有什麼傳教士。這與連姆‧布若奇（Liam Brockey）最近的論述契合；他認為，有關耶穌會傳教事業的研究，過於強調耶穌會士傳播歐洲科技知識，但要知道，他們的首要目標就是福音傳播和宗教指導。[4] 但耶穌會在該地區取得的成就並不是直接參與傳教，而是把基督教包裝得跟儒家差不多，又加上他們在朝廷的地位，讓傳教活動顯得合理合法。由於多數的天主教群體都不曾有傳教士來訪，新入教的信徒常以自己熟悉和易接受的方式養成崇拜習慣，比如唱誦祈禱詞和強調十誡、孝道的價值。此後，大部分天主教徒的信仰都是直接繼承來的，而不是到成年時想好了才入教。

這是晉中地區的特殊模式，還是廣泛存在的情況呢？本研究兼顧教會的統計數據來追溯當今天主教村莊的歷史。如果只看傳教士那些充斥著軼事的入教報告和清政府的官方文件，得出的結論會是：基督教在19世紀末才迅速發展。這樣的結論更接近傳統敘事，然而曾這麼說的那些傳教士和清政府官員，明顯都從自己的利益出發誇大其詞。康志杰考察了湖北一些天主教村莊，他展

現的模式也是：天主教群體的關鍵成長期正是在清代早期。[5] 可以　　203
大膽地說，根據本書使用的材料來判斷，對陝西、河北和甘肅這
些地區入教情況的長時段考察，結論也差不了多少。有關四川和
福建天主教的研究，也揭示了：從18世紀甚至更早開始，已有大
量天主教群體存在。[6] 最早的一批新教傳教士在19世紀到中國，
很多人堅信成人洗禮的重要性，把信仰者皈依這一步看作最關鍵
的體驗，因此他們的統計資料並不像天主教那樣，除了成年受洗
者之外，也算上其他家庭成員。即便如此，他們發展大的教眾群
體的步伐本來確實比較慢。據1905年新教傳教士統計，中國只有
略超過100萬基督徒，其中大部分 (84%) 是天主教徒。[7] 新教的大
增長再晚一點才會到來，有一次在1920年代，稍後一次在1980年
代，都由中國人領導下的宗派所推動。19世紀末的傳教士在中國
的政治中舉足輕重，但那時他們也沒有吸引到大量入教者。

　　對傳教士來說，出外傳教很困難，回報也小，於是大部分傳
教士集中精力在機構建設上，而這一點影響深遠。這些天主教傳
教士到了山西，要麼去管理教區，要麼去神學院教書，要麼到傳
統天主教村任堂區教士。1900年之後，他們的確在傳教上投入了
資金，也贏得了大量入教者，但其中很多人在1950年代就又脫離
教會了。早期的新教傳教士需要從零開始創建群體，他們更願意
出外傳教，但是到1911年，過半在中國的新教傳教士轉而投身教
育、醫療或其他社會活動。[8] 他們創建的學校、醫院、孤兒院、
戒煙局以及教區辦公室，為傳教士創造了良好的工作環境，給他
們有掌控能力的安全感，還有一批有相同文化背景、容易共事的
人。天主教和新教的傳教士，由於神學重點和母國文化的差異，
創辦的機構各有側重。天主教主要開辦孤兒院和神學院；建孤兒
院是因為他們相信嬰兒洗禮是有效的，但也因為他們對歐洲南部
的孤兒院很了解。[9] 這些孤兒院一旦建起，就很容易吸引那些最

可能被迫拋棄孩子的窮人。在孤兒院中長大的孩子通常都與天主教徒婚配；教會也要求，想要回自己孩子的話，父母必須入教，因此這些機構把窮人都吸收到群體中。神學院的職責是把男孩培養成教士，給予他們在群體內部獲致地位和權力的機會，但由於其訓練的高度特殊性，對外人沒什麼吸引力。新教的傳教士中，很多人都沒有神職，且新教有注重閱讀聖經的傳統，這些都驅動他們熱衷於創辦學校和診所。19世紀到中國來的新教徒，很多就長駐正蓬勃發展中的沿海城市；對受過西式教育和訓練的人來說，那裏機會多，因此這些機構讓入教者能有條件進入社會流動。如唐日安 (Ryan Dunch) 所論，福建的第一代新教入教者雖然多是未受過教育的村民，但是他們的子孫很快就佔據了城市裏的各種專業崗位。[10] 新教傳教士執掌中國大多數知名醫院和大學，他們也曾為中國化學教科書中名詞的標準化費了很多心思。[11] 這些活動為新教事業罩上一層西式現代化的光環。新教也把自己定位在面向城市和中產階級，而天主教的各機構則延續了自清初就有的特質，強化群體的鄉村屬性。

　　傳教士的權力和威望來自他們所執掌的這些機構，而這一切都建立在不平等條約的基礎上。這並不是說差會的本質就是帝國主義，而更應該說，傳教士的行為也受到當時國際環境的影響。鴉片戰爭的直接結果就是，資金源源不斷從歐洲來，在山西的天主教傳教士敢於對抗以前的中國恩主了。後來，作為庚款一部分，列強替教區勒索到巨額賠償，又大大增強了傳教士在當地社會中的實力。但這個進程也不是整齊劃一的。意大利在1870年才擺脫大國對立造成的分裂，所以意大利人對維護自己的地位特別敏感。在山東的德國天主教傳教士，一向也是類似咄咄逼人的姿態，以致逼死了一名高官，這是庚子事變中的一個重要節點。[12] 另一方面，新教傳教士多數從不列顛或美國來，前者當時在列強

中的地位如日中天，後者有很多富人提供大筆贊助。此時不太可
能有中國官員會像富格辣在山西碰到的那樣，問英國傳教士：英
國和法國是不是一個地方？美國人則可以用國家的財富資助有影
響力的機構，宣示他們的地位和能力。有國家財富和軍事實力作
為後盾，並且一心要做現代化的領導者，新教傳教士通過這些機
構就能贏得尊重，不太可能還要使用赤裸裸的暴力來炫耀實力。
20世紀初山西的美國新教傳教檔案中，保存的是大量定期會議記
錄和有關學校醫院活動的報告；很難想像這些人中會有暴怒毆打
堂區教眾的。[13]

　　儘管如此，從長期來看，中國人對傳教士的抵制，不管在天
主教和新教中，都越來越強烈。天主教的中籍教士對晉升渠道的
要求、對歐洲教士收入過高的批評，從18世紀以來就不絕如縷，
但也不是特別激烈：因為由於清政府禁教，主教成了高危職業，
那些歐洲人，只要中國基督徒看不慣，本來就很容易被攆走。鴉
片戰爭之後，中國天主教徒無法再對派來的傳教士形成制約，就
又開始抵制了，此風氣也迅速蔓延。王廷榮往羅馬上訴的壯舉，
在山西內外都很受讚賞，也震懾到那些傳教士主教。類似的矛盾
在新教教會中爆發得比較晚，不過那只是因為中籍神職人員一向
招得少，出問題是到20世紀大量招收的時候。矛盾爆發時，圍繞
著傳教士權力的爭論與天主教會的類似。唐日安也提到，福建多
個新教差會都曾因為中國牧師的晉升問題出現矛盾，而衛理公會
（Methodist）由於擴張得較快，把中國神職人員的晉升問題順便解
決了。[14]這個時期，由中國人組成的獨立宗派創建並大規模發
展，也啟發了1912年太原的中籍天主教教士謀求獨立。這些變
動，多受到1900年代從加州興起並傳播開來的靈恩派的深刻影
響。靈恩派倡導以最顯明的字義解讀聖經，也強調聖靈啟示的重
要性，這都賦予普通信眾前所未有的活力；到了中國，靈恩派

205

的理念也給了中國牧師擺脫傳教士的勇氣。到 20 世紀初，中國人掌管的教會漸成氣候，並迅速成為新教教會發展的主力；1980 年之後，情況也類似。[15]

中西之間的權力不平等，深刻地影響了從 19 世紀到 20 世紀初的中國基督徒，但結果卻很複雜。故事中洞兒溝和九汲的不同發展歷程，展示的正是傳教機構在與地方權力博弈中此消彼長的變化。平原村莊曾因長途貿易變得富有，如今讓位於貧困的山村，而後者得傳教士青睞，是因為在那裏他們的權力更能施展。傳教士在洞兒溝投資建設後，有活幹，人也多了，村民得到不少好處，村莊也提升了地位和聲望。另一方面，村民曾與教會爭奪本就稀少的資源，也痛恨意大利傳教士在抗戰中支持日本。新教傳教士與中國教徒之間的複雜糾葛，研究得還不夠，但包括醫院在內的各機構，即便有受教育程度高的中籍僱員，資金仍然都握在傳教士手中，因此也很可能產生類似的矛盾。所以，當 1950 年代政府決定為新教和天主教設立國人自治自理的民族教會時，這些矛盾便反映在對此分歧的態度上。在新教內，傳教士控制下的差會和中國人執掌的獨立教會，前者的成員加入民族教會的意願會強一些；而在山西的天主教教區，相比較由傳教士和中籍主教主持的，前者的成員並入民族教會的意願也更強一些。[16]

從 1980 年代起，中國基督徒人數大量增長，特別是靈恩派影響下的新教群體。對此最普遍的一個解釋，就是基督教最終適應了中國文化：人們皈依基督教，是因為它在文化上已經變成中式的了。當今基督教的各支派中，最吸引皈依者的，確實與中國民間宗教有很多相同點，但也要看到，早期的情況也如此。還有另一種流行的解釋，就是認為人們出於各種需要而信仰；這個說法放在 80 年代的語境中，就是當時需要建立一套道德體系，以彌補共產主義理想破滅後的道德真空和市場經濟下對生活的焦慮。[17]

不管在18世紀還是當下，要創建能互相扶助的新群體，通過入教程序來吸納新教徒是常規的手段。但洞兒溝的故事也說明，歷次運動如社教、文革（在別的地方也許大躍進還可以算在內），反而為後來傳教的順利開展創造了條件。在這些運動的重壓之下，群體被破壞，教士被囚禁，這迫使普通基督徒承擔起領導的職責。沒有了神職人員的約束，這些人按照自己的需求和期望重塑了1980年代的教會，使它更適合傳教的需要。高晨揚的研究表明，在福建的新教中也存在類似的進程：教育水平較低的基督徒，他們傳播的基督教形態非常強調祈禱和神力的直接干預；後來，隨著神職階層恢復，這些平信徒領導人逐漸被體系階層化的教會所取代。[18] 這說明了，從1980年代到1990年代，基督教雖然有很壯觀的增長，但隨著強有力的教會制度成型，基督教會內部也開始面臨各種衝突。

207

— ✛ —

縱觀整個中國基督教會的歷史，我們可以看到，從17世紀第一批傳教士到來起，中國基督徒就一直矛盾著：要適應中國文化，還是成為國際教會的一員去尋找真正基督徒的感覺。不管中國文化還是全球化的基督教，兩者都是多元的，也總在變動中。對喪禮、祭祖和捐贈廟會的態度，曾經是檢驗山西天主教徒身份的標誌，也曾導致他們被周邊群體孤立，如今這些都不是問題了。作為外來宗教的成員，在20世紀初可能被看作是一種恥辱，但近年來，凡是外國的東西都很受歡迎，已沒人這麼想了。國際基督教也有了多方面的變化，今天的歐洲天主教徒採用的是與19世紀很不一樣的一套宗教習慣和禮儀。要成為世界性宗教的一部分，自然要能接受世界上其他地方人群的理念和實踐。這不是說全球的天主教非要統一不可，而是天主教徒可以共享一套範圍廣泛的理念和習慣，包括那些還在激烈爭論中的。有些山西天主教

徒曾在亞洲最大的天主教國家菲律賓學習，回來後積極地把接觸到的所有事物——從新音樂到左翼神學——都介紹到中國來。實在地融入國際大家庭，這種需求在天主教會內部特別強烈，因為作為獨一無二的統一性國際組織，教眾畢竟是渴望成為其中一員的，而新教的官方教會也有同樣的需求，他們也要得到國際認可，也需要派神職人員出國學習。最沒有這種需求的是獨立的中國新教群體，他們受靈恩派的影響，強調信仰最真實之處在於依託聖經和神啟。在中國的這類宗派中，有些信眾甚至把自己看作全球救贖歷史的中心。19世紀的太平天國和今天的「東方閃電」，借用的是基督教的文本和傳統，卻把創教的中國人當作拯救的希望所在。[19] 從長時段來看，適應本土文化與融入國際教會，矛盾總是在的。基督教並沒有一味在調整適應，也不能把調整最多的時候當作基督教最中國化的時候。

所以，這兩種並存對立的意願並沒有變化，發生變化的是在世界歷史進程中演變的政治和技術環境。耶穌會傳教士剛到中國那時候，來的這一段路是異常艱辛的，因此歐洲和來華差會之間信息的流通，基本掌握在他們手中。隨著時間推移，在越來越頻繁的旅行和通訊推動下，中國天主教參與世界他處的教階體系、習慣、理念甚至爭論的意願也更得到強化。這一趨勢一直在延續，儘管對傳教士的抵制也貫穿始終。如天主教會在1949年明顯表現出來的那樣，痛恨傳教士的控制，不等於說這些基督徒想脫離國際教會。比如，耶穌和聖徒的中式形象在19世紀是被禁的，但自1980年代以來，梵蒂岡支持文化適應的策略，本來這些形象會得到神職人員的認可，但天主教徒反而開始購買長得像歐洲人的神像供在家裏。

適應本土文化與融入國際教會，對立的兩種壓力不斷重塑著地方的宗教習慣。在洞兒溝後山上壯觀的中式七苦聖母堂中，一

群剛走完苦路的教徒用17世紀的方式跪下來唱誦祈禱詞。接著，
有人倡議改唱讚美詩，這對山西天主教會來說還是很新的。有人
從教堂後面找來一些複印的讚美詩集，分發給眾人，但在場的人
多數只憑他們的記憶在唱。像連續唱誦祈禱詞一樣，他們一首接
一首地唱著讚美詩，其中有一首的副歌是這樣的：「中國的早晨
五點鐘傳來祈禱聲。」編這首讚美詩的是個信新教的年輕農婦，文
化程度不高，也沒有受過樂理訓練，但她在1990年代開始創作。
唱這歌的天主教徒聽過她的故事，不僅因為她寫的讚美詩很受歡
迎，而且大家相信她的創作直接來自神啟。這首歌簡單重複的曲
式明顯源自現代西方福音派的崇拜歌曲，但旋律則是中國民間音
樂的風格，歌詞也有濃厚的民族色彩。人們唱著歌，祈求和平與
對中國「萬水千山」的祝福。[20] 不管是七苦聖母崇拜、現代中式建
築、集體唱誦祈禱詞還是現代的讚美詩，在場的人都很熟悉，也
都感覺很舒適。透過村民講的這些故事，可以看到他們層層堆起
的過去，而他們的崇拜習慣也在這段層累的歷史中堆積成型。這
些故事和崇拜習慣是村民現在日常生活的一部分，但透過它們，
可以窺見這個群體悠長的一段歷史。

209

一個華北村莊裏的全球史 [1]

郭偉全

《傳教士的詛咒》（*The Missionary's Curse and Other Tales from a Chinese Catholic Village*）是沈艾娣（Henrietta Harrison）用了十年工夫寫就的一部力作，講的是山西一個叫做「洞兒溝」的天主教村莊的故事。這部書可以說是最能代表作者目前旨趣關懷、方法取向和史學理念的一部作品。作者的研究興趣是近現代中國社會史，另有一書《夢醒子：一位華北鄉居者的人生（1857–1942）》[2] 已於2013年翻譯成中文出版，主要依據山西地方鄉紳劉大鵬的《退想齋日記》，重現在變亂大時代中一名落伍知識分子的困惑，還原了 20 世紀初山西鄉村生活的鮮活面貌，其社會學、人類學的視野和方法，在《傳教士的詛咒》中再次可以看到。沈艾娣先後做了九十多次現場和電話採訪，足跡遍及中國、美國和意大利，綜合各種語言的文獻，特別是羅馬耶穌會檔案（ARSI）和山西的各類民間檔案，寫出了《傳教士的詛咒》。這次聚焦的雖是一個村，但也能以此展現宏大的歷史畫卷，生動地描繪三百年來基督教在山西的境遇、宗教習慣的變化，以及中西教士持續升級的衝突。

這部作品涉及很多主題，但引導敘事的主線，是傳教士和中國教眾之間圍繞著規範儀式的權力長期的矛盾和爭執。作者研究的出發點，來自 20 世紀初萊昂·若利（Leon Roly）在義和團運動後的一個疑問：「為什麼傳教運動在中國會失敗？」這個問題至今

仍然很難回答，但不管答案為何，如此發問代表的是一種思維傾向，那就是：基督教一直在適應中國文化，只是兩種文化之間的差異根深蒂固，以致鴻溝無法跨越。粗略地看山西天主教的歷史，似乎也是這樣。從1601年耶穌會獲准在北京傳教開始，晉商的貿易網絡就把山西和天主教聯繫起來了。這些商人在北京皈依，又把信仰帶回山西老家，往往舉家改宗，基督教便分散扎根在各處，多在家族中世代傳承。由於遭遇禁教、遠離羅馬，以及和中國文化有諸多不相容之處，中國基督教在生存的掙扎中不可避免地漸漸本土化。最典型的例子如喪禮：在這一儒家也很看重的儀式中，耶穌會不得不加入一些中國元素，比如穿白色喪服參加彌撒、靈桌前跪拜、使用墓志銘等等；即便是後來耶穌會的反對派接手傳教事業，也只能接受既成事實。明清以來天主教的中國化是宗教生存所必需，也是顯而易見的發展趨勢。眾多研究基本以此為預設，也通過挖掘各方面的細節充實、鞏固這一認識，此即「文化適應」（acculturation）視角的深遠影響。然而，沈艾娣的這部作品在深入訪談和多方搜集檔案的基礎上，鮮明地提出了與其他學者完全相反的觀點，那就是：天主教本來就已融入中國社會，但此後與中國本土文化的差距慢慢擴大，因為一撥撥的力量努力扭轉中國天主教的發展方向，使之越來越趨同於國際的天主教。

作者這一看法，顯然是相當有衝擊力的。畢竟一直以來基督教的中國化，乃是史學界的共識，很難無視耶穌會當初推敲「上帝」、「天」和「天主」等詞翻譯的努力和糾結，也很難否認後來「禮儀之爭」給教會、傳教士和中國教眾帶來的困擾。這些問題最後的解決，必然要由教會先妥協；而不妥協的結果，自然是教眾的抵制和地方實力派的打擊，最嚴重的便是後來雍正禁教。而禁教之後，在鄉間秘密傳播的天主教，實際上只能進一步本土化。所

以只能說，在以往認識到的基督教中國化的歷史主流之外，作者
又看到了一個與之相衝突但不那麼明顯的潮流，即中國教眾一直
在尋求真正地融入國際天主教會。作者把兩者定義為「適應中國
文化」和「尋求作為跨國機構一員的本真性 (authenticity)」。之所
以有這樣的結論，按作者的說法，就是調整了觀察的時空尺度
後，看到的事件的語境和意義都會不一樣。此書觀察的時間跨度
三百年，看到的變化遠在明清之際「禮儀之爭」的時間框架之外，
也看到了後來更多由西方主導的新一階段的發展，特別是20世紀
全球化的衝擊。此書觀察的場景主要在太原西南的洞兒溝村，但
作者始終把眼光放大到天主教會這一跨國組織，將洞兒溝與廣闊
的外部世界聯繫起來，用鄉村的小故事來撼動大敘事。於是，以
前學者問的是基督教如何成為中國宗教，而如今作者要問的則
是：「中國人如何與作為全球性宗教的基督教產生聯繫？」

　　在書中，代表中國人與外部世界聯繫的是洞兒溝。這一偏遠
小山村，比起富裕的平原村落，很長一段時間並非山西天主教文
化的主場；後來雖由於禁教的緣故逐漸成為堂區中心，但它的變
遷和文化內涵，並不比周邊天主教村特別；到現在，也沒有足夠
多的文字記憶承載起撼動大敘事的新線索，如作者所言，能用不
帶濃重口音的普通話清晰地講故事的人並不多。儘管如此，作為
遍及全球的龐大天主教組織中的一小部分，洞兒溝的每一點變
化，往往都是外部力量和本土文化互動的結果。因此，構建小山
村洞兒溝的情境，文獻與口述史料都有不可替代的價值；而相比
本土語境，外部環境有時更有解釋力。因此，這部書在敘事上形
成獨特的風格，有以下三點特別之處。

　　一是以口述史料作為敘事的主要線索。這些口述史料，是作
者所搜集的洞兒溝及附近天主教群體中世代流傳的故事。民間故
事在講述時往往不注意時間節點，但村民自己並未意識到卻體現

在故事中的主題、象徵以及表達手法，都有鮮明的時代特點。作者把它們編排入相對應時代的章節敘事中，每章都以一則故事開頭，結合相關中西檔案闡發背後的主題，並勾連其他支線故事，或互證或補充，勾勒出山西鄉村天主教的各階段情形。

文中多處談到，村民喜歡講他們自己的故事，而講故事也是他們尋找自己身份認同的一種方式。這些故事，不管是內容或敘述方式，往往不會在正統的歷史中出現，甚至與官方版本直接衝突。歷來正統歷史創作的權力，要麼在傳教士，要麼在政府，但這些都與村民無關。因此，在兩種主流話語體系之外，洞兒溝人講自己特別版本的故事就顯得尤為重要。村民有自己的小世界，歷史層累的日常崇拜習慣構築起生活現實，流傳的故事則形塑了他們的身份認同和歷史意識。口述故事雖常用來與文獻互補互證，但可信度和真實性與檔案還是無法比擬。儘管如此，故事能世代流傳且被村民廣泛接受，這本身已是一種真實的存在。此種情況，在後現代的思維裏，便是批判權力左右文本或者文本下現實無法還原的好素材。但作者盡歷史學者的職責，結合檔案辨析這些故事，也努力展現這些故事超乎真假之外對村民的價值。比如，書中教士和狼、王廷榮去羅馬的傳奇故事，版本各有不同，在流傳時述說者各有加工，於是留下了他們的喜好、願望或者誤解的痕跡。

另一特別之處是，作者將觀察重點放在鄉村崇拜習慣的變遷上。作者觀察到的山西天主教的崇拜習慣，範圍廣至整個宗教生態：從神像形態到禱告方式，從對祭祀、喪禮的態度到對異象、奇跡的理解，從討論與佛道的異同到揭示與歐洲的聯繫。基督教在儒家學者聚集的大城市傳播，不免時時要謹慎地包裝，免得外來的教義在傳統面前顯得太突兀。而在洞兒溝這樣的鄉村並不成問題：教義若有與中國傳統齟齬處，一開始便在相似的崇拜習慣

中消解，而在此邊界模糊的氛圍中，也更易被任意取捨和改造。由於沒有文化人身上教義學理的負擔，鄉民會比較容易接受與原來崇拜方式差不多的新宗教。如今的日常崇拜習慣，中西特徵兼有，乍一看似乎便是此教歷來艱難調適並最後得以成功傳播的證明，而以往的相關研究也止步於此。然而作者卻要說明，最初的「調適」並不難，難的是此後主動或被動跟隨全球發展的步伐，而後者才真正導致宗教形態成為我們現在看到的樣子。

作者看到，天主教初到山西時，不只是教義契合儒家倫理，崇拜習慣與佛道及民間宗教也有很多合拍之處。由於缺乏傳教士的指導，教眾常常一知半解地用佛道的方式來敬拜基督，由此養成的崇拜習慣便在家族中世代流傳。後來方濟各會士接手傳教事業，極力糾錯，如禁止教眾參加非教徒的祭祖、喪禮，為社戲捐款等，但效果有限。此後圍繞規制群體儀式的權力鬥爭不斷，一方面說明最初融合後的新傳統已根深蒂固，另一方面展示出中國教眾越發獨立和主動的一面。

在對鄉村宗教生態的觀察中，作者提出一條重要的論據：在山西基督教中國化的過程中，鄉村基督徒扮演的角色比傳教士更重要。據統計，從17到19世紀，山西省皈依受洗的峰值是在雍正禁教前的17、18世紀之交。那時在中國活動的傳教士很少，到山西的就更少了；有些基督教群體甚至完全沒有傳教士來探訪。比如，某天主教家族從北京把宗教帶回老家後舉家改宗；家族很希望有傳教士去指導，連續20年寫信給絳州的傳教士，要求派人來主持洗禮，但是沒人去，直到有一對老夫婦隆冬時節長途跋涉到絳州，才感動了傳教士；三年後終於有個傳教士被派去探訪，為此家族中二百人施洗，又過了16年，才又有一人被派去為八十人施洗。這說明，很多群體是在沒有傳教士指導的情況下自己發展起來的。所以，最初利瑪竇和高一志等人竭力把基督教包裝成與

儒家相適的樣子，確實讓耶穌會在中國站穩了腳跟，但以此來解釋山西天主教的發展是遠遠不夠的，更多地要從本土語境來考察。

山西天主教群體是怎麼獨立發展的呢？這些改宗者可能只是與傳教士偶爾接觸，手裏有幾本祈禱書，看過崇拜儀式的片段，於是教徒之間相沿傳習，拼拼湊湊建起他們的群體，最後學會的是容易記住和理解的宗教元素，比如十誡條目、聖徒名字，或者一些不知所謂的祈禱詞。他們又深受流行宗教文化的影響，吸收佛道的齋戒、定期聚會和唱誦祈禱詞的方式。這些在天主教中並非沒有，只是形式不同，但由於沒有傳教士在場引導，教眾只能根據以往的經驗把這些片段拼起來，結果就發展成適應本土需求的宗教了。正因為基督教和中國的宗教都是博大的體系，包含很多相似的理念和形式，因此天主教一到山西便能順利地傳播開來。而當時中國的宗教文化開放融合的程度，是同時期的歐洲基督教所沒有的。此書第二章中主教和狼的故事很能說明清初基督教發展的獨立性。宗教通過晉商的貿易網絡擴散遠至邊疆，但在這些群體中基本沒有傳教士的身影。以往習慣認為傳教士會主動接近這些群體，如今看到的則是中國教眾群體自主和有活力的一面。

第三個特點，就是長時段和全球多文明的觀察視角。洞兒溝和附近天主教村莊是主要場景，但在介紹時局變動和追溯傳教士來歷時，則遠至澳門、那不勒斯和羅馬；故事的主角是在華傳教士、本土教士和教眾，但也適時引入新教對比介紹整個宗教發展脈絡。作者不認同「文化適應」理論，因為那不足以解釋中國基督教史。基督教最初能在中國扎根，更多的是兩種文化的相融，而不是一種文化刻意適應另一種文化的結果。如果從長時段、全球視野來考察的話，可以說中國化只是中國基督教漫長歷史中的一個片段，更多時候中國化並不是主導宗教發展的決定性因素，也並非本地群體的需求；相反，當中國教眾意識到自己是國際教會

的一員時，便努力向這一國際教會爭取權利，融入到其中去。

這一變化趨勢，正是在反感宗教地方化的方濟各會到來之後。他們最初推行教廷禁令時困難重重，但在鴉片戰爭後就逐漸掌握了主動權。傳教士既有權勢，對待教眾便粗暴，待中國教士也多輕蔑無禮。但這些中國教士，卻多由方濟各會在那不勒斯創辦的中國學院培養，其中最有名的就是王廷榮。在諸多版本的王廷榮的故事中，主題都是他挺身對抗傳教士並且到羅馬申訴。正是19世紀40年代在那不勒斯的學習經歷，啟迪了王廷榮的民族主義理念。彼時尚存18世紀末啟蒙運動的餘緒，而在1848年革命之後，統一意大利的運動又風起雲湧，在那不勒斯學習過的中國教士回國後，學會了直接向羅馬教會爭取權利。方濟各會與中國神職人員的對抗，無意中形成一股合力，更拉近中國基督教與國際教會的距離。

19世紀不列顛的帝國主義、法蘭西的傳教和慈善，以及意大利的民族主義，隨著打開的國門交織著湧入，影響著整個中國的走向，連偏遠小山村洞兒溝也不能倖免。中國教眾以民族主義的思維對抗帝國主義的代表——傳教士，同時又懷著矛盾心態爭取成為國際天主教會中獨立平等的一員。此書正是以全球的視野，結合歐洲尤其是意大利南部的情況，講述在外部力量影響下中國的宗教生態如何變遷、借鑒和融合。這樣看到的，遠超出「禮儀之爭」或「文化適應」的視域；把時段拉長，視界擴大，敘事也會更冷靜和客觀。

書中還描繪了很多有趣的現象。比如，一般認為，當時耶穌會喜歡走上層路線，而其他修會都好走民眾路線。然而對於「走民間路線」，又可能誤以為傳教士都很積極出去傳教，但實際情況卻是：由於傳教太累，語言人脈又不行，傳教士並不願意出去，而是在本地僱人代勞，他們更願收守成之功，維護原有建

制。又如，由於缺乏指導，山西教眾學佛教徒過度齋戒，這一點傳教士很不滿，要求教眾在洗禮或其他聖禮之前要吃肉。還有，官府和民間經常弄不清各種宗教之間的區別；官府常常以為天主教徒傳習此教是為了「行善邀福」，形式是「吃齋念經」；而在民間，除了佛教因素滲入基督教儀式，十字架有時也被不信教的人拿來辟邪；偶爾還有村民不了解基督教一神教的性質，要把別的神像和耶穌像擺在一起拜，便與基督徒起了衝突。在19世紀後期的教案中，由於好多送到孤兒院的兒童有先天疾病，未及長大就失明或智障，所以便有了傳教士剖心挖眼的謠言。通過大量鋪陳的這些細節，可以感受到作者傳遞的一個信息：山西的天主教徒與世界其他地方的教徒無異，與周圍的中國人也沒有什麼不同，他們都有正常人的喜好、缺點，既是文化的產物，也不自覺地創造著文化。

西方對中國基督教的研究，最初不可避免地多以西方為中心，隨著中文資料的發現和中文水平的提高，自然也重視考察中國本土語境，以中國為中心，於是基督教中國化的議題更顯得重要。本書作者對此不以為然，當然不是要回到以西方為中心的老路。作者新近一篇文章討論了歷來學界誤讀乾隆致喬治三世信件的根源。文章認為，習慣與歐陸君主制國家打交道的英國，既已派遣使團千里迢迢，自然也懂得委曲求全的道理；乾隆也非計較「叩頭」問題，而是意識到來自英國的威脅，為國土安全考慮明確拒絕了馬嘎爾尼。乾隆傲慢形象的生成，源自20世紀以來中西學者對材料有意無意的篩選編排，由此這一封展現乾隆自大的信廣為流傳，而體現他在海防上亦有思慮的其他材料則被忽略。對此影響最大的是費正清，他於眾多相關材料中僅擇取這封信編入教材中，影響此後眾多讀者，更把乾隆對具體問題的考量納入兩種文化碰撞的大敘事框架中，於是後學也常把此信拿出來當作中國

文化封閉的鐵證。這篇文章中對信件的新解讀和對費氏溫和的批評，與《傳教士的詛咒》的立場是一致的，那就是盡量在真實語境中去理解當時的中國。實際上，視角的不同，可能多取決於掌握資料的多寡，作者在充分使用中西史料的基礎上，更能從全球的角度有效地思考，而且不缺乏對個人微觀感受的體察。

　　此書面向大眾書寫，行文平實，但仍難掩視角的獨特和觀點的犀利。作者是有宏願構建敘事框架的，而在此書不久前出版的《中國基督教新史》[3] 中，裴士丹 (Daniel H. Bays) 則低調地放棄為整部書寫一個結論，他認為，如同中國的很多事物一樣，中國的基督教一直是不停變化的 (in flux)。不管《傳教士的詛咒》的敘事框架是否成立，至少沈艾娣的論證是相當有力的。按她的說法，歷史有兩種流行的寫法，一種是微觀史學，關注個人和事件，另一種是關注某個主題歷時性的變化，兩者結合得好的不多，但羅威廉的《紅雨》[4] 和周錫瑞的《葉》[5] 就做得比較好。也許這就是作者要達致的目標吧。

譯後記

　　前後斷續歷時四年，終於完成了這項工作，但即便放下了也並不感覺輕鬆。想起那些三百年前來華、致力溝通中西的傳教士，現在很能體會他們的心境了。向來介紹異域文化和知識，翻譯是重要卻繁難的環節：既要淺顯易懂，又要深入人心，幾乎是很難兼顧完成的任務。當年傳教士的翻譯，經年累月投入，集思廣益揣摩推敲，猶常恐言不及意、文不切事。如今譯介工作仍然需要推進，只是各種信息、條件便利，不似當年辛苦，但也同樣不能如自己創作那般隨意揮灑，看似機械簡單的覆述，下筆卻總是踟躕猶疑、忐忑不安，對於能否恰當地傳達原作旨趣，時常是懷著愧疚的。

　　這本書關注的是一個小山村，但在這些山居鄉民的平凡故事背後，作者努力要傳遞的一個觀點卻很特別：在兩種文化中成長起來的基督徒，繼承的中華傳統並不比周邊人群的少；人們常因表面的禮儀紛爭指責異質基督教的文化侵略，但當年那些教眾的隱忍堅守，又何嘗不是血脈中對先輩、家族和群體割捨不下的忠孝信念在作祟呢？此書成型，正是在全球史流行的大趨勢中，而全球史之可行，正在於人性的共通之處：人性中的光輝或惡，驅策人之行動，在世界各角落並無太大不同，只不過人們常習慣以文化自限，割裂彼此而已。

　　最初讀了沈艾娣教授此書的序章，深感其視野和寫法特別，便欣然接受出版社的翻譯邀約。後來雖明知出版可能有些困難，但還是堅持下來了。期間，若沒有沈老師的協助、指點和不時的鼓勵，各樣的迷惘、失望和後悔恐怕早在這項單調的工作中戰勝了自己。開始翻譯以來就不時叨擾沈老師，數年來書信往返，我所提的問題不計其數，當然也包括想當然而自以為是的修改建議。好在沈老師從來不在意，所有問題都耐心細緻地答覆，將自己搜集的大量資料轉發予我參考，最後又通篇閱讀了我的譯文，一一指出我翻譯不當之處，甚至有些只是語義的微妙差別，未能很好地傳達英文原意，也都幫我做了說明和更正。

　　對於本書的宗教背景，中文世界尤其是大陸的很多讀者可能會感到陌生。比如最基礎的「基督教」（Christianity）、「天主教」（Catholicism）和「新教」（Protestantism）之間的區別，也常是需要向公眾普及的內容，甚至一般信眾也未必能說清楚這些淵源。由於「基督教」一詞的使用常遇到一些疑問，有必要在這裏做個簡單說明。基督教作為遠播歐亞大陸的大宗教，自創立以來裂教便是常態。本書關注的「天主教」即是基督教的一大分支，以羅馬為宗，到16世紀已統御西歐一千多年了，明清傳華時在中文中稱作「天主教」或「大公教」。16世紀初「宗教改革」（或作「改教運動」，Reformation）展開，從天主教會又分裂出很多宗派，統稱「抗議宗」或「新教」，但都屬於一個大的基督教系統。新教遲至19世紀初才開始向東方傳教，以教派聯盟的形式，暫時擱置宗派成見，只宣揚基督教最基本的教義。在中文中自然不會使用「抗議者」之類徒費解釋工夫的譯名，而直接稱「基督教」，這並非表示合併成一個教派，而是說明他們才是真正基督教的代表。但使用此名稱，不免讓人忽略天主教也是這麼自我定位的。所以，由於歷史上沿用的緣故，通常說的「基督教」是對眾多新教派別比較通俗的統稱，

也多少保留了當初新教刻意顯示與天主教區別的痕跡，但嚴格來說他們應當稱作「基督新教」。由是，譯文中凡提到「基督宗教」或「基督教」，即指稱整個基督宗教；其下新教陣營，若無特別指出哪個支派（如「靈恩派」），皆統一作「基督新教」或「新教」。

本書替一個少數群體講出了他們的故事，更意在提供給公眾理解這個群體的一個契機，因此行文力求通俗可讀，省去很多不必要提到的人名，盡量避免使用太多專業詞匯，很多詞只取其基本涵義來使用。比如，文中多處提到山西「主教」（bishop）和「主教區」（diocese），但若細究，直到1946年山西還只是代牧區（vicariate apostolic）而已；又如，文中多用修道士（monk）、修道院（monastery）和修女（nun）這類通稱，若具體專稱則分別應為方濟各會士（friar）、方濟各會院（friary）和瑪利亞方濟各傳教修會姐妹（religious sisters of the Franciscan Missionaries of Mary）。這些技術性太強的詞匯，對非專業的讀者來說並不友好，也不是很有必要知道，若仍然感興趣的，可以在註釋中查找。

譯文也遵照原作的風格簡化和統一。比如，基層神職人員在中文中有很多稱呼如「神父」、「神甫」、「司鐸」等，但原作描繪的是一個群體，包括未晉鐸和未履職的，依照原作不作細分，統一作「教士」（priest），以呼應由「差會」（mission）派出的「傳教士」（missionary），其中提到中國教士時若語境是中西身份對比，那麼修飾語多作「中籍」；另有一類重要角色即無正式神職的傳道人，其中evangelist譯作「傳道員」，在1960年代活躍的平信徒preacher則譯作「佈道人」；中文詞匯古今多不同，譯文基本使用當下新詞匯，比如當時稱作「保赤會」（orphanage）的，今統一譯成「孤兒院」；同一個詞也須有不同的譯法，比如文中的高頻詞匯convert，在當時稱「入教」或「進教」，沿用之，因行文需要偶爾也譯作「皈依」、「改宗」或「勸化」，若用來指稱人，今多作「慕道者」，因檔

案中有「入教者」的稱呼，也是易懂，仍沿用之。總體上盡量使用天主教術語，但考慮到不同讀者的知識背景，也參考學界研究和公眾寫作的一般用法。例如worship一詞，在天主教會中當譯作「敬禮」，但原作重點在討論各宗教習慣之異同，描繪的是一種普遍現象，譯作「崇拜」更合適一些。

　　原文所引聖經，用的是初版於1582年的天主教英文杜埃－蘭斯譯本 (Douay–Rheims 1899 American Edition, DRA)，譯文則使用天主教思高版中譯本。文中所引中文材料，皆按原樣還原；若所引為現代人的話和事跡，出於敏感，作者都略去人名和材料來源，這點模糊之處，譯本亦予以保留。

　　翻譯本書，也是在這個領域不斷學習的一個過程。幾經修訂的譯稿見證了自己學業的長進，只是還有很大的空間。作者治學嚴謹認真，譯稿亦努力要傳達這一份學術熱情，希望讀者在閱讀中體會時不會感到障礙太多。也要感謝陳甜和余敏聰編輯在出版準備過程中耐心熱情的幫助，沒有他們積極推動和各方面悉心指導，這本書恐怕很長一段時間要束之高閣了。當然，譯文中若還有任何錯訛，責任都在我個人。

郭偉全

2021 年 4 月

註 釋

縮寫

ACGOFM   Archivio della Curia Generalizia dell'Ordine dei Frati Minori (Rome)

AOPF   Archives de l'Oeuvre de la Propagation de la Foi, Oeuvres Pontificales Missionnaires Centre de Lyon

APF   Archivio Storico della Congregazione per l'Evangelizzazione dei Popoli o "de Propaganda Fide" (Rome)

     SC Cina   Scritture riferite nei congressi, Cina e regni adiacenti, 1800–83

     SC Indie   Scritture riferite nei congressi, Indie orientali e Cina, 1744–99

     SOCP   Scritture Originali della Congregazione Particolare Indie Orientali e Cina, 1721–1856

OFMB   Missione di Yütze (Shan-si, Cina), Provincia di Cristo Re Archivio Provinciale, Frati Minori dell'Emilia Romagna (Bologna)

POSI   Pontificium Opus a Sancta Infantia (Rome)

SBD   山西北教區檔案 (太原)

SD   山西大學中國社會史研究中心，□□大隊單位會天主教綜合資料和個人檔案 (太原)

中文版序

1   John Paul Ghobrial, "Introduction: Seeing the World like a Microhistorian," *Past and Present* 242, Supplement 14 (2019).

2   Eugenio Menegon, "Telescope and Microscope: A Micro-historical Approach to Global China in the Eighteenth Century," *Modern Asian Studies* 54, no. 4 (2019).

序章

212   1   Joannes Kuo, 1781, APF SOCP 63:754; Leo Cen et al., 22 Oct. 1861, APF SC Cina 19:548; Camillus Ciao, 1 Aug. 1804, APF SOCP 70:313; Josephus Van, 2 June 1873, APF SC Cina 26:89–96; Josephus Van, 9 June 1873, APF SC Cina 25:309–12; Josephus Van, 1 Sept. 1873, APF SC Cina 26:98–104; Josephus Van, 5 Nov. 1873, APF SC Cina 26:106–10.

2   不管是研究在長時段中變化的歷史大主題,還是如微觀史聚焦事件和人物,兩者都各有流行的寫作方法,只是一般自成一體,但也有例外兩方面結合得好的,如:William T. Rowe, *Crimson Rain: Seven Centuries of Violence in a Chinese County* (Stanford: Stanford University Press, 2007);Joseph W. Esherick, *Ancestral Leaves: A Family Journey through Chinese History* (Berkeley: University of California Press, 2010)。

3   Michael Werner and Bénédicte Zimmerman, "Beyond Comparison: Histoire Croisée and the Challenge of Reflexivity," *History and Theory* 45, no. 1 (2006): 30–50.

4   Léon Joly, *Le Christianisme et l'Extrême Orient* (Paris: P. Lethielleux, 1907) and *Le problème des missions: Tribulations d'un vieux chanoine* (Paris: P. Lethielleux, 1908); Jacques Leclercq, *Thunder in the Distance: The Life of Père Lebbe* (New York: Sheed & Ward, 1958), 132.

5   早些時候的有些學者,研究1960到1970年代中西對抗背景下的中國基督教,對他們來說,這些問題就特別重要:Paul A. Cohen, *China and Christianity: The Missionary Movement and the Growth of Chinese Anti-Foreignism 1860–1870* (Cambridge: Harvard University Press, 1963), viii–ix;Jacques Gernet, *China and the Christian Impact: A Conflict of Cultures,* trans. Janet Lloyd (Cambridge: Cambridge University Press, 1985; 1st edition, 1982)。

6   Robert Antony Orsi, *The Madonna of 115th Street: Faith and Community in Italian Harlem, 1880–1950* (New Haven: Yale University Press, 2002).

7   在中國宗教的研究中,許理和 (Erik Zürcher) 最先採用了這種思路,佛教和基督教的文化適應問題,他都討論到了:Erik Zürcher, *The Buddhist Conquest of China: The Spread and Adaptation of Buddhism in Early Medieval China* (Leiden: E. J. Brill, 1959);Erik Zürcher, "Un 'contrat communal' chrétien de la fin des Ming: Le *Livre d'Admonition* de Han Lin (1641)," in *L'Europe en Chine: Interactions scientifiques, religieuses et culturelles du XVIIe et XVIIIe siècles,* eds. Catherine Jami and Hubert Delahaye (Paris: Collège de France, Institut des hautes études chinoises, 1993), 3–22。最初許理和較關注文本,最近的研究則擴展到考察基督教的崇拜習慣和本土社會:Nicolas

Standaert, *The Interweaving of Rituals: Funerals in the Cultural Exchange between China and Europe* (Seattle: University of Washington Press, 2008)；Eugenio Menegon, *Ancestors, Virgins, and Friars: Christianity as a Local Religion in Late Imperial China* (Cambridge: Harvard University Asia Center Press, 2009)；張先清:《官府、宗族與天主教──17–19世紀福安鄉村教會的歷史敘事》(北京:中華書局,2009年)。也有一些著作考察發生在19到20世紀的文化適應現象:Nicole Constable, *Christian Souls and Chinese Spirits: A Hakka Community in Hong Kong* (Berkeley: University of California Press, 1994)；Xi Lian, *Redeemed by Fire: The Rise of Popular Christianity in Modern China* (New Haven: Yale University Press, 2010)。肯定要有相容的因素,才會有文化適應的進程,但多數討論都從基督教習慣和信仰適應中國文化的角度來思考,明顯不同的一例是:Daniel H. Bays, "Christianity and the Chinese Sectarian Tradition," *Ch'ing shih wen'i* 4, no. 7 (1982): 33–55。而Gernet, *China and the Christian Impact*這本書對諸多有趣的相似點有詳細描寫,但認為它們都是表面的。 213

8   Ian Linden, *Global Catholicism: Diversity and Change since Vatican II* (New York: Columbia University Press, 2009), 239–40.

9   有關這些事件,參見:Nicolas Standaert, ed., *Handbook of Christianity in China,* vol. 1, *635–1800* (Leiden: Brill, 2001), 680–88。近年來一些學者把文化適應期延長到包括禁教期和19世紀早期,強調與中國地方宗教之間的相似處,參見:Menegon, *Ancestors, Virgins, and Friars*；Xiaojuan Huang, "Christian Communities and Alternative Devotions in China, 1780–1860" (PhD diss., Princeton University, 2006)。

10 與中國相關的,參見:Nicolas Standaert, *Yang Tingyun, Confucian and Christian in Late Ming China* (Leiden: E. J. Brill, 1988)；Ryan Dunch, *Fuzhou Protestants and the Making of Modern China* (New Haven: Yale University Press, 2001)。

11 Joseph Esherick, *The Origins of the Boxer Uprising* (Berkeley: University of California Press, 1987); Paul A. Cohen, *History in Three Keys: The Boxers as Event, Experience and Myth* (New York: Columbia University Press, 1997).

12 Ryan Dunch, "Beyond Cultural Imperialism: Cultural Theory, Christian Missions, and Global Modernity," *History and Theory* 41, no. 3 (2002): 301–25; Jeffrey Cox, *Imperial Fault Lines: Christianity and Colonial Power in India, 1818–1940* (Stanford: Stanford University Press, 2002), 7–19.

13 Joseph Tse-Hei Lee, "Christianity in Contemporary China: An Update," *Journal of Church and State* 49, no. 2 (2007): 277–304; Robert Weller and Sun Yanfei, "The Dynamics of Religious Growth and Change in Contemporary China" in

China Today, China Tomorrow: Domestic Politics, Economy and Society, ed. Joseph Fewsmith (Lanham: Rowman & Littlefield, 2010); Richard Madsen, *China's Catholics: Tragedy and Hope in an Emerging Civil Society* (Berkeley: University of California Press, 1998); Fenggang Yang, "Lost in the Market, Saved at McDonald's: Conversion to Christianity in Urban China," *Journal for the Scientific Study of Religion* 44, no. 4 (2005): 423–41.

14　Cf. Chen-yang Kao, "The Cultural Revolution and the Post-Missionary Transformation of Protestantism in China" (PhD diss., University of Lancaster, 2009).

15　金澤、邱永輝編：《中國宗教報告 (2010)》(北京：社會科學文獻出版社，2010年)，第98、191頁。有關信眾數量的統計總是有很多問題，而這份統計的數值可能太小，因為它主要依賴個人陳述，但此時的背景是國家整體上對宗教不友好，對地下教會又特別敵視。不過，考慮到中國總人口的官方數值也可能過小，姑且視這個百分比數值為最低的可能。

16　Pierre Nora, "Between Memory and History: Les lieux de mémoire," *Representations* 26 (1989): 7–24. 關於民間故事研究者所說的「互文透明性」(intertextual transparency) 之不可能，可以參見：Charles L. Briggs, "Metadiscursive Practices and Scholarly Authority in Folkloristics," *Journal of American Folklore* 106, no. 422 (1993): 387–434。另一部有關中國天主教徒記憶的，參見吳飛：《麥芒上的聖言——一個鄉村天主教群體中的信仰和生活》(香港：道風書社，2001年)。

17　2004到2011年之間，我在洞兒溝及附近村莊、太原、北京、羅馬和波士頓大概做了90次採訪。有些是通過電話訪問的，有個當地人聽了我問的問題後，又熱心地替我做了幾次採訪。被採訪的人，有來自天主教和非天主教村莊的村民、官員、教士、城裏人，以及已經離開此地到外地或出國工作的人。有些人不識字，但其他人多數受過很好的教育，對此手稿做了些點評。出於此話題的敏感，書面材料我能引的才引，採訪資料只標註「採訪」。但很多人在我採訪時都已年逾八十，有些隨後就去世了，他們說的我就全部引用。

第一章

1　郭崇禧：〈太原天主教主要堂口簡介〉，《太原文史資料》，1991年第15輯，第148–64頁；採訪，包括 Wu Mingming，洞兒溝，2005年9月8日。

2　早在解放前，這些故事中就沒有傳教士的身影了，參見：Barnaba Nanetti, "Sunto di memorie sulle missioni dei due distretti in Pin-iao e Kie Sien

(nel San-si) a memoria d'uomo" (manuscript, 1897), OFMB 3:4；劉文炳：
《徐溝縣志》(太原：山西人民出版社，1992年)；寫於1930年代，第270
頁。在福建的類似皈依故事，參見張先清：《官府、宗族與天主教》，第
195–241頁。

3　張正明：《晉商興衰史》(太原：山西古籍出版社，1995年)，第1–56頁。

4　Nicolas Standaert, *Yang Tingyun, Confucian and Christian in Late Ming China*
(Leiden: E. J. Brill, 1988); Liam Matthew Brockey, *Journey to the East: The Jesuit
Mission to China, 1579–1724* (Cambridge: Harvard University Press, 2007);
Jonathan D. Spence, *The Memory Palace of Matteo Ricci* (New York: Viking
Penguin, 1984).

5　安介生：〈清代山西重商風尚與節孝婦女的出現〉，《清史研究》，2001年
第1期，第27–34頁。

6　這兩位兄弟是韓霖 (Stephanus) 和韓雲 (Thomas)。這位傳教士是艾儒略　　215
(Giulio Aleni)，見方豪：《中國天主教史人物傳》(台中：光啟出版社，
1967年)，上，第271–73頁；黃一農：〈明清天主教在山西絳州的發展
及反彈〉，《中央研究院近代史研究所集刊》，第26期，1996年，第3–40
頁；Fortunato Margiotti, *Il Cattolicismo nello Shansi dalle origini al 1738* (Roma:
Edizioni Sinica Franciscana, 1958), 83–85。

7　L. Carrington Goodrich, ed., *Dictionary of Ming Biography, 1368–1644* (New
York: Columbia University Press, 1976), 1332–34; Standaert, *Handbook of
Christianity in China,* vol. 1, *635–1800* (Leiden: Brill, 2001), 424–25; Brockey,
Journey to the East, 68, 80–82; Margiotti, *Il Cattolicismo nello Shansi*, 319–24,
568.

8　Margiotti, *Il Cattolicismo nello Shansi*, 422–29; Standaert, *Handbook of
Christianity*, 608–10.

9　Standaert, *Handbook of Christianity*, 424.

10　高一志：〈教要解略〉(1615年)，見鐘鳴旦 (Nicolas Standaert)、杜鼎克
(Adrian Dudink) 編：《耶穌會羅馬檔案館天主教文獻》(台北：歷史學
社，2002年)，第12、18頁。

11　Francesco Garretto, 20 Aug. 1736, APF SOCP 40:176.

12　有關佛教、道教和天主教的誡命，參見：Barend J. Ter Haar, "Buddhist-
Inspired Options: Aspects of Lay Religious Life in the Lower Yangzi from 1100
until 1340," *T'oung Pao* 87, no. 1/3 (2001): 92–152；Livia Kohn, *The Taoist
Experience: An Anthology* (Albany: State University of New York Press, 1993), 97–
98；Albano Biondi, "Aspetti della cultura cattolica post-tridentina: Religione e
controllo sociale," *Storia d'Italia* 4, *Intelletuali e potere* (1981): 253–302。

13　Margiotti, *Il Cattolicismo nello Shansi,* 594. 亦見：Zürcher, "Un 'contrat communal' chrétien"。

14　山西省史志研究院編：《山西通史》(太原：山西人民出版社，2001年)，卷5，第115–19、214頁；中國人民大學歷史系、中國第一歷史檔案館合編：《清代農民戰爭史資料選編》(北京：中國人民大學出版社，1984年)，第151–54頁。

15　《清源鄉志》，1882年，卷8，第41–50頁；《清徐縣志》(太原：山西古籍出版社，1999年)，第583頁。

16　《太原縣志》，1826年，卷2，第3頁。

17　引自康志杰：《上主的葡萄園 —— 鄂西磨盤山天主教社區研究》(台北：輔仁大學出版社，2006年)，第14頁。

18　Giovanni Kuo, 1781, APF SOCP 63:754. 亦見：APF SOCP 64:285; 66:84, 368; 68:252, 70:5。

19　關於這些堂區的梗概，參見郭崇禧：〈太原天主教史略〉，《太原文史資料》，1992年第17輯。此外還得加上郭崇禧未列入的、在1900年被拳民夷平的一個堂區。有關教區存廢時間點，參見：Joannes Kuo, 1781 and 1782, APF SOCP 63:754 and 64:285；Margiotti, *Il Cattolicismo nello Shansi,* 670。

20　Margiotti, *Il Cattolicismo nello Shansi,* 529–33; APF SOCP 56:14, 61:665, 62:187; APF SC Cina 8:769, 12:23, 18:301, 29:379; Stefano Gitti, *Mons. Gioacchino Salvetti O.F.M. (1769–1843) e la missione dei Francescani in Cina* (Firenze: Studi Francescani, 1958), 144; ACGOFM, Sinae 1, 243; AOPF, E101–1 Chansi indivis 14924, 14929–33, 14939, 14946, 14949–59, 14962–7, E101–2 Chansi Septentrional 1495–80, E136 Chansi Meridional 6, 9, 10; *Acta Ordinis Fratrum Minorum* 15 (1896): 72; 16 (1897): 83; 17 (1898): 84; 18 (1899): 206; 21 (1902): 12; 22 (1903): 21; 23 (1904): 129–31, 362; 24 (1905): 117–19; 25 (1906): 275–76; 26 (1907): 56; 27 (1908): 46–48; 28 (1909): 17–18; 29 (1910): 69–71; 30 (1911): 134–35; 31 (1912): 345; 32 (1913): 47; 33 (1914): 83–84; 34 (1915): 54, 95; 35 (1916): 138; 36 (1917): 31, 47; 37 (1918): 52–53; 38 (1919): 33, 56; 40 (1921): 75, 94; 41 (1922): 20, 277; *Les missions de Chine et du Japon* 1 (1916): 125–29; 2 (1917): 110–13; 3 (1919): 111; 5 (1923): 101–5; 6 (1925): 119–27; 7 (1927): 124–37; 8 (1929): 135–41; 9 (1931): 148–63; 10 (1933): 183–94, 701–3; 11 (1933–34): 212–44; 12 (1934–35): 176–79, 186–99; 15 (1938–39): 143–63; Domenico Gandolfi, "Cenni di Storia del vicariato apostolico di Taiyuanfu Shansi, Cina 1930–1953," *Studi Francescani* 84 (1987): 299–360; Domenico Gandolfi, "Cenni Storici sulla Missione di Yütze (Shansi):

1930–1953," *Studi Francescane* 85 (1988): 121–72. 1800到1830年之間的資料缺失，但也沒有其他資訊說明該時期與1790年代或1830年代的情況差很多。1890後，山西分為幾個教區，此時統計的總數就是八個教區數值之和。若某教區某年的數據欠缺，就用該教區前後一年的平均值來估算。1920和1930年代的數值變動劇烈，這跟當時的制度巨變有關。

21　Margiotti, *Il Cattolicismo nello Shansi,* 585.

22　Christianus Herdtrich, Annuae Sin. 1673–1677, Archivum Romanum Societatis Iesu, *Jap, Sin.,* 116:265.

23　Margiotti, *Il Cattolicismo nello Shansi,* 116–19.

24　Margiotti, *Il Cattolicismo nello Shansi,* 430–34, 612; Herdtrich, Annuae Sin. 1673–1677, 265v; Brockey, *Journey to the East,* 137; Francesco Garretto, 8 May 1727, APF SOCP 33:456.

25　無標題中文手稿，APF SOCP 44:441。引文來自《中庸》，20:7，採用 James Legge的翻譯版本。

26　同上註，頁432。

27　Herdtrich, Annuae Sin. 1673–1677, 260–67; H. Josson and L. Willaert, eds., *Correspondence de Ferdinand Verbiest de la Compagnie de Jésus (1623–1688) Directeur de l'Observatoire de Pékin* (Bruxelles: Palais des Académies, 1938), 337–40; David E. Mungello (孟德衛), *Curious Land: Jesuit Accommodation and the Origins of Sinology* (Stuttgart: Franz Steiner Verlag Wiesbaden GMBH, 1985), 251–59. 此書最初拉丁文題名為：*Confucius Sinarum Philosophus* (Paris, 1687)。

28　Francesco Garetto, 16 Aug. 1728, APF SOCP 34:231.　　　　　　　217

29　Nathanael Burger, 20 July 1767, APF SOCP 55:560.

30　有關宗派和叛亂，參見：Daniel L. Overmyer, *Folk Buddhist Religion: Dissenting Sects in Late Traditional China* (Cambridge: Harvard University Press, 1976)；Barend J. Ter Haar, *The White Lotus Teachings in Chinese Religious History* (Leiden: E. J. Brill, 1992)；Susan Naquin, *Millenarian Rebellion in China: The Eight Trigrams Uprising of 1813* (New Haven: Yale University Press, 1976)。有關與基督教的相似性，參見：Daniel H. Bays, "Christianity and the Chinese sectarian tradition," *Ch'ing shih wen-t'i* 4, no. 7 (1982): 33–55；Robert E. Entenmann, "Catholics and Society in Eighteenth-century Sichuan," in *Christianity in China from the Eighteenth-Century to the Present,* ed. Daniel H. Bays (Stanford: Stanford University Press, 1996)。有關佛教群體的更多內容，參見：Ter Haar, "Buddhist-Inspired options"。

31　Joanne Baptista de Bormio, 21 Dec. 1747, APF SC Indie, 26:228.

32　中國第一歷史檔案館編：《清中前期西洋天主教在華活動檔案史料》（北京：中華書局，2003年），第689頁。

33　Giambatta Cortenova, 29 May 1790, APF SOCP Indie Orientali e Cina 67:496.

34　中國第一歷史檔案館編：《清中前期西洋天主教在華活動檔案史料》，第472–76、1093、1228頁；高一志：〈教要解略〉，1:4a；Gabriele Grioglio, 28 Feb. 1850, APF SC Cina 13:555；Paul Brunner, *L'Euchologe de la mission de Chine: Editio princeps 1628 et développements jusqu'à nos jours* (Münster: Aschendorffsche verlagsbuchhandlung, 1964), 152。此祈禱書中文題名為《聖教日課》（1665年）。

35　Louis Lecomte, *Un jésuite à Pékin: Nouveaux mémoires sur l'état présent de la Chine 1687–1692* (Paris: Phébus, 1990), 427; Giambatta Cortenova, 1 Sept. 1803, APF SC Cina 2:141; Gabriele Sorda, 1 Aug. 1923, in SBD; Brunner, *L'Euchologe de la mission de Chine,* 157–58. 有關梵音，參見：Pi-yen Chen, *Chinese Buddhist Monastic Chants* (Middleton, WI: A-R Editions, 2010)。

36　Herdtrich, Annuae Sin. 1673–1677, 266v; Margiotti, *Il Cattolicismo nello Shansi,* 513, 539; 郭崇禧：〈太原天主教史略〉，第189頁；Menegon, *Ancestors, Virgins, and Friars,* 237–46。

37　Brunner, *L'Euchologe de la mission de Chine,* 275.

38　Chen, *Chinese Buddhist Monastic Chants,* 8, 32–34; Vincent Goossaert, *The Taoists of Peking, 1800–1949: A Social History of Urban Clerics* (Cambridge: Harvard University Asia Center, 2007), 99–101; Kristofer Schipper, *The Taoist Body* (Berkeley: University of California Press, 1993), 11.

39　Margiotti, *Il Cattolicismo nello Shansi,* 539; Joanne Baptista de Bormio, 21 Dec. 1747, APF SC Indie 26:228; David Gentilcore, *From Bishop to Witch: The System of the Sacred in Early Modern Terra d'Otranto* (Manchester: Manchester University Press, 1992), 94; Ter Haar, *White Lotus Teachings,* 17–19.

40　中文版重印於布魯納（Brunner）1628年出版的《聖教日課》祈禱書中，參見：Brunner, *L'Euchologe de la mission de Chine,* 281–83。在山西太原的中國天主教歷史資料中心，有一老版的《公私誦經文》（山西，1920年），可以說明這項連禱使用的廣泛。

41　Chen, *Chinese Buddhist Monastic Chants,* 7–8; 張繼禹編：《中華道藏》（北京：華夏出版社，2004年），第44冊，第50頁；Goossaert, *Taoists of Peking,* 99。

42　無標題中文祈禱書，APF SC Cina 12:690–706；Gabriele Grioglio, 28 Feb. 1850, APF SC Cina 13:552–54。

43　Relatio cuiusdam prodigii, APF SOCP 43:149–53; Eugenio da Bassano, 7 May 1741, APF SOCP 44:385–94. Cf. Nicolas Standaert, "Chinese Christian Visits to the Underworld" in *Conflict and Accommodation in Early Modern East Asia: Essays in Honour of Erik Zürcher,* eds. Leonard Blussé and Harriet T. Zurndorfer (Leiden: E. J. Brill, 1993), 54–70.

44 高一志：《聖母行實》(1798年，初版1631年)，3:13；Margiotti, *Il Cattolicismo nello Shansi,* 279–80。

45 Ter Haar, "Buddhist-Inspired Options," 133; Schipper, *Taoist Body,* 134–35.

46 無標題中文手稿，APF SOCP 44:445；Margiotti, *Il Cattolicismo nello Shansi,* 122, 614。有關這場爭論的歷史，參見：Eric Reinders, *Borrowed Gods and Foreign Bodies: Christian Missionaries Imagine Chinese Religion* (Berkeley: University of California Press, 2004), 146–49。

47 Margiotti, *Il Cattolicismo nello Shansi,* 122.

48 高一志：《聖母行實》，3:38–39.

49 Berthold Laufer, "The Chinese Madonna in the Field Museum," *The Open Court* 16, no. 1 (1912): 1–5; Pasquale M. D'Elia, *Le origini dell'arte cristiana cinese (1583–1640)* (Roma: Reale Academia d'Italia, 1939), 32–33, 48–49; Kirstin Noreen, "The Icon of Santa Maria Maggiore, Rome: An Image and Its Afterlife," *Renaissance Studies* 19, no. 5 (2005): 660–72; 顧衛民：《基督宗教藝術在華發展史》(上海：上海書店出版社，2005年)，第268頁；Hui-hung Chen, "Encounters in Peoples, Religions and Sciences: Jesuit Visual Culture in Seventeenth Century China" (PhD diss., Brown University, 2004), 63–83。有關觀音的圖像演變史，參見：Yü Chün-fang, *Kuan-yin: The Chinese Transformation of Avalokiteśvara* (New York: Columbia University Press, 2001), 129–37, 258–59。

50 劉大鵬：《晉祠志》(太原：山西人民出版社，1986年)；Tracy Miller, *The Divine Nature of Power: Chinese Ritual Architecture at the Sacred Site of Jinci* (Cambridge: Harvard University Asia Center, 2007)。

51 Margiotti, *Il Cattolicismo nello Shansi,* 618. Cf. David E. Mungello, *The Spirit and the Flesh in Shandong, 1650–1785* (Lanham: Rowman & Littlefield, 2001), 112–16.

52 Alfonso de Donato, 1843, AOPF E101–1 Chansi indivis 14895.

53 Joanne Baptista de Bormio, 21 Dec. 1747, APF SC Indie 26:226–27.

54 顧衛民：《基督宗教藝術在華發展史》，第268–69頁。

55 Pi-yen Chen, *Chinese Buddhist Monastic Chants,* 36–37, 41; 張希舜、程臘生編：《山西文物精品典藏——寺觀彩塑卷》(太原：山西人民出版社，2006年)，第250頁。

56 奧古斯丁 (Augustine of Hippo) 在他的《上帝之城》(*City of God*) 第8和第9卷中談到這個話題。

57 Joanne Baptista de Bormio, 21 Dec. 1747, APF SC Indie 26:218.

58 《聖諭廣訓雍正直解王又樸講解》，1724年，7:13。

59 Giambatta Cortenova, 16 June 1793, APF SOCP 68:673; Francesco Garretto, 16 Aug. 1728, APF SOCP 34:228; Standaert, *Interweaving of Rituals*.

60 Antonio Sacconi, 7 Aug. 1782, APF SOCP 63:744.

61 Francesco Garretto, 8 May 1727, APF SOCP 33:451; Parrenin P. Domenico, *Refutatio querelam Illustrissimi Francisco Maria Ferreris Episcopi Ephestiensis contra R. P. Gallos Societatis Jesu,* Biblioteca Nazionale Centrale di Roma, Fondo Gesuitico 1247:7; Margiotti, *Il Cattolicismo nello Shansi,* 603, 615.

62 Margiotti, *Il Cattolicismo nello Shansi,* 650.

63 同上註。

64 這位方濟各會士是加雷托（Francesco Garretto）。Margiotti, *Il Cattolicismo nello Shansi,* 604, 610–13.

65 這位名托里諾（Gabriele da Torino）。Margiotti, *Il Cattolicismo nello Shansi,* 471.

66 Stephanus Pauchinus, 1791, APF SOCP 68:248.

67 Filippo Serrati, 16 Sept. 1739, APF SOCP 43:587. 比起對華南宗族演變的研究，山西的相關研究要少很多。有關晚近宗族建設及其推動者士紳所遇到的阻礙，參見杜正貞：《村社傳統與明清士紳——山西澤州鄉土社會的制度變遷》（山西：山西古籍出版社，2007年），第174–99頁。

68 Antonio Sacconi, 29 Aug. 1784, APF SOCP 64:561.

69 Gabriele da Torino, 1 Oct. 1738, APF SOCP 42:240; Bernward H. Willeke, ed., "The Report of the Apostolic Visitation of D. Emmanuele Conforti on the Franciscan Missions in Shansi, Shensi and Kansu (1798)," *Archivum Franciscanum Historicum* 84, nos. 1–2 (1991): 212–13.

第二章

1 Joannes Ricci, *Vicariatus Taiyuanfu seu brevis historia antiquae Franciscanae missionis Shansi et Shensi a sua origine ad dies nostros (1700–1928)* (Pekini: Congregationis Missionis, 1929), 60–61.

2 同上註。

3 Barnaba Nanetti, "Sunto di memorie sulle missioni dei due distretti in Pin-iao e Kie Sien (nel San-si) a memoria d'uomo" (manuscript, 1897), OFMB 3:4, 35–38.

4 Harold Schofield, *Second Annual Report of the Medical Mission at T'ai-yüen-fu, Shansi, North China, in Connection with the China Inland Mission* (Shanghai:

American Presbyterian Mission Press, 1883), 25; *Annales de l'Oeuvre de la Sainte Enfance* 20, no. 124 (1868): 305.

5　*The Little Flowers of St Francis with Five Considerations of the Sacred Stigmata,* trans. Leo Sherley-Price (Baltimore: Penguin Books, 1959), 70–73.

6　Antonio Feliciani, 20 Nov. 1859, APF SC Cina 18:530.

7　Stefano Gitti, *Mons. Gioacchino Salvetti O.F.M. (1769–1843) e la missione dei Francescani in Cina* (Firenze: Studi Francescani, 1958), 26; Ricci, *Vicariatus Taiyuanfu,* 55.　　220

8　採訪，范家後人。有關祁縣的內容請參見盧潤傑：《詔餘春秋》(太原：山西古籍出版社，2005年)，第221–50頁。

9　這個中國教士叫張鐸德 (Stephanus)。Giovacchino Salvetti, 25 Sept. 1811, APF SC Cina 3:859–62; 中國第一歷史檔案館編：《清中前期西洋天主教在華活動檔案史料》(北京：中華書局，2003年)，第901、915頁。

10　Bernward H. Willeke, *Imperial Government and Catholic Missions in China during the years 1784–1785* (New York: The Franciscan Institute St. Bonaventure, 1948), 18–48; Luigi Landi, 12 June 1782, APF SC Indie 37:134; Luigi Landi et al., 29 Oct. 1785, APF SC Indie 38:220–21; Luigi Landi, 5 Jan. 1788, APF SOCP 66:86.

11　Gitti, *Mons. Gioacchino Salvetti,* 14–16, 21–24, 151; 中國第一歷史檔案館編：《清中前期西洋天主教在華活動檔案史料》，第877–79頁。

12　這個傳教士是伊爾特里 (Illuminato Irtelli)。Luigi Landi, 8 Oct. 1809, APF SC Cina 3:692.

13　同上註；Giovacchino Salvetti, 22 Oct. 1833, APF SC Cina 7:627；採訪，圪潦溝。

14　Giovacchino Salvetti, 25 Sept. 1811, APF SC Cina 3:859.

15　Owen Chadwick, *The Popes and European Revolution* (Oxford: Clarendon Press, 1981), 445–534, 598; Francis X. Blouin, *Vatican Archives: An Inventory and Guide to the Historical Documents in the Holy See* (New York: Oxford University Press, 1998), xx–xxi.

16　這個教士叫范守義 (Luigi)，這個耶穌會士則是艾若瑟 (Antonio Provana)，范守義寫的遊記收入方豪：《中西交通史》(台北：中國文化大學出版社，1983年)，第855–62頁；也見：Fortunato Margiotti, *Il Cattolicismo nello Shansi dalle origini al 1738* (Roma: Edizioni Sinica Franciscana, 1958), 175, 285。

17　Gianni Criveller, "The Chinese Priests of the College for the Chinese in Naples and the Promotion of the Indigenous Clergy (XVIII–XIX Centuries)," in *Silent Force: Native Converts in the Catholic China Mission,* eds., Rachel Lu Yan and

Philip Vanhaelemeersch (Leuven: Ferdinand Verbiest Institute, K.U. Leuven, 2009).

18 Bernward H. Willeke, "The Report of the Apostolic Visitation of D. Emmanuele Conforti on the Franciscan Missions in Shansi, Shensi and Kansu (1798)," *Archivum Franciscanum Historicum* 84, nos. 1–2 (1991): 245, 267; Giambattista Cortenova, 9 Oct. 1803, APF SC Cina 2:584; Emmanuele Conforti, 10 July 1801, APF SOCP 70:22; Giovanni Battista Marchini, 3 Jan. 1807, APF SC Cina 3:285; Ricci, *Vicariatus Taiyuanfu,* 145; Nanetti, "Sunto di memorie," 20–21.

19 Jacobus Vang, 27 April 1816, APF SOCP 73:317; Gitti, *Mons. Gioacchino Salvetti,* 34.

20 Willeke, "The Report of the Apostolic Visitation of D. Emmanuele Conforti," 251–53.

221 21 Luigi Landi, 19 Oct. 1801, APF SC Cina 1a:671.

22 此人是康安當 (Antonio Sacconi)。*Acta Ordinis Fratrum Minorum* 20 (1901): 13; Breve relazione (1785), APF SC Indie 38:246; Luigi Landi, 25 Nov. 1785, APF SOCP 65:563.

23 Camillus Ciao, 8 Oct. 1809, APF SC Cina 3:679.

24 Luigi Landi, 13 Oct. 1802, APF SC Cina 1a:668; Emmanuele Conforti, 12 May 1802, APF SOCP 70:1; Jacobus Ly, 20 Dec. 1801, APF SC Cina 1a:441; Giambattista Cortenova, 9 Oct. 1803, APF SC Cina 2:131; Giovanni Battista Marchini, 31 Jan. 1807, APF SC Cina 3:285–86; Giovanni Battista Marchini, 1807, APF SC Cina 3:539; Giovacchino Salvetti, 25 Oct. 1823, APF SC Cina 5:529; Giovacchino Salvetti, 26 May 1827, APF SC Cina 6:454; Conti della missione di Xan-si, 1846–47, APF SC Cina 12:19.

25 Margiotti, *Il Cattolicismo nello Shansi,* 471–75, 589n66, 601–2, 613; Antonio Sacconi, 7 Aug. 1782, APF SOCP 63:747; Domenico Parrenin, *Refutatio querelam Illustrissimi Francisco Maria Ferreris Episcopi Ephestiensis contra R.P. Gallos Societatis Jesu,* Biblioteca Nazionale Centrale di Roma, Fondo Gesuitico, 198; Nicolas Standaert, *Handbook of Christianity in China,* vol. 1, *635–1800* (Leiden: Brill, 2001), 458–59. 有關寺廟管理委員會，參見：Vincent Goossaert, *The Taoists of Peking, 1800–1949: A Social History of Urban Clerics* (Cambridge: Harvard University Asia Center, 2007), 27；Adam Yuet Chau, *Miraculous Response: Doing Popular Religion in Contemporary China* (Stanford: Stanford University Press, 2006), 51–54。

26 中國第一歷史檔案館編：《清中前期西洋天主教在華活動檔案史料》，第 469–75頁。這份供詞可能只是為保護傳教士主教撒的謊，但也說明了可能存在這樣的態度。相關背景參見：Willeke, *Imperial Government and Catholic Missions,* 27。

27 Giovacchino Salvetti, 20 Oct. 1825, APF SC Cina 6:120. Cf. Eugenio Menegon, *Ancestors, Virgins, and Friars: Christianity as a Local Religion in Late Imperial China* (Cambridge: Harvard University Asia Center Press, 2009), 301–56.

28 中國第一歷史檔案館編：《清中前期西洋天主教在華活動檔案史料》，第 898頁。

29 Alfonso de Donato, 30 Oct. 1841, APF SC Cina 10:323; Vitalis Kuo, 24 Dec. 1764, APF SC Indie 30:486; Stephanus Ciang, 15 Oct. 1803, APF SC Cina 2:165; Basilio a Glemona（其時履職於陝西）, "Brevis methodus confessionis instituendae" in *Francisco Varo's Grammar of the Mandarin Language (1703): An English Translation of "Arte de la lengua Mandarina,"* eds. W. South Coblin and Joseph A. Levi (Amsterdam: John Benjamins Publishing Company, 2000), 221–23. 亦見：Henry Charles Lea, *A History of Auricular Confession and Indulgences in the Latin Church* (Philadelphia: Lea Brothers, 1896), 1:373；Nicolas Standaert and Ad Dudink, eds., *Forgive Us Our Sins: Confession in Late Ming and Early Qing China* (Sankt Augustin: Institut Monumenta Serica, 2006)；Cynthia J. Brokaw, *The Ledgers of Merit and Demerit: Social Change and Moral Order in Late Imperial China* (Princeton: Princeton University Press, 1991)。

30 Alfonso de Donato, 1843, APF SC Cina 8:99; Menegon, *Ancestors, Virgins, and Friars,* 238–41; Paul Brunner, *L'Euchologe de la mission de Chine: Editio princeps 1628 et développements jusqu'à nos jours* (Münster: Aschen-dorffsche verlagsbuchhandlung, 1964), 8, 79, 96, 106, 125–28. 歐洲的情況，參見：Louis Châtellier, *The Religion of the Poor: Rural Missions in Europe and the Formation of Modern Catholicism, c. 1500–c. 1800* (Cambridge: Cambridge University Press, 1997), 142；Pietro Zovatto, *Storia della spiritualità italiana* (Roma: Città nuova, 2002), 484；Chadwick, *Popes and European Revolution,* 66–69。

31 Giovacchino Salvetti, 1843, APF SC Cina 10:795; Luigi Landi, 7 March 1806, APF SC Cina 3:109; Luigi Landi, 7 March 1806, APF SC Cina 3:109; Goossaert, *Taoists of Peking,* 47–48, 119–21.

32 Philippe Boutry, *Prêtres et paroisses au pays du Curé d'Ars* (Paris: Les éditions du cerf, 1986), 378–83.

33 這個教士姓黃（Filippo Huang）。Giacomo Di Fiore, *Lettere di missionari dalla Cina (1761–1775): La vita quotidiana nelle missioni attraverso il carteggio di*

222

Emiliano Palladini e Filippo Huang con il Collegio dei Cinesi in Napoli (Napoli: Istituto Universitario Orientale, 1995), 198, 320–22.

34　Giovacchino Salvetti, 28 Oct. 1829, APF SC Cina 7:163. 亦見：Luigi Landi, 8 Oct. 1809, APF SC Cina 3:694；Ricci, *Vicariatus Taiyuanfu,* 151–52。

35　Giovacchino Salvetti, 20 Oct. 1825, APF SC Cina 6:118; Giovacchino Salvetti, 30 Oct. 1834, APF SOCP 76:399; Alfonso De Donato, 1834, APF SC Cina 8:97; Giovacchino Salvetti, 30 Oct. 1834, APF SOCP 76:399; Alfonso De Donato, 2 Dec. 1840, APF SC Cina 9:851; Alfonso De Donato, 1843, APF SC Cina 10:772; Giovacchino Salvetti, 1843, APF SC Cina 10:789; Mungello, *Curious Land,* 249, 307–11. 提到的書是《易經》。

36　要罰款的傳教士是康福德（Emmanuele Conforti），而試圖不依賴罰款的主教是吳若漢（Giambattista Cortenova）。Luigi Landi, 13 Oct. 1802, APF SC Cina 1a:668; Indie Orientali Cina Pekino ristretto 1803, APF SOCP 70:111–12; Lea, *History of Auricular Confession,* 1:410–11, 2:59–63, 142–45.

37　Giovacchino Salvetti, 14 Dec. 1816, APF SOCP 72:311; Jacobus Ly, 22 Nov. 1816, APF SOCP 73:315; 中國第一歷史檔案館編：《清中前期西洋天主教在華活動檔案史料》，第1087、1093–94、1097–98頁。另參見：J. J. M. De Groot, *Sectarianism and Religious Persecution in China* (1903; repr. Taipei: Ch'eng Wen, 1970), 2:409–86；James Millward, *Eurasian Crossroads: A History of Xinjiang* (New York: Columbia University Press, 2007), 100–101。

38　Alfonso De Donato, 1834, APF SC Cina 8:101; Gitti, *Mons. Gioacchino Salvetti,* 157n15.

39　Jacobus Vang, 9 July 1830, APF SOCP 76:51.

40　Jacobus Vang, March 1827, APF SC Cina 6:479; Jacobus Ly, 9 Dec. 1819, ACGOFM, Missioni 53, Raccolta di lettere degli alunni Cinesi dalla Cina 1753–1883, 179.

41　Giovacchino Salvetti, 14 Dec. 1816, APF SOCP 72:312.

42　Gabriele da Torino, 20 Aug. 1742, APF SOCP 44:460.

43　Di Fiore, *Lettere di missionari dalla Cina,* 219. For Maria Maddalena Sterlich, see Pasquale Palmieri, *I taumaturghi della società: Santi e potere politico nel secolo dei Lumi* (Roma: Viella, 2010), 112–16.

44　Joanna Waley-Cohen, *Exile in Mid-Qing China: Banishment to Xinjiang, 1758–1820* (New Haven: Yale University Press, 1991), 26–32; James A. Millward, *Beyond the Pass: Economy, Ethnicity, and Empire in Qing Central Asia, 1759–1864* (Stanford: Stanford University Press, 1998), 120–21.

45　Jacobus Wang, March 1827, APF SC Cina 6:479. 原典出自《格林多後書》11:25–27。

46 Owen Lattimore, *The Desert Road to Turkestan* (Boston: Little, Brown & Co., 1929), 69–72; 刑野、王新民編：《旅蒙商通覽》(呼和浩特：內蒙古人民出版社，2008年)，第690–706頁。

47 張韶梅、張華軍：〈論清代新疆山西會館〉，《新疆職業大學學報》，2002年第3期，第33–35頁；Millward, *Beyond the Pass,* 176；Laura J. Newby, *The Empire and the Khanate: A Political History of Qing Relations with Khoqand c. 1760–1860* (Leiden: Brill, 2005), 130。

48 這個商人的名字叫秦其龍，教名伯多祿 (Peter)，檔案中簡稱秦祿。Vitalis Kuo, 24 Dec. 1764, APF SC Indie 30:487; Joannes Kuo, 4 Sept. 1780, APF SOCP 62:703; 中國第一歷史檔案館編：《清中前期西洋天主教在華活動檔案史料》，第379、384–85、469–70頁。有關大黃根的問題，參見：Chang Che-chia, "Origins of a Misunderstanding: The Qianlong Emperor's Embargo on Rhubarb Exports to Russia, the Scenario and Its Consequences," *Asian Medicine: Tradition and Modernity* 1, no. 2 (2005)；Clifford M. Foust, *Muscovite and Mandarin: Russia's Trade with China and Its Setting, 1727–1805* (Chapel Hill: University of North Carolina Press, 1969), 164–85。

49 Nanetti, "Sunto di memorie," 20–21, 36–37; Willeke, "The Report of the Apostolic Visitation of D. Emmanuele Conforti," 245.

50 Giambatta Cortenova, 12 Aug. 1794, APF SOCP 69:275.

51 採訪，范家後人。

52 Newby, *The Empire and the Khanate,* 17.

53 三個被放逐的教士是Simon Liu、會醫術的Caietanus Xu和會修鐘錶的Philippus Liu。那個山西商人姓李。Stephanus Pao and Camillus Ciao, 1 April 1787, APF SOCP 66:79; Simon Lieu et al., 5 Dec. 1787, APF SOCP 66:355; Philippus Lieu, 28 Dec. 1806, APF SC Cina 3:264; Michele Fatica, "L'Istituto Orientali di Napoli come sede di scambio culturale tra Cina e Italia nei secoli XVIII e XIX," *Scritture di Storia* 2 (2001): 85–86; Waley-Cohen, *Exile in Mid-Qing China,* 166–67.

54 Jacobus Ly, 20 Aug. 1818, APF SOCP 74:731. 朝覲麥加的中國穆斯林，也曾在英屬印度留下相關記錄，參見：W. H. Wathen, "Memoir on Chinese Tartary and Khoten," *Journal of the Asiatic Society of Bengal* 4, no. 48 (1835): 653–58。

55 Giuseppe Ciun, 1831, ACGOFM Missioni 53, Raccolta di lettere, 213. 放逐歸來的教士叫王保樂 (Paulus Van)。亦見：Paulus Van, 29 July 1806, APF SC Cina 3:140–42；Giovacchino Salvetti, 28 Oct. 1822, APF SC Cina 5:381；Giovacchino Salvetti, 14 Dec. 1816, APF SOCP 72:312；Jacobus Ly, 22 Nov. 1816, APF SOCP 72:316；Giovacchino Salvetti, 28 Oct. 1828, APF SC Cina

224

6:661。有關賈漢吉爾叛亂（Jahangir Rebellion），參見：Newby, *The Empire and the Khanate,* 95–101。

56　此人是朱天照。楊遇春，1831年二月初八信件，中國第一歷史檔案館：《宮中朱批奏摺：民族事務》，第513–11頁；中國第一歷史檔案館編：《清中前期西洋天主教在華活動檔案史料》，第1098頁。

57　Cf. Jonathan D. Spence（史景遷）, *The Question of Hu* (New York: Knopf, 1988); Giacomo Di Fiore, "Un cinese a Castel Sant'Angelo. La Vicenda di un alunno del Collegio di Matteo Ripa fra trasgressione e reclusione," in *La conoscenza dell'Asia e dell'Africa in Italia nei secoli XVIII e XIX,* eds. Aldo Gallotta and Ugo Marazzi (Napoli: Istituto universitario orientale, 1985), 219–86; Mungello, *The Spirit and the Flesh,* 123–30.

58　這個傳教士叫弗龍蒂尼（Vincenzo Frontini）。Vincenzo Frontini, 1823, APF SC Cina 5:445, 454, 456; Giovacchino Salvetti, 25 Oct. 1823, APF SC Cina 5:528; Vincenzo Frontini, 25 April 1825, APF SC Cina 6:76–78; Vincenzo Frontini, 1826, APF SC Cina e regni adiacenti 6:198. 有關歐洲的情況，參見：Craig Harline and Eddy Put, *A Bishop's Tale: Mathias Hovius among His Flock in Seventeenth-Century Flanders* (New Haven: Yale University Press, 2000), 88–91, 132。

59　Giovacchino Salvetti, 20 Oct. 1825, APF SC Cina 6:119–22; Giovacchino Salvetti, 26 May 1827, APF SC Cina 6:452.

60　Giovacchino Salvetti, 20 Oct. 1825, APF SC Cina 6:119.

61　Gitti, *Mons. Gioacchino Salvetti,* 79; Alfonso De Donato, 17 Nov. 1835, APF SC Cina 8:442.

62　Jacobus Wang, 21 Oct. 1835, APF SC Cina 8:430–31. 有關趙城起義，參見馬西沙：〈先天教與曹順事件始末〉，《清史研究通訊》，1988年第1期，第16–21頁。

63　Ricci, *Vicariatus Taiyuanfu,* 63, 155; Giovacchino Salvetti, 10 Dec. 1838, APF SC Cina 9:210.

64　Jacobus Vang, 22 Oct. 1837, APF SC Cina 8:742; Traductio epistolo christianorum Xansi et Xensi, 1841, APF SC Cina 10:198; Alfonso De Donato, AOPF E101 Chansi indivis 14895.

65　這個有魅力的傳教士是李文秀（Giuseppe Rizzolati）。Alfonso De Donato, AOPF E101 Chansi indivis 14894; Giovacchino Salvetti, 30 Oct. 1834, APF SC Cina 8:36; Alfonso De Donato, 1834, APF SC Cina 8:97.

66　Ricci, *Vicariatus Taiyuanfu,* 61–62.

67　Alfonso De Donato, 1834, APF SC Cina 8:97–98; Alfonso De Donato, APF SC Cina 10:772.

68　Alfonso De Donato, 1834, APF SC Cina 8:101 and passim. 亦見：Alfonso De Donato, 1834, APF SOCP 76:586。

69　Nanetti, "Sunto di memorie," 49.

70　這個年輕的傳教士叫馮尚仁（Alfonso De Donato）。Alfonso De Donato, 1834, APF SC Cina 8:97.

71　Alfonso De Donato, 1834, APF SC Cina 8:105.

72　Letter from Ugolino Villeret（武奧林）, *Oriente Serafico* 4 (1892): 376.

第三章

1　採訪，Wu Mingming，2005年9月8日；Barnaba Nanetti, "Sunto di memorie sulle missioni dei due distretti in Pin-iao e Kie Sien (nel San-si) a memoria d'uomo" (manuscript, 1897), OFMB 3:4, 7；《汾陽教區史（1926–1996）》（天主教汾陽教區，1996年）第29頁；秦格平：《太原教區簡史》（天主教太原教區，2008年），第356頁。 225

2　《汾陽教區史（1926–1996）》，第29頁；Letter from Francesco Fogolla, *Oriente Serafico* 8 (1896): 440；Giovacchino Salvetti, 1843, APF SC Cina 10:797。有關教士的財富，參見：Gabriele Grioglio, 3 April 1844, APF SC Cina 11:402–3；Josephus Van, 25 Jan. 1839, APF SC Cina 9:323；Giovacchino Salvetti, 10 Dec. 1838, APF SC Cina 9:211；Bartolomeo Sandrini, 22 Sept. 1852, APF SC Cina 14:1156。

3　Gabriele Grioglio, 12 June 1845, APF SC Cina 11:775; Kenneth Scott Latourette, *A History of Christian Missions in China* (London: Society for Promoting Christian Knowledge, 1929), 228–30.

4　Gabriele Grioglio, 4 June 1845, AOPF E101 Chansi indivis 14898; AOPF E101–2 Chansi Septentrional 14916; Domenico Cannetti, 19 Sept, 1858, POSI C432 Shansi; Antonio Feliciani, 14 Jan. 1865, POSI C432 Shansi; Conti della missione di Xan-si 1846–7, APF SC Cina 12:19; Henrietta Harrison, "'A Penny for the Little Chinese': The French Holy Childhood Association in China, 1843–1951," *American Historical Review* 113, no. 1 (2008): 72–92.

5　Gabriele Grioglio, 21 Oct. 1857, AOPF E101–1 Chansi indivis, 14906. 亦見：Gabriele Grioglio, 22 Oct. 1857, APF SC Cina 17:530。

6　Catalogo dei sacramenti amministrati nel San-si, 1858, APF SC Cina 18:302；劉安榮所作採訪，2005年。

7　Letter from Gabriele Grioglio, *Annales de l'Oeuvre de la Sainte Enfance* 4, no. 24 (1852): 52–53; Antonio Feliciani, Compte-rendu de exposés du Xansi 1862–1863, POSI C432 Shansi; Antonio Feliciani, 14 Jan. 1865, POSI C432 Shansi.

兩個小男孩每年花費17,967文，建孤兒院花了1,183,988文。有關收養童養媳的問題，參見：Margery Wolf, *Women and the Family in Rural Taiwan* (Stanford: Stanford University Press, 1972), 171–90。在山西，這種習俗也很普遍。

8　Antonio Feliciani, 14 Jan. 1865, and Luigi Moccagatta, 6 Oct. 1875, POSI C432 Shansi. 有關女性的醫學傳承，參見：Charlotte Furth, *A Flourishing Yin: Gender in China's Medical History, 960–1665* (Berkeley: University of California Press, 1999), 284–95；有關法國的情況，參見：Ralph Gibson, *A Social History of French Catholicism 1789–1914* (London: Routledge, 1989), 104–27, 231, 248–49。

9　Gabriele Grioglio, 20 Dec. 1849, APF SC Cina 19:599.

10　這種思潮稱作教皇至上主義（ultramontanism），在1870年第一次梵蒂岡會議（First Vatican Council）時達到高潮。

11　Gabriele Grioglio, 18 May 1847, APF SC Cina 13:107. 指的是康福德的佈道文。有關歐洲的情況，參見：Pietro Zovatto, *Storia della spiritualità italiana* (Roma: Città nuova, 2002), 508–12。

12　杜約理：《聖教道理約選》（太原：明遠堂，1916年，初版1851年），第32頁；Domenico Cannetti, 24 June 1848, APF SC Cina 12:941；Gabriele Grioglio, 20 Dec. 1849, APF SC Cina 19:599；Gabriele Grioglio, 20 Oct. 1851, APF SC Cina 14:548；Gabriele Grioglio, 20 Aug. 1852, APF SC Cina 14:1052；Domenico Cannetti and Prospero Falcetti, 6 Sept. 1857, APF SC Cina 17:408。

13　Gabriele Grioglio, 1 Oct. 1852, APF SC Cina 14:1199; Domenico Cannetti and Prospero Falcetti, 6 Sept. 1857, APF SC Cina 17:408; Nanetti, "Sunto di memorie," 37, 97. 有關山西票號，參見張正明：《晉商興衰史》（太原：山西古籍出版社，1995年），第111–20頁。有關中國的利息額，參見：David Faure, *The Rural Economy of Pre-Liberation China: Trade Expansion and Peasant Livelihood in Jiangsu and Guangdong, 1870–1937* (Hong Kong: Oxford University Press, 1989), 80–81；區季鸞：《廣東之典當業》（廣州：國立中山大學經濟調查處，1934年），第42–48頁。有關改革天主教關於高利貸的教義，參見：Paola Vismara, *Questioni di interesse: La Chiesa e il denaro in età moderna* (Milano: Bruno Mondadori, 2009), 135–36。

14　Nova statua vicariatus apostolici Xan-si, 1853, APF SC Cina 16: 1003–29.

15　Gabriele Grioglio, 28 Feb. 1850, APF SC Cina 13:552; Gabriele Grioglio, 1860, AOPF E136 Chansi Meridional 16.

16　Domenico Cannetti and Prospero Falcetti, 6 Sept. 1857, APF SC Cina 17:408; Gabriele Grioglio, 14 July 1858, APF SC Cina 17:976; Domenico Cannetti, 7 April 1859, APF SC Cina 18:170.

17　Gabriele Grioglio, 28 Feb. 1850, APF SC Cina 13:552. 亦見：Giovanni Ricci, *Le avventure di un missionario in Cina: Memorie di Mons. Luigi Moccagatta, O.F.M. Vescovo Titolare di Zenopoli e Vicario Apostolico del San-Si* (Modena: Tip. Pontificia ed Arcivescovile dell'Immacolata Concezione, 1909), 27–29。

18　杜約理編：《通功經》（*Common Prayer*）（太原：明原堂印書館，1915年，初版1845年），第2頁；Paul Brunner, *L'Euchologe de la mission de Chine: Editio princeps 1628 et développements jusqu'à nos jours* (Münster: Aschendorffsche verlagsbuchhandlung, 1964), 152–54。

19　Feng Baolü et al., 1848, APF SC Cina 13:332–34. Cf. David E. Mungello, "The Return of the Jesuits to China in 1841 and the Chinese Christian Backlash," *Sino-Western Cultural Relations Journal* 27 (2005): 9–46.

20　Giovanni Battista Mong, 27 Nov. 1855, APF SC Cina 16:416. 有關給中國人辦的學院，參見：*Poliorama Pittoresco* 5 (1840–41): 253–55, and 6 (1841–42): 270；Nicola Nicolini, *L'Istituto Orientale di Napoli: Origine e statuti* (Roma: Edizioni universitarie, 1942), 15–25, 37；Michele Fatica, "L'Istituto Orientali di Napoli," 87–88；Michele Fatica, "Per una mostra bibliografica ed iconografica su Matteo Ripa, il Collegio dei Cinesi e il Real Collegio Asiatico (1682–1888)," and Tiziana Iannello, "Il Collegio dei Cinesi durante il decennio francese (1806–15)," in *La missione Cattolica in Cina tra i secoli XVIII–XIX: Matteo Ripa e il Collegio dei Cinesi: Atti del Colloquio Internazionale Napoli, 11–12 febbraio 1997*, eds. Michele Fatica and Francesco D'Arelli (Napoli: Istituto universitario orientale, 1999)。有關那不勒斯王國的神職階層，參見：Angelomichele De Spirito, "La formazione del clero meridionale nelle regole dei primi seminari," in *Studi di storia sociale e religiosa: Scritti in onore di Gabriele de Rosa,* ed. Antonio Cestaro (Napoli: Ferraro, 1980)。

227

21　Notizie sul Collegio Cinese di Napoli, APF SOCP 76:486.

22　1900年前，記錄在案的有八起針對在山西工作的教士不正當性行為的指控：其中三起針對外國傳教士（18世紀有兩起，情形特別嚴重，被認定為精神失常所致；19世紀還有一起），五起針對在那不勒斯受訓過的中國教士，而在山西本地受訓的教士沒有任何受指控的記錄。APF SOCP 44:219, 419; 45:324–25; APF SC Cina 3:140, 16:999, 19:549; Giacomo Di Fiore, *Lettere di missionari dalla Cina (1761–1775): La vita quotidiana nelle missioni attraverso il carteggio di Emiliano Palladini e Filippo Huang con il Collegio dei Cinesi in Napoli* (Napoli: Istituto Universitario Orientale, 1995), 169–70, 201.

23 Antonio Cestaro, *Le diocesi di Conza e di Campagna nell'età della restaurazione* (Roma: Edizioni di storia e letteratura, 1971); Romeo De Maio, *Società e vita religiosa a Napoli nell'età moderna (1656–1799)* (Napoli: Edizioni scientifiche italiane, 1971), 96–115, 346–50; Adriana Valerio, "Donna e celibato ecclesiastico: Le concubine del clero," in *Donne e religione a Napoli secoli XVI–XVIII*, eds. Giuseppe Galasso and Adriana Valerio (Milano: FrancoAngeli, 2001). 英文版見：Michael P. Carroll, "Religion, 'Ricettizie,' and the Immunity of Southern Italy to the Reformation," *Journal of the Scientific Study of Religion* 31, no. 3 (1992): 247–60；John A. Davis, *Naples and Napoleon: Southern Italy and the European Revolutions (1780–1860)* (Oxford: Oxford University Press, 2006), 249–51。

24 Ianello, "Il Collegio dei Cinesi," 274–76; Fatica, "Per una mostra bibliografica," 25, 29.

25 Renato Composto, "Fermento sociali nel clero siciliano prima dell'unificazione," *Studi storici* 5, no. 2 (1964): 263–79; Paul Ginsborg, *Daniele Manin and the Venetian Revolution of 1848–49* (Cambridge: Cambridge University Press, 1979), 165; Jonathan Sperber, *The European Revolutions, 1848–1851* (Cambridge: Cambridge University Press, 1994), 172.

26 Gabriele Grioglio, 25 Sept. 1850, APF SC Cina 14:468.

27 Giuseppe Vam, 21 Oct. 1856, APF SC Cina 16:910.

28 Josephus Wang, 1858, APF SC Cina 17:175–78; Domenico Cannetti, 9 Aug. 1858, APF SC Cina 17:1034–41.

29 Valerio Icardi, 6 Aug. 1858, APF SC Cina 17:1028; Giuseppe Vam, 21 Oct. 1856, APF SC Cina 16:910–12.

30 Josephus Wang, 14 Dec. 1858, APF SC Cina 17:1180.

31 Giuseppe Vam, 21 Oct. 1856, APF SC Cina e regni adicenti 16:912; Valerio Icardi, 1858, APF SC Cina 17:1029. 有關缺乏勸化的興趣，也可以參見：Xiaojuan Huang, "Christian Communities and Alternative Devotions in China 1780–1860" (PhD diss., Princeton University, 2006), 149。

32 Gabriele Grioglio, 20 May 1852, APF SC Cina 14:1076.

33 Nanetti, "Sunto di memorie," 6.

34 Domenico Cannetti, 9 Aug. 1858, APF SC Cina 17:1035; Leo Cen et al., 22 Oct. 1861, APF SC Cina 19:548; Shanxi sheng zuipu deng, 14th of 6th month 1862, APF SC Cina 20:517.

35　Domenico Cannetti, 8 Sept. 1857, APF SC Cina 17:421–27.　　　　228

36　Domenico Cannetti and Prospero Falcetti, 6 Sept. 1857, APF SC Cina 17:407–25.

37　Gabriele Grioglio, 14 July 1858, APF SC Cina 17:976. 有關保留案例，參見：Henry Charles Lea, *A History of Auricular Confession and Indulgences in the Latin Church* (Philadelphia: Lea Brothers & Co., 1896), 1:318–37。

38　Gabriele Grioglio, 14 July 1858, APF SC Cina 17:977; Domenico Cannetti and Prospero Falcetti, 6 Sept. 1857, APF SC Cina 17:407. 亦見安介生：〈清代山西重商風尚與節孝婦女的出現〉，《清史研究》，2001年第1期，第27–34頁。

39　Domenico Cannetti and Prospero Falcetti, 6 Sept, 1857, APF SC Cina 17:423–24; Leo Cen et al., 22 Oct. 1861, APF SC Cina 19:547.

40　Domenico Cannetti and Prospero Falcetti, 6 Sept. 1857, APF SC Cina 17:405.

41　D. L. Ambrosi, 25 April 1860, APF SC Cina 18:726. 亦見：Annibale Fantoni, 15 Dec. 1856, APF SC Cina 16:1071；Domenico Cannetti, 7 April 1859, APF SC Cina 18:166；Gabriele Grioglio, 11 Sept. 1859, APF SC Cina 18:533；Giovanni Ricci, *Barbarie e trionfi: Ossia le vittime illustri del San-si in Cina nella persecuzione del 1900* (Firenze: Tipografia Barbèra, 1910), 711。

42　Gabriele Grioglio, 6 June 1861, APF SC Cina 18:1092; Zhongguo Shanxi tong sheng jiao you（中國山西同省教友）, 19 Sept. 1861, APF SC Cina 19:395; *Acta Ordinis Fratrum Minorum* 10 (1891): 32.

43　Kenneth Scott Latourette, *A History of Christian Missions in China* (London: Society for Promoting Christian Knowledge, 1929), 274–75.

44　Shanxi sheng zuipu deng, 14th of 6th month 1862, APF SC Cina 20:517; 中央研究院近代史研究所編：《教務教案檔》（台北：中央研究院近代史研究所，1974年），第1輯，第688頁。此時並沒有任何條約討論過梁多明要求的平級地位。有關條約文本，參見：William Frederick Mayers, ed., *Treaties between the Empire of China and Foreign Powers, together with Regulations for the Conduct of Foreign Trade* (Shanghai: J. B. Tootal, 1877), 11–20, 59–71。

45　中央研究院近代史研究所編：《教務教案檔》，第1輯，第713頁；Matthaeus Li and Petrus Ciao, 2 Feb. 1862, APF SC Cina 19:544。

46　此時巡撫為英桂。中央研究院近代史研究所編：《教務教案檔》，第1輯，第687頁。

47　中央研究院近代史研究所編：《教務教案檔》，第1輯，第721–22頁；Fortunato Margiotti, *Il Cattolicismo nello Shansi dalle origini al 1738* (Roma: Edizioni Sinica Franciscana, 1958), 244。有關寺廟慶典，參見：Roger R. Thompson, "Twilight of the Gods in the Chinese Countryside: Christians, Confucians, and the Modernising State, 1861–1911," in *Christianity in China from the Eighteenth Century to the Present,* ed. Daniel H. Bays (Stanford: Stanford University Press, 1996), 53–72；David Johnson, *Spectacle and Sacrifice: The Ritual Foundations of Village Life in North China* (Cambridge: Harvard University Asia Center, 2009), 13–15, 177–337。

48 Leo Cen et al., 22 Oct. 1861, APF SC Cina 19:550. 亦見：Luigi Moccagatta, 30 Sept. 1862, APF SC Cina 19:1074。

49 Leo Cen et al., 22 Oct. 1861, APF SC Cina 19:552.

50 Domenico Cannetti, 22 Feb. 1862, APF SC Cina 19:726; Luigi Moccagatta, 30 Sept. 1862, APF SC Cina 19:1075; Luigi Moccagatta, 20 Oct. 1867, APF SC Cina 19:230; Josephus Van, 1 Sept. 1873, APF SC Cina 26:100; Ricci, *Avventure,* 180–88.

51 Petrus Ciao, 24 Sept. 1862, APF SC Cina 19:1150. 亦見：Josephus Van, 1 Sept. 1873, APF SC Cina 26:100；Jacques Leclercq, *Thunder in the Distance: The Life of Père Lebbe,* trans. George Lamb (New York: Sheed & Ward, 1958), 54–58。

52 Relazio dell'origine, APF SC Cina 22:578; Relazio dell'origine, 1870, ACGOFM Sinae 1:240; Luigi Moccagatta, 22 June 1866, AOPF E136 Chansi meridional 29; Paolo Carnevale, 1 Oct. 1869, AOPF E101 Chansi 14921.

53 Letter from Paolo Carnevale, *Annales de L'Oeuvre de la Sainte Enfance* 25, no. 158 (1874): 174–75; Luigi Moccagatta, 23 April 1873, APF SC Cina 25:596–97; *The Tientsin Massacre, being documents published in the Shanghai Evening Courier, From June 16th to Sept. 10th, 1870, with an introductory narrative* (Shanghai: A. H. de Carvalho, 1870).

54 Josephus Van, 2 June 1873, APF SC Cina 26:93–96; Ricci, *Barbarie e trionfi,* 289.

55 王廷榮（若瑟）：〈採茶歌〉，參見：Pontificio Istituto Missioni Estere (Rome)，河南開封，1605年。

56 Josephus Van, 9 June 1873, APF SC Cina 25:309.

57 Josephus Van, 16 Aug. 1873, APF SC Cina 26:86.

58 Josephus Van, 12 Sept. 1873, APF SC Cina 26:104; Franciscus Li, 20 Oct. 1857, APF SC Cina 17:510. 王廷榮要求70至80萬文錢，而李方濟（Franciscus Li）說他只要六至七萬就夠了。

59 Gabriele Grioglio, 3 April 1844, APF SC Cina 11:402; Josephus Van, 22 June 1874, APF SC Cina 26:76.

60 Josephus Van, 20 Aug. 1873, APF SC Cina 26:82; Paolo Carnevale, 4 Jan. 1874, APF SC Cina 25:835; Luigi Moccagatta, 29 April 1875, APF SC Cina 26:119.

61　王廷榮，〈採茶歌〉。

62　Gregorio Grassi, 15 Nov. 1882, APF SC Cina 29:377–78; 河上嘴和紅溝教堂的題銘可見：郭全智：〈山西天主教概述〉，手稿，2007年，第6頁；郭崇禧：〈太原天主教主要堂口簡介〉，《太原文史資料》，1991年第15期，第159頁。

63　APF Acta 242 (1874): 328.

64　Zhongguo Shanxi tong sheng jiaoyou, 19th of 9th month, APF SC Cina 19:395.

第四章

1　採訪，Wu Mingming，洞兒溝，2005年9月8日。

2　1907年，安懷珍收集了1,953名殉道者的詳細資料，這還不包括那些已宣佈棄教但還是被殺的，也不含晉北地區（大同、綏遠）大量遇難者，因為在完成任務前他就去世了。他的成果由林茂才出版，參見："Acta Martyrum Sinensium anno 1900 in Provincia San-si occisorum historice collecta ex ore testium singulis locis ubi Martyres occubuere. Relatio ex-officio ex parte Ordinis Fratrum Minorum," *Acta Ordinis Fratrum Minorum* 30 (1911); 32 (1913)；"Acta Martyrum Sinensium Vicariatus Apostolici Shansi Meridionalis anno 1900 pro fide Catholica interfectorum," *Acta Ordinis Fratrum Minorum* 33 (1914)。安懷珍統計的總數，比起中國官員在同地區統計的1,686名基督徒死亡人數，並沒有太大出入，參見：中央研究院近代史研究所編：《教務教案檔》（台北：中央研究院近代史研究所，1974年），第7輯，第496–507頁。安懷珍在某些村莊搜集的數目，可以與事變後隨即樹立的碑銘對照，比如可見：〈山西省庚子年教難前後紀事〉，《義和團》第1冊，翦伯贊等編（上海：神州國光社，1951年），第517–19頁。有關遇害的159名新教傳教士及其家庭成員，參見：E. H. Edwards, *Fire and Sword in Shansi: The Story of the Martyrdom of Foreigners and Chinese Christians* (Edinburgh: Oliphant Anderson & Ferrier, 1903), 14–16。

3　Joseph W. Esherick, *The Origins of the Boxer Uprising* (Berkeley: University of California Press, 1987)*;* Paul A. Cohen, *History in Three Keys: The Boxers as Event, Experience and Myth* (New York: Columbia University Press, 1997).

4　有關歐洲的情況，參見：Jacques Le Goff, *The Birth of Purgatory,* trans. Arthur Goldhammer (Chicago: University of Chicago Press, 1984), 289–332；Henry Charles Lea, *A History of Auricular Confession and Indulgences in the Latin Church* (Philadelphia: Lea Brothers & Co., 1896), 3:296–371；Michel Vovelle, *Les âmes du purgatoire ou le travail du deuil* (Paris: Gallimard, 1996), 254–61；Stefano De

230

Matteis and Marino Nicola, *Antropologia delle anime in pena: Il resto della storia: Un culto del Purgatorio* (Lecce: Argo, 1997), 21, 42。有關中國的情況，參見：Vincent Goossaert, *The Taoists of Peking, 1800–1949: A Social History of Urban Clerics* (Cambridge: Harvard University Asia Center, 2007), 249–55, 333–36；Barend J. Ter Haar, "Buddhist-Inspired Options: Aspects of Lay Religious Life in the Lower Yangzi from 1100 until 1340," *T'oung Pao* 87, no. 1/3 (2001): 113–22；Stephen F. Teiser, *The Scripture of the Ten Kings and the Making of Purgatory in Medieval Chinese Buddhism* (Honolulu: Hawai'i University Press, 1994)；Robert P. Weller, *Resistance, Chaos and Control in China: Taiping Rebels, Taiwanese Ghosts and Tiananmen* (Seattle: University of Washington Press, 1994), 130–31。

5　Francesco Vitali, *Month of the Souls in Purgatory Containing Devotions for Each Day in November,* trans. M. Comerford (Dublin: G. P. Warren, 1871), 154–56; 關於它流行的情況，參見：Pietro Zovatto, *Storia della spiritualità italiana* (Roma: Città nuova, 2002), 515–16；田文都：《煉獄聖月》（山西北圻，1921年，初版1880年），第7–8頁。

6　有關在中國的意大利人，參見：Giuliano Bertuccioli and Federico Masini, *Italia e Cina* (Roma-Bari: Laterza, 1996)；Gianni La Bella, "Pius X" in *The Catholic Church and the Chinese World: Between Colonialism and Evangelisation 1840–1911*, eds. Agostino Giovagnoli and Elisa Giunipero (Roma: Urbaniana University, 2005): 51–68；Maurizio Marinelli, "The Genesis of the Italian Concession in Tianjin: A Combination of Wishful Thinking and Realpolitik," *Journal of Modern Italian Studies* 15, no. 4 (2010): 536–56。

7　該名長官為巡撫岑春煊。參見：故宮博物院明清檔案部編：《義和團檔案史料》（北京：中華書局，1959年），第1233頁。

8　中央研究院近代史研究所編：《教務教案檔》（台北：中央研究院近代史研究所，1974年），第4輯，330–31頁；採訪，任家後人；吳劍傑：《張之洞年譜長編》（上海：上海交通大學出版社，2009年），上，第72–77頁。

9　分發的確切總數是219,991法郎。Timothy Richard, *Forty-Five Years in China* (London: T. Fisher Unwin, 1916), 125–42; Luigi Moccagatta, 13 Sept. 1879, APF SC Cina 27:1257; Luigi Moccagatta, 25 March 1878, ACGOFM Sinae 2:465–67. 有關傳教的新支出，需參考教區預算，參見：AOPF E101 Chansi 14939, 14951, 14954。有關饑荒的情況，參見：Kathryn Edgerton-Tarpley, *Tears from Iron: Cultural Reponses to Famine in Nineteenth-Century China* (Berkeley: University of California Press, 2008)。

10　APF SC Cina 9:876, 12:23, 18:301, 29:379; Giovanni Ricci, *Vicariatus Taiyuanfu seu brevis historia antiquae Franciscanae missionis Shansi et Shensi a sua origine ad dies nostros (1700–1928)* (Pekini: Congregationis Missionis, 1929),

102; ACGOFM Sinae 1:243; AOPF E136 Chansi Meridional 6, 9; AOPF E101 Chansi 14924, 14929–33, 14939, 14946, 14949–59, 14962; AOPF E101–2 Chansi Septentrional 14964–80. *Acta Ordinis Fratrum Minorum* 5 (1886): 129; 15 (1896): 71–72; 16 (1897): 83; 17 (1898): 84; 18 (1899): 206; 21 (1902): 12; 22 (1903): 21; 23 (1904): 129–31; 24 (1905): 117–19; 25 (1906): 275–76; 26 (1907): 56; 27 (1908): 46–48; 28 (1909): 17–18; 29 (1910): 69–71; 30 (1911): 134–35; 31 (1912): 345; 32 (1913): 47; 33 (1914): 83–84; 34 (1915): 54, 95; 35 (1916): 138; 36 (1917): 31, 47; 37 (1918): 52–53; 38 (1919): 33, 56; 40 (1921): 75, 94; 41 (1922): 20, 276–77. *Missions de Chine* 1 (1916): 129; 2 (1917): 113; 3 (1919): 103, 111; 5 (1923): 101–4; 6 (1925): 115–27; 7 (1927): 128–37; 8 (1929): 130–41; 9 (1931): 148–63; 10 (1933): 183–94, 701–3; 11 (1933–34): 212–44; 12 (1934–35): 176–79, 186–99; 15 (1938–39): 143–63. Domenico Gandolfi, "Cenni di storia del vicariato apostolico di Taiyuanfu Shansi, Cina 1930–1953," *Studi Francescani* 84 (1987). 亦見圖2的註解，晉北地區1897年的資料明顯有錯，因此忽略。

11　Ricci, *Barbarie e trionfi,* 124; Luigi Moccagatta, 25 Sept. 1885, POSI C432 Shansi; Letter from Pacifico Nascetti, *Oriente Serafico* 5 (1893): 317.

12　Edwards, *Fire and Sword in Shansi,* 47; AOPF E101–2 Chansi Septentrional 14979; *Acta Ordinis Fratrum Minorum* 18 (1899): 206.

13　王望德：《農民正談》（太原，1862–1891年），第8頁。

14　同上註，第1頁。

15　同上註，第4頁。

16　田文都：《真理敬言世》（太原：明原堂，1917年，初版1888年），第7頁。

17　同上註，第90頁。

18　同上註，第136頁。

19　*Acta Ordinis Fratrum Minorum* 18 (1899): 205; AOPF E101–2 Chansi Septentrional 14977; Edwards, *Fire and Sword in Shansi,* 14–16.

20　這位巡撫是胡聘之，參見：中央研究院近代史研究所編：《教務教案檔》，第6輯，第740頁；Letter from Hugolin Villeret, *Oriente Serafico* 2, no. 7 (1890): 217；Ricci, *Barbarie e trionfi,* 258；郭崇禧：〈太原天主教史略〉，《太原文史資料》，1992年第17期，第154頁。

21　Ricci, *Barbarie e trionfi,* 162–63; Gregorio Grassi, 1891, ACGOFM Sinae 8:312; Barnaba Nanetti, 19 Sept. 1893, ACGOFM Sinae 9:243–44.

22　Gregorio Grassi 21, May 1891, ACGOFM Sinae 8:315–16. 亦見：Giovanni Ricci, *Il Fratello di una Martire: Memorie del P. Barnaba da Cologna, O.F.M. Missionario Apostolico in Cina* (Torino: P. Celanza, 1912), 9–12, 139, 183；Barnaba Nanetti, 19 Sept. 1893, ACGOFM Sinae 9:244；Francesco Saccani,

232

18 Aug. 1893, ACGOFM Sinae 9:248; Francesco Saccani, Oct. 1898, OFMB 1, Lettere di missionari 33.

23 Letter from Barnaba Nanetti, *Oriente Serafico* 10 (1898): 21; Joannis Hofman, Feb. 1902, ACGOFM Sinae 12:553; Francesco Albertini, 30 Aug. 1896, ACGOFM Sinae 10:247.

24 Barnaba d'Alsazia, "L'Infanzia in Cina," *Oriente Serafico* 4 (1892): 400.

25 Léon de Kerval, *Le R.P. Hugolin de Doullens ou la vie d'un Frère Mineur missionnaire en Chine au XIXe siècle* (Rome: Francisc. Miss., 1902), 215–21.

26 Barnabé d'Alsace, 9 April 1891, POSI C436 Shensi meridional; Luigi Moccagatta, 1 Oct. 1883, POSI C432 Shansi;《亞松達走過的路，謙卑服務，亞松達行實及續編》(太原，2005年)，第56頁。亦見：Henrietta Harrison, "'A Penny for the Little Chinese': The French Holy Childhood Association in China, 1843–1951," *American Historical Review* 113, no. 1 (2008)。

27 Letter from Barnaba Nanetti, *Missioni Francescane* 6, no. 5 (1895): 267.

28 Letter from Francesco Fogolla, *Oriente Serafico* 8 (1896): 439.

29 Ricci, *Barbarie e trionfi*, 416–17.

30 這個在那不勒斯受訓的教士叫孟昌德 (音，Meng Changde)。Franciscus Ly, 30 Jan. 1851, APF SC Cina 14:215; Barnaba Nanetti, 10 July 1895, ACGOFM Sinae 10:197.

31 Ricci, "Acta martyrum Sinensium anno 1900 in Provincia San-si occisorum." 記錄在案的婚姻總數是180樁。

32 有關 *christianitas* 一詞，參見：Xiaojuan Huang, 141–42。

33 Kerval, *Hugolin de Doullens*, 221–25. 有關 Stanislaus Chen 這個教士，參見：Hugolin Villeret, 24 Sept. 1888, POSI C432 Chan-Si。

34 Letter from Barnaba Nanetti, *Oriente Serafico* 8 (1896): 378. 亦見：Nanetti, "Sunto di memorie sulle missioni dei due distretti in Pin-iao e Kie Sien (nel San-si) a memoria d'uomo" (manuscript, 1897), Archivio della Provincia Osservante di Bologna, poi del SS, Redentore, Bologna, Missione di Yütze (Shan-si, Cina), 41。

35 Léon de Kerval, *Deux Martyrs Francais de l'ordre des frères mineurs le R.P. Théodoric Balat et le Fr. André Bauer massacrés en Chine le 9 Juillet 1900 Aperçus biographiques* (Rome and Paris: Lemière, 1914), 158–62; Kerval, *Hugolin de Doullens*, 161.

36 OFMB 2.16 Miscellanea. 這次饑荒的原因不明，亦見：Jeffrey Snyder-Reinke, *Dry Spells: State Rainmaking and Local Governance in Late Imperial China* (Cambridge: Harvard University Asia Center, 2009)。

37 有關朝聖，參見：Kerval, *Hugolin de Doullens,* 134–57。亦見：Fortunato Margiotti, *Il Cattolicismo nello Shansi dalle origini al 1738* (Roma: Edizioni

233

Sinica Franciscana, 1958), 299；Gabriele Grioglio, 1860, AOPF E136 Chansi Meridional, 16。

38　有關龍王和其他當地祈雨儀式，見劉大鵬：《晉祠志》，慕湘、呂文幸編（太原：山西人民出版社，1986年），第194、734–35、1256–57、1277–78頁；劉大鵬：《退想齋日記》，喬志強編（太原：山西人民出版社，1980年），第143–44頁；《太原市南郊區志》（北京：三聯書店，1994年），第843頁。亦見：Prasenjit Duara（杜贊奇），*Culture, Power and the State: Rural North China, 1900–1942* (Stanford: Stanford University Press, 1988), 31–35。相關場景描述來自對梁泉道某居民的採訪。

39　Kerval, *Hugolin de Doullens,* 84–85, 122. 本地天主教在此崇拜點的祈禱，還有另一個例子，參見：Paolo Carnevale, 4 Oct. 1867, AOPF E101 Chansi 14919。有關意大利火器的情況，參見：Antonio Cestaro, *Le diocesi di Conza e di Campagna nell'età della restaurazione* (Roma: Edizioni di storia e letteratura, 1971), 81；Carlo Levi, *Christ Stopped at Eboli,* trans. Frances Frenaye (Harmondsworth: Penguin Books, 1982), 116。有關中國的寺廟和爭執的情況，參見：David K. Jordan, *Gods, Ghosts, and Ancestors: The Folk Religion of a Taiwanese Village* (Berkeley: University of California Press, 1972), 42–53。

40　Duara, 118–57; David Johnson, *Spectacle and Sacrifice: The Ritual Foundations of Village Life in North China* (Cambridge: Harvard University Asia Center, 2009); 趙世瑜：《狂歡與日常──明清一代的廟會與民間社會》（北京：三聯書店，2002年）。

41　Petr. Vinc. De Tartre, 19 Nov. 1720, Archivium Romanum Societatis Iesu, *Jap. Sin.* 182:351; Margiotti, *Il Cattolicismo nello Shansi,* 444; Antonio Sacconi, 7 Aug. 1782, APF SOCP 63:745; Alfonso De Donato, 1842, AOPF E101–1 Chansi indivis 14894. 亦見：Margiotti, *Il Cattolicismo nello Shansi,* 248；Nathanael Burger, 20 July 1767, APF SOCP 55:560.

42　中央研究院近代史研究所編，《教務教案檔》，第4輯，第320頁。

43　Ricci, *Fratello di una Martire,* 52–53.

44　劉大鵬：〈潛園瑣記〉，《義和團在山西地區史料》，喬志強編（太原：山西人民出版社，1980年），第28頁；Ricci, *Barbarie e trionfi,* 579–80;〈山西省庚子年教難前後紀事〉，見《義和團》第1冊，翦伯贊等編（上海：神州國光社，1951年），第497頁。石榮昶：〈庚子感事詩〉，《近代史資料》，1956年第4期（總第11期），第160頁。

45　劉大鵬：〈潛園瑣記〉，第35–36頁；劉大鵬：《晉祠志》，第1049頁；Ricci, "Acta Martyrum Sinensium anno 1900 in Provincia San-si occisorum," 32:196；故宮博物院明清檔案部編：《義和團檔案史料》，第294、313頁。

234

46　Edoardo Manini, *Episodi della Rivoluzione Cinese, 1900* (Parma: Rossi Ubaldi, 1901), 31–37.

47　劉大鵬：〈潛園瑣記〉，第30、34–35、39–40頁；Manini, *Episodi della Rivoluzione Cinese,* 56, 62。

48　Ricci, "Acta martyrum Sinensium anno 1900 in Provincia San-si occisorum," 30:367, 31:108; Manini, *Episodi della Rivoluzione Cinese,* 57–69; Ricci, *Barbarie e trionfi,* 711；劉大鵬：〈潛園瑣記〉，第39頁。

49　在洞兒溝倖免於難的傳教士是江輔仁（Michele Chiapetta）。Manini, *Episodi della Rivoluzione Cinese,* 67–74; Ricci, "Acta martyrum Sinensium anno 1900 in Provincia San-si occisorum" 30:279.

50　Ricci, *Barbarie e trionfi,* 711–5；劉大鵬：〈退想齋日記〉，山西省圖書館手稿，1901年3月10日；〈山西省庚子年教難前後紀事〉，第521頁。

51　劉大鵬：《晉祠志》，第1048頁；劉大鵬：〈潛園瑣記〉，第47–48頁；Manini, *Episodi della Rivoluzione Cinese,* 65–66。

52　劉文炳：《徐溝縣志》（太原：山西人民出版社，1992年），第285頁；劉大鵬：《晉祠志》，第1048頁；劉大鵬：〈潛園瑣記〉，第48頁；Manini, *Episodi della Rivoluzione Cinese,* 60–63。

53　劉大鵬：《晉祠志》，第1048頁；劉大鵬：〈潛園瑣記〉，第39、48–49頁；Ricci, *Barbarie e trionfi,* 770–71；Letter from Michele Chiapetta, *Oriente Serafico* 13 (1901): 86–94；Manini, *Episodi della Rivoluzione Cinese,* 64；安懷珍書信：〈帝國主義扼殺山西義和團的罪證〉，張茂先譯，《山西文史資料》，1962年第2輯，第31頁；盧潤傑：〈山西義和團運動〉，見《近代的山西》，江地編（太原：山西人民出版社，1988年），第384頁。

54　中央研究院近代史研究所編：《教務教案檔》，第7輯，第496–510頁。

55　Ricci, "Acta martyrum Sinensium anno 1900 in Provincia San-si occisorum," 31:186.

56　Ricci, "Acta martyrum Sinensium anno 1900 in Provincia San-si occisorum"; Ricci, "Acta Martyrum Sinensium Vicariatus Shansi Merdionalis." 這個數據可能看起來有些偏見，因為一般看來，孩子不大可能如成人那般變節。

57　Ricci, "Acta martyrum Sinensium anno 1900 in Provincia San-si occisorum," 32:192；劉大鵬：《退想齋日記》，第99頁。

58　劉大鵬：《退想齋日記》，第89–90頁；劉大鵬：〈退想齋日記〉，山西省圖書館手稿，1901年3月11日；安懷珍書信：〈帝國主義扼殺山西義和團的罪證〉，1962年第3輯，第131頁。

59　〈山西省庚子年教難前後記事〉，第1冊，第517頁。

60　同上註，第521頁。

61　劉大鵬:〈退想齋日記〉,《近代史資料:義和團史料》(北京:中國社會科學出版社,1982年),下冊,第819頁。

第五章

1　採訪,洞兒溝居民及其他當地人。

235

2　劉大鵬:《晉祠志》,慕湘、呂文幸編(太原:山西人民出版社,1986年),第1120、1455頁;太原西山礦務局編:《西山煤礦史》,1961年,第50–51頁。

3　安懷珍書信:〈帝國主義扼殺山西義和團的罪證〉,張茂先譯:《山西文史資料》,1962年第2、3輯;*North China Herald* (北華捷報), 4 Sept. 1901, 442。

4　Letter from Domenico Agostinelli, *Oriente Serafico* 13 (1901): 664.

5　《新選聖教對聯》(潞安,1904年),第19頁;亦見:Ruth Harris, *Lourdes: Body and Spirit in a Secular Age* (Harmondsworth: Penguin, 1999), 1–8, 289–95。

6　Enzo Tramontani, *Tai-yuan: L'ora del sogno: Maria Chiara Nanetti nella Cina dei martiri* (Bologna: Editrice missionaria italiana, 2000), 33; Giovanni Ricci, *Il Fratello di una Martire: Memorie del P. Barnaba da Cologna, O.F.M. Missionario Apostolico in Cina* (Torino: P. Celanza, 1912), 173–75.

7　中國第一歷史檔案館,福建師範大學歷史系編:《清末教案》(北京:中華書局,1996年),第3冊,第547、831頁。很多研究混淆了安懷珍失敗的談判和最後達成的協議,對此相對仔細的研究可參見:盧潤傑:〈山西義和團運動〉,《近代的山西》,江地編(太原:山西人民出版社,1988年),第413–22頁。

8　劉大鵬:〈潛園瑣記〉,見《義和團在山西地區史料》,喬志強編(太原:山西人民出版社,1980年),第55頁;Fu Andao, 22 Sept. 1904, SBD。一個特別的例外是太原的李家,收到了1,000兩,參見:〈帝國主義扼殺山西義和團〉,第3輯,第104頁。有關新教的情況,參見:"Native indemnity disbursed in Shansi Mission in 1901," Papers of the American Board of Commissioners of Foreign Missions, Shansi 5, Shansi Mission 1900–1909, Documents 等。

9　Nicola Cerasa, *Breve Storia della Missione di Taiyuan Shansi* (Roma: Provincia Romana dei Frati Minori, 1998), 177, 285;郭崇禧:〈太原天主教史略〉,《太原文史資料》,1992年第17輯,第241頁;《山西通志》(北京:中華書局,1997年),第46卷,第370、422頁;Giornale dal 1° Giugno 1910 al 31 Agosto 1912 (一份教區每日收支帳簿),手稿,中國天主教歷史資料中

心，太原；中共太原市委四清宗教辦公室編：《宗教工作宣傳材料》，
1966年第1期，第10頁；宋建勳：〈霸佔田產二三事〉，《文史資料》，太
原市天主教愛國會編，1964年第1輯，第68–69頁；Paul Lesourd, *Histoire
générale de l'Oeuvre Pontificale de la Sainte-Enfance depuis un siècle* (Paris: Centre
Catholique International de Documentation e de Statistiques, 1947), 69–71；
AOPF E–135 Chansi Septentrional 1。有關匯率，參見：Liang-lin Hsiao,
China's Foreign Trade Statistics, 1864–1949 (Cambridge: Harvard University Press,
1974), 191–92。

10　Ugolino Arcari, 13 April 1913, OFMB 1:3.

11　Agapito Fiorentini, 20 Sept. 1918, POSI C433 Shansi Septentrional; *Acta
Ordinis Fratrum Minorum* 38 (1919): 33–34.

12　Wang Chongli, 13 Aug. 1908, SBD; Eugenio Massi, 22 Aug. 1903, SBD;
Martino Antonelli, 26 June 1913, SBD.

13　Martino Antonelli, undated letter beginning "Mando a Tsin-yuen-fou il latore
della presente," SBD; Gabriele Sorda, 24 Dec. 1925, SBD.

14　Tito Mostarda, 10 June 1908, SBD. See also his letter of 18 Oct. 1908, SBD.

15　Alfonso De Donato, 1834, APF SC Cina 8:98; Benvenuto Marrotta, undated
letter beginning "Qui in Pu li," SBD; Chen Guodi, 2 Aug. 1921, SBD.

16　採訪，Wu Mingming，2005年9月8日。

17　Martino Antonelli, 7 Feb. 1906, SBD. See also his letter of 20 Nov. 1904, SBD.

18　Eugenio Pilotti, 10 June 1743, APF SOCP 45:324–25; Nova statua vicariatus
apostolicus Xan-si 1853, APF SC Cina 16:1010.

19　亦見韓耀宗：〈從雷警世（Ugolino Arcari）看傳教士〉，《文史資料》，太原
市天主教愛國會編，1964年第1輯，第47頁。

20　Francesco Fazzini, 31 July 1912 (speaking of Domenico Agostinelli) and 4
March 1916, SBD; Wang Qindian, 15 Dec. 1924, SBD; Basilio Pucello, 12
April 1912, SBD.

21　Ricci, *Fratello di una Martire,* 195–212; Barnaba Nanetti, *Copia di un memoriale,*
APF Nuova serie 503 (1911): 421.

22　*Les missions de la Chine* 10 (1933); *Acta Ordinis Fratrum Minorum* 25 (1906):
276–77; 26 (1907): 56–57. 這裏不包括傳教修女。1770年代，在清政府管
制下，歐洲人要到山西很困難，於是數批在那不勒斯培訓過的中國傳教
士被派到山西。

23　這些人的來源地很清楚，因為方濟各會士經常不稱姓，而是用來源地稱
呼彼此。有關波菲（Pofi）的情況，參見：Nicola Cerasa, *Gioioso Centenario:
Biografia di Mons. Luca Domenico Capozi* (Pofi: Umberto Capozi e Giuseppe
Leonardi, 1999), 20–23。

24 Jacques Leclercq, *Thunder in the Distance: The Life of Père Lebbe,* trans. George Lamb (New York: Sheed & Ward, 1958), 54–58; Léopold Levaux, *Le Père Lebbe: Apôtre de la Chine moderne (1877–1940)* (Bruxelles: Éditions universitaires, 1948), 136–49.

25 Giornale dal 1° Giugno 1910, 25 Feb. 1911, Sept. 1911; Letter from Antonius Maria Fu, *Acta Ordinis Fratrum Minorum* 17 (1898): 114.

26 Eugenio Massi, 3 July 1904, SBD.

27 Chen Guodi (Luigi), 3 July 1905, SBD. 亦見：Eugenio Massi, 4 Dec. 1907 and 4 Sept. 1909, SBD；Joannis Hofman, Feb. 1902, ACGOFM Sinae 12:553；Alfredo Berta, *Mons. Eugenio Massi o.f.m. Vescovo e Vicario Apostolico di Taiyuanfu, Sianfu e Hankow (Cina) (1875–1944)* (Ancona: Biblioteca Francescana, 1955), 26–31.

28 Du Bingtian, 4 April 1932, SBD. 亦見天主教汾陽教區編：《汾陽教區史，1926–1996》，1996年，第49頁。

29 Eugenio Massi, 6 Dec. 1908, SBD; Joannis Hofman, Feb. 1902, ACGOFM Sinae 12:550.

30 那個曾在玻利維亞 (Bolivia) 工作的傳教士叫作 Francesco Zocconali。Domenico Gandolfi, "Cenni di storia del vicariato apostolico di Taiyuanfu Shansi, Cina 1930–1953," *Studi Francescani* 84 (1987): 316；採訪，韓耀宗（教士，生於1921年），2007年7月26日。

31 Francesco Fazzini, 26 Feb. 1912, SBD.

32 Francesco Fazzini, 11 Dec. 1912, SBD.

33 Eligio Ferretti, 6 Nov. 1913, SBD; Gao Buqing, 3 Dec. 1921 and 19 Feb. 1922, SBD.

34 Fu Bingyi, 17 April 1914, SBD; Chen Guodi, 14 April 1914, SBD.

35 Domenico Gandolfi, "Cenni Storici sulla Missione di Yütze (Shansi): 1930–1953," *Studi Francescane* 85 (1988): 128 (re: Mario Balboni); Basilio Pucello, 15 Dec. 1933, SBD.

36 合同，訂立者 Ren Wutao，1910年8月20日，圪瘩溝村村委會檔案局，保赤會。亦見：Sun Zhanyuan, 3 Oct. 1913, SBD；Fu Bingyi, 20 April 1903, SBD；Wang Chongde, 2 March 1921, SBD。

37 劉安榮：《山西天主教史研究》（太原：北嶽文藝出版社，2011年）；亦見：Bernardino Larghetti, 19 Dec. 1914, SBD。

38 Ermengildo Focaccia, 27 Sept. 1914 and 12 Nov. 1914, SBD.

39 Cerasa, *Gioioso Centenario,* 42–43; Michele Chiapetta, 7 Jan. 1916, SBD; Ren Wenhuan, 1 Oct. 1923, SBD; Theodosius Maestri, "Apparition of a Martyr Bishop to Pagans," *Franciscans in China* 7 (1924): 156; Letter from Luca Capozi,

237

Acta Ordinis Fratrum Minorum 54 (1935): 313; Gandolfi, "Cenni di storia del vicariato apostolico di Taiyuanfu," 306.

40　Michele Chiapetta, 7 Jan. 1916, SBD; 劉安榮：《山西天主教史研究》。

41　Wang Mingqin, 11 April 1923, SBD; Basilio Pucello, 4 Feb. 1905, SBD; Eugenio Massi, 28 Aug. 1904, SBD; Michele Chiapetta, 27 Dec. 1903 and 8 Feb. 1905, SBD; 劉安榮所作採訪，洞兒溝居民，2005年。

42　Martino Antonelli, 19 Jan. 1912, SBD; Giornale dal 1° Giugno 1910, Dec. 1911;《教友生活》編輯部編：《天主教長治教區簡史》，1997年，第77頁；Letter from Agapito Fiorentini, *Acta Ordinis Fratrum Minorum* 28 (1909): 19。

43　《山西通志》，第46卷，第389頁；郭崇禧：〈太原天主教史略〉，第231–33頁；郭全智：〈山西天主教概述〉，手稿，2007年，第68–69、77–78頁；Chen Guodi, 12 Nov. 1913, SBD. 亦見：Henrietta Harrison, "Rethinking Missionaries and Medicine in China: The Miracles of Assunta Pallotta, 1905–2005," *Journal of Asian Studies* 71, no. 1 (2012): 127–48。

44　Du Gantang, 9 June 1913, SBD. 亦見：Sun Zhanyuan, 30 Dec. 1912, SBD。檔案中中籍教士與傳教士的往來書信是用拉丁文寫的。

45　Martino Antonelli, 10 July 1913, and undated letter beginning "Il cristiano di Sciao-i," SBD.

46　Martino Antonelli, undated letter beginning "Occludo una lettera del P. Mon—G.B.," SBD;《山西通志》，第46卷，第480頁；Lian Xi, *Redeemed by Fire: The Rise of Popular Christianity in Modern China* (New Haven: Yale University Press, 2010), 53；魏以撒：《真耶穌會創立三十週年紀念專刊》（南京：真耶穌會，1948年），C18、M10；Joannes Ricci, 1 Jan. 1914, Archives Vincent Lebbe, Société des Auxiliaires des Missions, Bruxelles, A6.1, 4, http://www.vincentlebbe.net。

47　Michele Chiapetta, 25 Feb. 1913, SBD; Francesco Fazzini, 11 Dec. 1912, SBD; Eugenio Massi, 20 Dec. 1907, SBD.

48　Innocenzo Pentonzoli, 9 April 1912 and 5 June 1912, SBD.

49　Ugolino Arcari, 28 Feb. 1913, SBD; Paul Zhang, undated letter no. 7, SBD.

50　Chang Jiala, 22nd of 6th month 1912, Michele Chiapetta file, SBD.

51　Michele Chiapetta, 26 March 1912, SBD.

52　Francesco Fazzini, 9 March 1912, SBD; Du Yongqing, 10 April 1906, SBD; Eugenio Mostarda, 30 Nov. 1923, SBD; Paul Zhang, 6 March 1905, SBD; Fu Bingyi, 13 April 1907, SBD; Chen Guodi, 6 April 1905, SBD.

53　Francesco Fazzini, 20 Jan. 1914, undated letter beginning "Gia i lavoranti sono partiti," SBD;《亞松達走過的路，謙卑服務，亞松達行實及續編》（太原，2005年），第46頁；Léon de Kerval, *Le R.P. Hugolin de Doullens ou la vie*

238

d'un Frère Mineur missionnaire en Chine au XIXe siècle (Rome: Francisc. Miss., 1902), 82。

54　採訪，洞兒溝居民；Michele Chiapetta, 11 March 1913, SBD; Francesco Fazzini, 2 Dec. 1914, SBD。

55　平整山坡又提供水源的傳教士是Valerio Icardi和Barnaba d'Alsazia。Alfonso De Donato, 1834, APF SC Cina 8:109; Giacomo Di Fiore, *Lettere di missionari dalla Cina (1761–1775): La vita quotidiana nelle missioni attraverso il carteggio di Emiliano Palladini e Filippo Huang con il Collegio dei Cinesi in Napoli* (Napoli: Istituto Universitario Orientale, 1995), 259; Elia Facchini, 4 Jan. 1892, OFMB 1:11; Letter from Barnaba Nanetti, *Oriente Serafico* 7 (1895): 214–16.

56　Francesco Fazzini, 12 Aug. 1914, SBD; Ermengildo Focaccia, 29 Aug. 1924, SBD; 採訪，洞兒溝居民。

57　Innocenzo Petonzoli, 23 March 1912, SBD; Francesco Fazzini, 12 and 16 Feb. 1913, 16 and 20 Jan. 1914, 22 June 1914, 23 and 29 July 1914, SBD.

58　Francesco Fazzini, 23 June 1915 and 2 July 1915, SBD; Wang Chongli, 1 July 1915, SBD; Sun Zhanyuan, 6 and 25 July 1915, SBD.

59　Joannes Ricci, 11 July 1914, Archives Vincent Lebbe; Giovanni Ricci, 2 Feb. 1916, OFMB 1:32; 閻福：〈帝國主義傳教士爭奪權利的醜態〉，《文史資料》，太原市天主教愛國會編，1964年第2輯，第54頁。

60　*Missions de Chine* 8 (1929): 136; 天主教汾陽教區編：《汾陽教區史》，第8頁；Ermengildo Focaccia, 23 April 1929, SBD；《山西通志》，第46卷，第378、422頁。

61　這個傳教士是Eligio Ferretti，他的上級是福濟才（Ermengildo Focaccia）。Gandolfi, "Cenni storici sulla missione di Yütze," 123; Ugolino Arcari, 17 July 1912, OFMB 1:3; Daniele Lorenzini, 14 July 1922, SBD; Basilio Pucello, 15 July 1923, SBD; Teodosio Lombardi, *Un Grande Ideale: Monsignor Ermengildo Focaccia O.F.M. Vescovo di Yütze in Cina* (Bologna: Edizioni Antoniano, 1968), 56.

239

62　張安多尼、田文都：《聖母七苦》(山西：明原堂，1878年)；亦見：Paul Brunner, *L'Euchologe de la mission de Chine: Editio princeps 1628 et développements jusqu'à nos jours* (Münster: Aschendorffsche verlagsbuchhandlung, 1964), 106；Michael P. Carroll, *Veiled Threats: The Logic of Popular Catholicism in Italy* (Baltimore: Johns Hopkins University Press, 1996), 92–98。

63　Bernardino Larghetti, 24 Aug. 1912, SBD; l'Abbé Durosel, *La Madone de Campocavallo ou recit de N.-D. des Sept Douleurs a Campocavallo des guérisons, conversions et faveurs diverses attribuées a son intercession, avec un appendice sur le sanctuaire de N.D. de Lorette* (Abbeville: C. Paillart, 1896).

64　採訪，洞兒溝居民；Sun Zhanyuan, 27 June 1916, SBD。

65 郭崇禧:〈太原天主教史略〉，第158–60頁；郭崇禧:〈太原天主教主要堂口簡介〉，太原文史資料，1991年第15輯，第156頁。

66 採訪，曾經的孤兒院兒童；Bernardo Stacchini, *Ombre rosse sulla Cina* (Bologna: Abes, 1956), 8；Teodosio Maestri (梅德立), 4 Sept. 1931, SBD；郭崇禧:〈梅德立的帝國主義相〉，《文史資料》，太原市天主教愛國會編，1964年第1輯，第32、36頁；韓耀宗:〈從雷警世看傳教士〉，第46頁；Lombardi, *Un Grande Ideale,* 194。亦見:J. F. Pollard, "Fascism and Catholicism," in *The Oxford Handbook of Fascism,* ed. R. J. B. Bosworth (Oxford: Oxford University Press, 2009): 166–84；Anthony L. Cardoza, *Agrarian Elites and Italian Fascism: The Province of Bologna 1901–1926* (Princeton: Princeton University Press, 1982)。

67 Gandolfi, "Cenni storici," 135–37; Lombardi, *Un Grande Ideale,* 214–17; 趙培成等:《忻州地區宗教志》(太原:山西人民出版社，1993年)，第291–92頁；Michele Chiapetta, 14 Nov. 1937, SBD; 刑化民:〈李路加 (Luca Capozi) 在太原教區的活動點滴〉，《文史資料》，太原市天主教愛國會編，1964年第2輯，第21頁。

68 閻福:〈帝國主義分子安世高 (Elia Carosi) 的一點事實〉，《文史資料》，太原市天主教愛國會編，1964年第1輯，第61–62頁；Vincent Lebbe, 28 Feb. 1931, 13 March 1937, 1 Feb. 1938, Archives Vincent Lebbe；Leclercq, *Thunder in the Distance,* 278, 291–302, 321；Levaux, *Le Père Lebbe,* 388–89。

第六章

1 採訪，洞兒溝居民及其他當地人。

2 Edgar Haering, 31 Oct. 1946, POSI C440 Shohchow; 蘇若裔:《中國近代教難史料 (1948–1957)》(台北:輔仁大學出版社，2000年)，第532–34頁；*China Missionary* 1, no. 4 (1948): 488；陳永發:〈內戰、毛澤東和土地革命:錯誤判斷還是政治謀略〉，《大陸雜誌》，1996年，第92卷，第1–3期。

3 這個主教是李路加 (Luca Capozi)。郭崇禧:〈反李路加鬥爭的前前後後〉，《文史資料》，太原天主教愛國會編，1964年第2輯，第2–17頁。在榆次教區也有類似的運動，參見:Domenico Gandolfi, "Cenni Storici sulla Missione di Yütze (Shansi): 1930–1953," *Studi Francescane* 85 (1988): 152–53。

4 這個比利時人是雷震遠 (Raymond de Jaegher)。Luca Capozi, "Relazione dell'arcivescovo di Taiyuan alla Sacra Congregazione di Propaganda 1 luglio 1950—30 giugno 1953," in *Gioioso Centenario: Biografia di Mons. Luca Domenico*

Capozi, ed. Nicola Cerasa (Pofi: Umberto Capozi e Giuseppe Leonardi, 1999), 202. 亦見：Raymond J. de Jaegher and Irene Corbally Kuhn, *The Enemy Within: An Eyewitness Account of the Communist Conquest of China* (New York: Doubleday, 1952)。

5　Nicola Cerasa, *Breve Storia della Missione di Taiyuan Shansi* (Roma: Provincia Romana dei Frati Minori, 1998), 187;《山西日報》,1951年3月25日,第1版;1951年8月12日,第1版;Paul P. Mariani, *Church Militant: Bishop Kung and Catholic Resistance in Communist China* (Cambridge: Harvard University Press, 2011), 47–50。

6　Cerasa, *Breve storia,* 150–51, 198, 204, 223; Gandolfi, "Cenni storici sulla Missione di Yütze," 154–55;《山西日報》,1951年6月20日,第3版;1951年7月8日,第1版;採訪。亦見：William Hinton, *Shenfan* (New York: Random House, 1983), 531。

7　太原新的中國主教是郝甫,而洞兒溝的傳教士是陶天爵(Mario Balboni)。 Capozi, "Relazione dell'arcivescovo," 180–234; 郭全智:〈山西天主教概述〉, 手稿,2007年,第52–54頁;《亞松達走過的路,謙卑服務,亞松達行實及續編》(太原,2005年),第96頁;採訪。

8　太原教區只有兩個教士沒有到新教會報到:曾是李路加主教秘書的王崇禮,彼時已年邁體衰,還有後來的太原主教張信,當時正在北京進修。李德華在1955年繼郝甫任主教,並於1962年在北京被祝聖。Cerasa, *Breve storia,* 254–56; 郭崇禧:〈反李路加鬥爭的前前後後〉,第27頁; Cerasa, *Gioioso centenario,* 135。

9　有關新教的情況,參見：Philip L. Wickeri, *Reconstructing Christianity in China: K. H. Ting and the Chinese Church* (Maryknoll: Orbis Books, 2007), 36–42, 97–106；Xi Lian, *Redeemed by Fire: The Rise of Popular Christianity in Modern China* (New Haven: Yale University Press, 2010), 198。天主教的解放神學是後來才發展起來的,參見：Ian Linden, *Global Catholicism: Diversity and Change since Vatican II* (New York: Columbia University Press, 2009), 169。

10　Cerasa, *Breve storia,* 247. 亦見：Sandra L. Zimdars-Swartz, *Encountering Mary from La Salette to Medjugorje* (Princeton: Princeton University Press, 1991), 67–73, 90–91, 190–218；Una M. Cadegan, "The Queen of Peace in the Shadow of War: Fatima and U.S. Catholic Anticommunism," *U.S. Catholic Historian* 22, no. 4 (2004): 1–15。

11　Capozi, "Relazione dell'arcivescovo," 216; Mariani, *Church Militant,* 21; 採訪。

12　中共太原市委四清宗教辦公室編:《宗教工作宣傳材料》,1966年,第10期,第10–12頁;第13期,第5頁;《山西日報》,1951年8月12日,

241

第 1 版；Bernardo Stacchini, *Ombre Rosse sulla Cina* (Bologna: Abes editrice, 1956), 24–27。

13　李曄：〈在地方檔案中發現歷史──晉中新區土改運動中的群眾動員〉，《山西檔案》，2008 年第 3 期，第 49–51 頁。亦見黃道炫：〈一九二〇──一九四〇年代中國東南地區的土地佔有──兼談地主農民與土地革命〉，《歷史研究》，2005 年第 1 期，第 34–53 頁。

14　採訪，Wu Mingming，2007 年 7 月 30 日，及與其他洞兒溝居民。

15　Stacchini, *Ombre Rosse,* 20; 採訪。亦見：William Hinton, *Fan-shen: A Documentary of Revolution in a Chinese Village* (New York: Vintage Books, 1966)，及他後來的研究：*Shenfan* (New York: Random House, 1983)。

16　天主教汾陽教區編：《汾陽教區史，1926–1996》，1996 年，第 35 頁；宋建勳：〈忻州地區天主教發展概況〉，手稿，第 27–29 頁；郭全智：〈山西天主教概述〉，第 94–97 頁。

17　洞兒溝的堂區教士是王世偉。來自洞兒溝的李建唐（後來的太原教區主教）在 1956 年被授聖職。秦格平：《太原教區簡史》（天主教太原教區，2008 年），第 38 頁；郭全智：〈山西天主教概述〉，第 5、8 頁；郭崇禧：〈太原天主教史略〉，《太原文史資料》，1992 年第 17 輯，第 174 頁；中共太原市委四清宗教辦公室編：《宗教工作宣傳材料》，1966 年，第 11 期，第 5 頁；第 13 期，第 9 頁；《山西通志》（北京：中華書局，1997 年），第 46 卷，第 405 頁；Capozi, "Relazione dell'arcivescovo," 186；採訪，Wu Mingming，洞兒溝，2005 年 9 月 8 日、2007 年 7 月 30 日，及與其他洞兒溝居民；常利兵：〈從儀式到騷亂──對 1965 年清徐縣 H 村天主教徒的政治適應之研究〉，中國社會史會議論文，2008 年，第 6 頁。

18　有關社教運動，參見：Richard Baum and Frederick C. Teiwes, *Ssu-ch'ing: The Socialist Education Movement of 1962–1966* (Berkeley: Center for Chinese Studies, 1968)；張樂天：《告別理想──人民公社制度研究》（上海：四季出版社，2005 年），第 107–53 頁。有關山西的情況，參見：中國國民黨中央委員會編：《山西省的奪權鬥爭》（台北，1967 年）；孟永華：〈山西農村四清運動述評〉，《黨史研究與教學》，2007 年第 4 期，第 50–56 頁。

19　《宗教工作通訊》，1964 年 1 月 18 日，第 6–13 頁。

20　同上註，1964 年 9 月 3 日，第 3 頁。

21　同上註，1965 年 2 月 13 日，第 10 頁。

22　*Acta Ordinis Fratrum Minorum* 62 (1943): 13–17.

23　中共太原市委四清宗教辦公室編：《宗教工作宣傳材料》，1966 年第 13 期，第 10–11 頁。

24　《山西通志》，第 46 卷，第 423 頁；秦格平：《太原教區簡史》，第 362–63 頁。

25 常利兵:〈從儀式到騷亂〉,第4–5頁;坦白材料(1966年2月6日)和補充材料(1965年10月5日),SD。因為個人材料的隱私,我省略了人名和相關的村莊名(非洞兒溝)。

26 採訪。除非特別標示,否則從此處往後,所有採訪都有其他參與者或旁觀者。

27 《山西通志》,第46卷,第423–24頁;秦格平:〈太原教區簡史〉,第365–66頁;自我檢查,1970年5月3日,SD;坦白教育材料卡片,1966年6月2日,SD;回憶錄:天主教交代問題,1965年9月23日,SD綜合;中共太原市委四清宗教辦公室編:《宗教工作宣傳材料》,1966年第2期,第11頁;採訪。

28 計不清名在三月間,1965年10月4日,SD;個人檢查,1965年5月7日,SD;採訪。

29 中共太原市委四清宗教辦公室編:《宗教工作宣傳材料》,1966年第11期,第2頁;《宗教工作通訊》,1965年12月28日,第12頁;第一次天主教徒X交代天主教反革命、鬧事、造謠,1965年11月14日,SD;採訪。

30 《宗教工作通訊》,1965年12月28日,第12頁;個人檢查,1965年5月7日,SD;採訪。亦見:Paolo Apolito, *Apparitions of the Madonna at Oliveto Citra: Local Visions and Cosmic Drama,* trans. William A. Christian Jr. (University Park: Pennsylvania State University Press, 1998)。

31 《宗教工作通訊》,1965年12月28日,第13頁。亦見:天主教訓練班學員揭發卡片,1966年3月2日,SD;第一次天主教徒X交代天主教反革命、鬧事、造謠,1965年11月14日,SD;檢查材料,日期不詳,SD;在家犯人檢舉和揭發登記表,1965年8月20日,SD;檢舉材料,1965年8月28日,SD。

32 《宗教工作通訊》,1965年12月28日,第12頁;X的坦白交代材料,1965年4月18日,SD;關於X大隊天主教徒X材料整理,1965年7月30日,SD綜合;採訪。亦見:William A. Christian Jr., *Visionaries: The Spanish Republic and the Reign of Christ* (Berkeley: University of California Press, 1996);Kristofer Schipper, *The Taoist Body,* trans. Karen C. Duval (Berkeley: University of California Press, 1993), 45–54;劉大鵬:〈潛園瑣記〉,《義和團在山西地區史料》,喬志強編(太原:山西人民出版社,1980年),第27–28頁。

33 關於天主教三查會議,1965年9月22日,SD綜合;關於X大隊天主教徒X材料整理,1965年7月30日,SD綜合;檢查材料,日期不詳,SD;自從天主教鬧事了,約1965年9月22日,SD綜合;檢查交代,1966年9月13日,SD;反革命教徒X第二次檢查天主教活動事實,1965年11月15日,SD。

243

34 中共太原市委四清宗教辦公室編：《宗教工作宣傳材料》，第14期，第8
   頁；採訪。

35 中共太原市委四清宗教辦公室編：《宗教工作宣傳材料》，第2期，第11
   頁；《宗教工作通訊》，1965年12月28日，第23頁；清理階級隊伍個人
   履歷表，1970，SD；交代，1970年4月15日，SD；檢查書，1965年10
   月1日，SD；大會紀錄，1965年9月29日，SD綜合；秦格平：《太原教
   區簡史》，第366頁；採訪。

36 中共太原市委四清宗教辦公室編：《宗教工作宣傳材料》，第4期，第1
   頁；檢查任務決心，日期不詳，SD；自從這，1965年10月5日，SD；
   Michel de la Sainte Trinité, *The Whole Truth about Fatima,* vol. 3, *The Third
   Secret (1942–1960),* trans. John Collorafi (Buffalo: Immaculate Heart
   Publications, 1990), 642–52；William A. Christian Jr., "Religious Apparitions
   and the Cold War in Southern Europe," in *Religion, Power and Protest in Local
   Communities: The Northern Shore of the Mediterranean,* ed. Eric R. Wolf (Berlin:
   Mouton, 1984)。

37 中共太原市委四清宗教辦公室編：《宗教工作宣傳材料》，第8期，第1
   頁；《宗教工作通訊》，1965年12月28日，第15頁；補充材料，[1965
   年]10月5日，SD；坦白交代，日期未詳，SD綜合；採訪。

38 中共太原市委四清宗教辦公室編：《宗教工作宣傳材料》，第14期，第8
   頁。

39 《宗教工作通訊》，1965年12月28日，第15頁；X坦白交代，SD綜合；
   自從天主教鬧事了，SD綜合。

40 檢舉材料，1965年8月28日，SD；反革命教徒X第二次檢查天主教活
   動事實，1965年11月15日，SD；《宗教工作通訊》，1965年12月28
   日，第12頁；採訪。

41 中共太原市委四清宗教辦公室編：《宗教工作宣傳材料》，第2期，第11
   頁；《宗教工作通訊》，1965年12月28日，第12頁；坦白交代，1966年
   2月6日，SD；檢查交代，1966年9月13日，SD；個人檢查，1966年9
   月22日，SD；常利兵：〈從儀式到騷亂〉；採訪。

42 《宗教工作通訊》，1965年12月28日，第12頁；採訪。

43 段潤成：《我的信仰里程》(2005年)，第5頁。

44 Cerasa, *Breve storia,* 249;《山西通志》，第46卷，第417、424頁；秦格
   平：《太原教區簡史》，第367頁；採訪。

45 採訪。亦見：《宗教工作通訊》，1965年12月28日，第13頁；檢查交
   代，1965年9月24日，SD。

46 《宗教工作通訊》，1965年11月27日，第2頁，1965年12月28日，第13頁；《控訴——是誰害死了我媽？》，太原，約1965年，第9頁；X坦白交代，SD綜合；採訪。亦見：計不清名在三月間，1965年10月4日，SD；自從三月鬧事，1965年10月5日，SD。

47 中共太原市委四清宗教辦公室編：《宗教工作宣傳材料》，第9期，第1頁。

48 《宗教工作通訊》，1965年12月28日，第23、25頁；天主基督教調查對象登記表，1966，SD。

49 郭繼汾：《方濟會士郭繼汾神父紀念冊》（太原，2003年），第15頁；秦格平：《太原教區簡史》，第363–68頁；採訪。有關文革早期山西的情況，參見：《山西通史》，第10卷，第405–87頁；《山西省的奪權鬥爭》。 244

50 決心書，1966年9月7日，SD。

51 退教書，1966年9月10日，SD。

52 採訪。

53 段潤成：《我的信仰里程》，第6–7頁；秦格平：《太原教區簡史》，第363頁；採訪。

54 《宗教工作通訊》，1965年11月27日，第3頁，1965年12月28日，第15頁。

55 《山西通志》，第46卷，第396頁；秦格平：《太原教區簡史》，第368–69頁。

56 《山西通史》，第10卷，第488–514頁；《山西日報》，1970年2月27日，第1版；採訪。

57 山西省晉中地區中級人民法院再審刑事判決書，80:27，1980年。

58 段潤成：《我的信仰里程》，第7–9頁。

59 《山西通志》，第46卷，第405–9頁；郭全智：〈山西天主教概述〉，第19頁；郭崇禧：〈太原天主教史略〉，第184–222頁；《教友生活》編輯部編：《天主教長治教區簡史》，第71–206頁；天主教汾陽教區編：《汾陽教區史，1926–1996》，第32–42頁。

60 北京大學哲學系宗教學專業84級赴山西省社會調查組編：《社會主義初級階段宗教狀況調查報告選集》（北京大學哲學系馬克思主義宗教教學教研室，1987年），第3集，第73頁；《六合星星》，2007年7月15日。

61 段潤成：《我的信仰里程》，第7頁；採訪。

62 段潤成：《我的信仰里程》，第1–2頁。亦見：Robert A. Orsi, *Between Heaven and Earth: The Religious Worlds People Make and the Scholars Who Study them* (Princeton: Princeton University Press, 2005), 110–45。

63 採訪。

64 採訪，Wu Mingming 及其他人，洞兒溝，2007年7月30日；楊鎮林：〈晉祠泉流量衰減分析〉，《山西水利》，2005年第6期，第81–83頁。

第七章

1 採訪。

2 段潤成：《我的信仰里程》(2005年)，第9頁；郭繼汾：《方濟會士郭繼汾神父紀念冊》(太原，2003年)，第17頁；《禮物與見證 —— 韓耀宗神父晉鐸金剛慶紀念冊》(太原，2006年)，第87頁；採訪，Wu Mingming 及其他人，洞兒溝，2007年7月30日。

3 郭繼汾：《方濟會士郭繼汾神父紀念冊》，第19–22頁；郭崇禧：〈太原天主教史略〉；北京大學哲學系宗教學專業84級赴山西省社會調查組編：《社會主義初級階段宗教狀況調查報告選集》(北京大學哲學系馬克思主義宗教教學教研室，1987年)，第3集，第72。相關背景可參見中共中央書記處：〈關於我國社會主義時期宗教問題的基本觀點和基本政策〉，1982年3月31日，中共中央19號檔，亦載 *Chinese Law and Government* 33, no. 2 (2000)；太原市統計局編：《太原「六五」建設成就，1981–1985》(太原：中國統計出版社，1987年)，第223頁。

4 北京大學哲學系宗教學專業84級赴山西省社會調查組編：《社會主義初級階段宗教狀況調查報告選集》，第78頁；採訪。

5 採訪。

6 郭全智：〈山西天主教概述〉，手稿，2007年，第19頁；《阪泉山聖母堂簡介》(太原教區，2000年)；郭崇禧：〈太原天主教主要堂口簡介〉，《太原文史資料》，1991年第15輯，第158頁；"St Mary's Church near Taiyuan rebuilt," *Tripod* 42 (1987), 31–33。

7 採訪。

8 Beatrice Leung and William T. Liu, *The Chinese Catholic Church in Conflict 1949–2001* (Boca Raton: Universal Publishers, 2004), 145–46; *Repression in China since June 4, 1989* (Asia Watch, 1990), 96; 採訪。關於其他地方的地下教會，參見：Paul P. Mariani, *Church Militant: Bishop Kung and Catholic Resistance in Communist China* (Cambridge: Harvard University Press, 2011), 176–78；吳飛：《麥芒上的聖言 —— 一個鄉村天主教群體中的信仰和生活》(香港：道風書社，2001年)，第321–34頁。

9 Benedict XVI, "Letter to the Bishops, Priests, Consecrated Persons and the Lay Faithful in the People's Republic of China," 27 May 2007, Papal Encyclicals Online, http://www.papalencyclicals.net.

245

10 Domenico Gandolfi, "Cenni di storia del vicariato apostolico di Taiyuanfu Shansi, Cina 1930–1953," *Studi Francescani* 84 (1987): 340–41; 採訪。

11 北京大學哲學系宗教學專業84級赴山西省社會調查組編：《社會主義初級階段宗教狀況調查報告選集》，第148頁；採訪。引自吳飛：《麥芒上的聖言》，第130頁。

12 段潤成，《傳教十四年——經驗體會薈萃》(洞兒溝，2007年)，第11、16頁。這是他的《我的信仰里程》(2005年)的修訂版本。

13 段潤成，《我的信仰里程》；採訪。引自吳飛：《麥芒上的聖言》，第35、141頁。

14 段潤成，《我的信仰里程》。

15 段潤成，《我的信仰里程》，第17頁。

16 段潤成，《我的信仰里程》，第23頁；段潤成，《傳教十四年》，第14頁。

17 段潤成，《我的信仰里程》，第9、11頁。

18 段潤成，《我的信仰里程》，第14頁(這是他自己改編的經文)，亦見此書第10–12、28頁。

19 段潤成，《我的信仰里程》，第26頁；段潤成，《傳教十四年》。引自 Chen-yang Kao, "The Cultural Revolution and the Emergence of Pentecostal-style Protestantism in China," *Journal of Contemporary Religion* 24, no. 2 (2009)；吳飛：《麥芒上的聖言》，第135頁。

20 這個新主教是張信。Nicola Cerasa, *Breve Storia della Missione di Taiyuan Shansi* (Roma: Provincia Romana dei Frati Minori, 1998), 252; 北京大學哲學系宗教學專業84級赴山西省社會調查組編：《社會主義初級階段宗教狀況調查報告選集》，第67–69頁；*Times* (London), 24 Dec. 2005, 29；Beatrice Leung, "Communist Party-Vatican Interplay over the Training of Church Leaders in China," *Journal for the Scientific Study of Religion* 40, no. 4 (2001): 666。

21 採訪。

22 《禮物與見證》，第89–91頁；採訪。亦見吳飛：《麥芒上的聖言》，第90、94–98頁；John W. O'Malley, *What Happened at Vatican II* (Cambridge: Harvard University Press, 2008)。

23 採訪，Wu Mingming 及其他人，洞兒溝，2007年7月30日。

24 採訪。引自 Gareth Fisher, "The Spiritual Land Rush: Merit and Morality in New Chinese Buddhist Temple Construction," *Journal of Asian Studies* 67, no. 1 (2008): 143–70。

25 武高壽、王潔：〈關於洞兒溝村信教村民的終極關懷的調查報告〉，《世界宗教研究》，2006年第2期，第130–34頁；《亞松達走過的路，謙卑服

246

務，亞松達行實及續編》（太原，2005年），第120–21頁；山西政務督查，2004年9月9日，山西省人民政府，http://www. shanxigov.cn，2008年5月28日訪問，但此後無法再訪問；採訪。

26　採訪；Lily L. Tsai, *Accountability without Democracy: Solidary Groups and Public Goods Provision in Rural China* (Cambridge: Cambridge University Press, 2007)。

27　採訪，當公務員的教徒。

28　郭全智：〈山西天主教概述〉，第14、22頁；北京大學哲學系宗教學專業84級赴山西省社會調查組編：《社會主義初級階段宗教狀況調查報告選集》，第76–78頁；採訪，Wu Mingming，洞兒溝，2007年7月30日。

29　北京大學哲學系宗教學專業84級赴山西省社會調查組編：《社會主義初級階段宗教狀況調查報告選集》，第74、94頁；採訪。當然，在教會內偶爾會有性醜聞，比如有個年輕教士與一女性私奔，但人們對這些談的卻不多。有關佛教徒經濟上的醜聞，參見：Fisher, "Spiritual Land Rush"。

30　北京大學哲學系宗教學專業84級赴山西省社會調查組編：《社會主義初級階段宗教狀況調查報告選集》，第69、147頁；秦格平：《太原教區簡史》（天主教太原教區，2008年），第54–96頁；採訪。

31　採訪，段潤成，2009年8月5日。

32　Chen-yang Kao, "Cultural Revolution," 84.

33　*Acta Ordinis Fratrum Minorum* 30 (1911): 280–84, 62 (1943): 13–15; "Agostino Zhao Rong (1815) and 119 Companions, Martyrs in China (1648–1930), 1 October 2000," The Holy See, http://www.vatican.va；郭崇禧：〈太原天主教史略〉，第246頁；Cipriano Silvestri, *La Testimonia del Sangue: Biografie dei Beati Cinesi uccisi il 7, 8, e 9 iuglio 1900* (Roma: Don Luigi Guanella, 1943), 369–88；《人民日報》，2000年10月3日，第1版。

34　《亞松達走過的路》，第139–41頁。

35　Ivan Gaskell, "*Jesus Christ as the Divine Mercy* by Eugenius Kazimirowski: The Most Influential Polish Painting of the Twentieth Century?," *Ars: Journal of the Institute of Art History of Slovak Academy of Sciences* 42, no. 1 (2009): 81–93.

36　引自Xiao-qing Wang, "How Has a Chinese village Remained Catholic? Catholicism and Local Culture in a Northern Chinese Village," *Journal of Contemporary China* 15, no. 49 (2006): 687–704；吳飛：《麥芒上的聖言》。

結語

1　Eric Reinders, *Borrowed Gods and Foreign Bodies: Christian Missionaries Imagine Chinese Religion* (Berkeley: University of California Press, 2004), 110–11.

2   Chen-yang Kao, "The Cultural Revolution and the Post-Missionary Transformation of Protestantism in China" (PhD diss., University of Lancaster, 2009), 162. 亦見：Ryan Dunch, *Fuzhou Protestants and the Making of Modern China* (New Haven: Yale University Press, 2001), 2–15。

3   Melissa Wei-Tsing Inouye, "Miraculous Mundane: The True Jesus Church and Chinese Christianity in the Twentieth Century" (PhD diss., Harvard University, 2010).

4   Liam Matthew Brockey, *Journey to the East: The Jesuit Mission to China, 1579–1724* (Cambridge: Harvard University Press, 2007).

5   康志杰：《上主的葡萄園 ── 鄂西磨盤山天主教社區研究》（台北：輔仁大學出版社，2006年）。

6   Robert E. Entenmann, "Catholics and Society in Eighteenth-century Sichuan," in *Christianity in China from the Eighteenth-Century to the Present*, ed. Daniel H. Bays (Stanford: Stanford University Press, 1996), 8–23; Eugenio Menegon, *Ancestors, Virgins, and Friars: Christianity as a Local Religion in Late Imperial China* (Cambridge: Harvard University Asia Center Press, 2009).

7   Donald MacGillivray, *A Century of Protestant Missions in China (1807–1907) Being the Centenary Conference Historical Volume* (Shanghai: American Presbyterian Mission Press, 1907), 674–77. 天主教徒人數為950,058名，新教則是178,251名。

8   Xi Lian, *The Conversion of Missionaries: Liberalism in American Protestant Missions in China, 1907–1932* (University Park: Pennsylvania State University Press, 1997), 29.

9   Henrietta Harrison, "'A Penny for the Little Chinese': The French Holy Childhood Association in China, 1843–1951," *American Historical Review* 113, no. 1 (2008): 72–92.

10 Dunch, *Fuzhou Protestants,* 32–47.

11 Benjamin A. Elman, *On Their Own Terms: Science in China, 1550–1900* (Cambridge: Harvard University Press, 2005), 365.

12 Joseph W. Esherick, *The Origins of the Boxer Uprising* (Berkeley: University of California Press, 1987), 123–35.

13 Archives of the American Board of the Commissioners of Foreign Missions, North China Mission, Harvard University, Cambridge, MA.

14 Dunch, *Fuzhou Protestants,* 17–24.

15 Xi Lian, *Redeemed by Fire: The Rise of Popular Christianity in Modern China* (New Haven: Yale University Press, 2010).

248

16　這種說法描述的是大致的情況，但類似情形可以參考：Joseph Tse-Hei Lee, "Watchman Nee and the Little Flock Movement in Maoist China," *Church History* 74, no. 1 (2005): 68–96；Philip L. Wickeri, *Reconstructing Christianity in China: K. H. Ting and the Chinese Church* (Maryknoll: Orbis Books, 2007)；Lian, *Redeemed by Fire*, 197–202。

17　Joseph Tse-hei Lee, "Christianity in Contemporary China: An Update," *Journal of Church and State* 49 (2007); Fenggang Yang, "Lost in the Market, Saved at McDonald's: Conversion to Christianity in Urban China," *Journal for the Scientific Study of Religion* 44, no. 4 (2005): 423–41; Lian, *Redeemed by Fire*, 2, 230–32.

18　Chen-yang Kao,"The Cultural Revolution and the Emergence of Pentecostal-style Protestantism in China," *Journal of Contemporary Religion* 24, no. 2 (2009): 171–88.

19　Lee, "Christianity in Contemporary China," 298; Lian, *Redeemed by Fire*, 226–29; Thomas H. Reilly, *The Taiping Heavenly Kingdom: Rebellion and the Blasphemy of Empire* (Seattle: University of Washington Press, 2004).

20　「迦南詩歌」(Canaan hymns)，中國早晨的五點鐘，http://cclw.net/resources/Cannan/Cannan.htm。我注意到這首歌，要歸功於 John Yasuda；這是他在哈佛大學四年級論文 (senior thesis) 中提到的。

附錄

1　首刊於《讀書》雜誌 2020 年第 4 期，譯者修訂後收入書中。承蒙《讀書》慷慨授權，謹致謝忱。以下均為編者按。

2　原書見 *The Man Awakened from Dreams: One Man's Life in a North China Village, 1857–1942* (Stanford, CA: Stanford University Press, 2005)。

3　原書見 Daniel H. Bays, *A New History of Christianity in China* (Chichester, West Sussex; Malden, MA: Wiley-Blackwell, 2012)。

4　原書見 William T. Rowe, *Crimson Rain: Seven Centuries of Violence in a Chinese County* (Stanford, CA: Stanford University Press, 2007)。

5　原書見 Joseph W. Esherick, *Ancestral Leaves: A Family Journey through Chinese History* (Berkeley, CA: University of California Press, 2010)。

參考書目

中文部分

安懷珍書信。〈帝國主義扼殺山西義和團的罪證〉。張茂先譯,《山西文史資料》,1962年第2、3輯。

安介生。〈清代山西重商風尚與節孝婦女的出現〉。《清史研究》,2001年第1期,第27–34頁。

《阪泉山聖母堂簡介》。太原教區,2000年。

北京大學哲學系宗教學專業84級赴山西省社會調查組編。《社會主義初級階段宗教狀況調查報告選集》。北京大學哲學系馬克思主義宗教教學教研室,1987年。

常利兵。〈從儀式到騷亂 —— 對1965年清徐縣H村天主教徒的政治適應之研究〉。中國社會史會議論文,2008年。

陳永發。〈內戰、毛澤東和土地革命:錯誤判斷還是政治謀略〉。《大陸雜誌》,1996年,第92卷,第1–3期。

杜嘉畢陑爾(杜約理)。《聖教道理約選》。太原:明遠堂,1916年,初版1851年。

杜正貞。《村社傳統與明清士紳 —— 山西澤州鄉土社會的制度變遷》。山西:山西古籍出版社,2007年。

段潤成。《我的信仰里程》。洞兒溝,2005年。

———。《傳教十四年 —— 經驗體會薈萃》。洞兒溝,2007年。

方豪。《中國天主教史人物傳》。台中:光啟出版社,1967年。

———。《中西交通史》。台北:中國文化大學出版社,1983年,初版1953年。

高一志(Alfonso Vagnone)。〈教要解略〉(1615年)。《耶穌會羅馬檔案館天主教文獻》,鐘鳴旦(Nicolas Standaert)、杜鼎克(Adrian Dudink)編。台北:歷史學社,2002年。

———。《聖母行實》。1798年，初版1631年。

圪潦溝村村委會檔案局。保赤會，1902–1944年。

《公私誦經文》。山西，1920年。

故宮博物院明清檔案部編。《義和團檔案史料》。北京：中華書局，1959年。

郭崇禧。〈梅德立的帝國主義相〉。《文史資料》，太原市天主教愛國會編，1964年第1輯。

———。〈反李路加鬥爭的前前後後〉。《文史資料》，太原天主教愛國會編，1964年第2輯。

———。〈太原天主教主要堂口簡介〉。《太原文史資料》，1991年第15輯，第148–64頁。

———。〈太原天主教史略〉。《太原文史資料》，1992年第17輯，第145–254頁。

郭繼汾。《方濟會士郭繼汾神父紀念冊》。太原，2003年。

郭全智。〈山西天主教概述〉。手稿，2007年。

顧衛民。《基督宗教藝術在華發展史》。上海：上海書店出版社，2005年。

韓耀宗。〈從雷警世看傳教士〉。《文史資料》，太原市天主教愛國會編，1964年第1輯，第44–52頁。

黃道炫。〈一九二〇——一九四〇年代中國東南地區的土地佔有——兼談地主農民與土地革命〉。《歷史研究》，2005年第1期，第34–53頁。

黃一農。〈明清天主教在山西絳州的發展及反彈〉。《中央研究院近代史研究所集刊》，第26期，1996年，第3–40頁。

迦南詩歌。http://cclw.net/resources/Cannan/Cannan.htm。

《教友生活》編輯部編。《天主教長治教區簡史》。1997年。

金澤、邱永輝編。《中國宗教報告 (2010)》。北京：社會科學文獻出版社，2010年。

康志杰。《上主的葡萄園——鄂西磨盤山天主教社區研究》。台北：輔仁大學出版社，2006年。

《控訴——是誰害死了我媽？》。太原，約1965年。

《禮物與見證——韓耀宗神父晉鐸金剛慶紀念冊》。太原，2006年。

李曄。〈在地方檔案中發現歷史——晉中新區土改運動中的群眾動員〉。《山西檔案》，2008年第3期，第49–51頁。

劉安榮。《山西天主教史研究》。太原：北嶽文藝出版社，2011年。

劉大鵬。〈退想齋日記〉。山西省圖書館手稿，1901年3月11日。

———。《退想齋日記》，喬志強編。太原：山西人民出版社，1980年。

———。〈潛園瑣記〉。《義和團在山西地區史料》，喬志強編。太原：山西人民出版社，1980年，第26–75頁。

───。〈退想齋日記〉。《近代史資料：義和團史料》下冊。北京：中國社會科學出版社，1982年。

───。《晉祠志》，慕湘、呂文幸編。太原：山西人民出版社，1986年。

《六合星星》。2007年。

劉文炳。《徐溝縣志》。太原：山西人民出版社，1992年。

盧潤杰。〈山西義和團運動〉。《近代的山西》，江地編。太原：山西人民出版社，1988年。

───。《昭餘春秋》。太原：山西古籍出版社，2005年。

馬西沙。〈先天教與曹順事件始末〉。《清史研究通訊》，1988年第1期，第16–21頁。

孟永華。〈山西農村四清運動述評〉。《黨史研究與教學》，2007年第4期，第50–56頁。

區季鸞。《廣東之典當業》。廣州：國立中山大學經濟調查處，1934年。

秦格平。《太原教區簡史》。天主教太原教區，2008年。

《清徐縣志》。太原：山西古籍出版社，1999年。

《清源鄉志》。1882年。

《人民日報》。2000年。

《山西北教區檔案》。太原。[SBD]

山西大學中國社會史研究中心。《□□大隊單位會天主教綜合資料和個人檔案》。太原。[SD]

《山西日報》。1949–1952年。

〈山西省庚子年教難前後記事〉。《義和團》第1冊，翦伯贊等編。上海：神州國光社，1951年。

山西省史志研究院編。《山西通史》。太原：山西人民出版社，2001年。

《山西通志》。北京：中華書局，1997年。

《聖諭廣訓雍正直解王又樸講解》。1724年。

石榮昶。〈庚子感事詩〉。《近代史資料》，1956年第4期（總第11期），第160頁。

宋建勳。〈霸佔田產二三事〉。《文史資料》，太原市天主教愛國會編，1964年第1輯，第68–69頁。

───。〈天主教在忻州東南部發展情況〉。手稿。

───。〈忻州地區天主教發展概況〉。手稿。

蘇若裔。《中國近代教難史料(1948–1957)》。台北：輔仁大學出版社，2000年。

《太原市南郊區志》。北京：三聯書店，1994年。

太原市統計局編。《太原「六五」建設成就，1981–1985》。太原：中國統計出版社，1987年。

太原西山礦務局編。《西山煤礦史》。1961年。

《太原縣志》。1826年。

田文都。《煉獄聖月》。山西北圻，1921年，初版1880年。

———。《真理敬言世》。太原：明原堂，1917年，初版1888年。

天主教汾陽教區編。《汾陽教區史（1926–1996）》。1996年。

王若瑟。〈採茶歌〉。Pontificio Istituto Missioni Estere (Rome)，河南開封，1605年。

王望德。《農民正談》。太原，1862–1891年。

魏以撒。《真耶穌會創立三十週年紀念專刊》。南京：真耶穌會，1948年。

吳飛。《麥芒上的聖言——一個鄉村天主教群體中的信仰和生活》。香港：
　　道風書社，2001年。

吳高壽、王潔。〈關於洞兒溝村信教村民的終極關懷的調查報告〉。《世界宗
　　教研究》，2006年第2期，第130–34頁。

吳劍傑。《張之洞年譜長編》。上海：上海交通大學出版社，2009年。

《新選聖教對聯》。潞安，1904年。

邢化民。〈李路加（Luca Capozi）在太原教區的活動點滴〉。《文史資料》，太原
　　市天主教愛國會編，1964年第2輯，第18–23頁。

邢野、王新民編。《旅蒙商通覽》。呼和浩特：內蒙古人民出版社，2008年。

閻福。〈帝國主義分子安世高（Elia Carosi）的一點事實〉。《文史資料》，太原
　　市天主教愛國會編，1964年第1輯，第60–62頁。

———。〈帝國主義傳教士爭奪權利的醜態〉。《文史資料》，太原市天主教愛
　　國會編，1964年第2輯，第48–52頁。

《亞松達走過的路，謙卑服務，亞松達行實及續編》。太原，2005年。

楊鎖林。〈晉祠泉流量衰減分析〉。《山西水利》，2005年第6期，第81–83頁。

楊遇春。1831年二月初八信件。中國第一歷史檔案館：《宮中朱批奏摺：民
　　族事務》，第513–11頁。

張安多尼、田文都。《聖母七苦》。山西：明原堂，1878年。

張繼禹編。《中華道藏》。北京：華夏出版社，2004年。

張樂天。《告別理想——人民公社制度研究》。上海：四季出版社，2005年。

張韶梅、張華軍。〈論清代新疆山西會館〉。《新疆職業大學學報》，2002年第
　　3期，第33–35頁。

張希舜、程臘生主編。《山西文物精品典藏——寺觀彩塑卷》。太原：山西
　　人民出版社，2006年。

張先清。《官府、宗族與天主教——17–19世紀福安鄉村教會的歷史敘事》。
　　北京：中華書局，2009年。

張正明。《晉商興衰史》。太原：山西古籍出版社，1995年。

趙培成等。《忻州地區宗教志》。太原：山西人民出版社，1993年。

趙世瑜。《狂歡與日常——明清一代的廟會與民間社會》。北京：三聯書店，2002年。

中共太原市委四清宗教辦公室編。《宗教工作宣傳材料》。1966年。

中國第一歷史檔案館編。《清中前期西洋天主教在華活動檔案史料》。北京：中華書局，2003年。

中國第一歷史檔案館、福建師範大學歷史系編。《清末教案》。北京：中華書局，1996年。

中國國民黨中央委員會編。《山西省的奪權鬥爭》。台北，1967年。

中國人民大學歷史系、中國第一歷史檔案館編。《清代農民戰爭史資料選編》。北京：中國人民大學出版社，1984年。

中央研究院近代史研究所編：《教務教案檔》。台北：中央研究院近代史研究所，1974年。

《宗教工作通訊》。台北：中央研究院近代史研究所，1964–1965年。

英文、意大利文、拉丁文及其他歐洲語言部分

Acta Ordinis Fratrum Minorum. 1882–1954.

Annales de l'Oeuvre de la Sainte Enfance. 1846–1909.

Apolito, Paolo. *Apparitions of the Madonna at Oliveto Citra: Local Visions and Cosmic Drama*, trans. William A. Christian, Jr. University Park: Pennsylvania State University Press, 1998.

Archives de l'Oeuvre de la Propagation de la Foi, Oeuvres Pontificales Missionnaires Centre de Lyon. [AOPF]

Archives of the American Board of the Commissioners of Foreign Missions. Harvard University. Cambridge, MA.

Archives Vincent Lebbe. Société des Auxiliaires des Missions, Bruxelles. http://www.vincentlebbe.net.

Archivio della Curia Generalizia dell'Ordine dei Frati Minori, Rome. [ACGOFM]

Archivio Provinciale, Provincia di Cristo Re, Frati Minori dell'Emilia Romagna, Bologna. [OFMB]

Archivio Storico della Congregazione per l'Evangelizzazione dei Popoli o "de Propaganda Fide," Rome. [APF]

Baum, Richard, and Frederick C. Teiwes. *Ssu-ch'ing: The Socialist Education Movement of 1962–1966.* Berkeley: Center for Chinese Studies, 1968.

Bays, Daniel H. "Christianity and the Chinese Sectarian Tradition." *Ch'ing shih wen-t'i* 4, no. 7 (1982): 33–55.

Benedict XVI. Letter to the Bishops, Priests, Consecrated Persons and the Lay Faithful in the People's Republic of China, 27 May 2007. Papal Encyclicals Online, http://www.papalencyclicals.net.

Berta, Alfredo. *Mons. Eugenio Massi o.f.m. Vescovo e Vicario Apostolico di Taiyuanfu, Sianfu e Hankow (Cina) (1875–1944).* Ancona: Biblioteca Francescana, 1955.

Bertuccioli, Guiliano, and Federico Masini. *Italia e Cina.* Roma-Bari: Laterza, 1996.

Biondi, Albano. "Aspetti della cultura cattolica post-tridentina: Religione e controllo sociale." *Storia d'Italia 4 Intelletuali e potere* (1981): 253–302.

Blouin, Francis X. *Vatican Archives: An Inventory and Guide to Historical Documents in the Holy See.* New York: Oxford University Press, 1998.

Boutry, Philippe. *Prêtres et paroisses au pays du Curé d'Ars.* Paris: Les éditions du cerf, 1986.

Briggs, Charles L. "Metadiscursive Practices and Scholarly Authority in Folkloristics." *Journal of American Folklore* 106, no. 422 (1993): 387–434.

Brockey, Liam Matthew. *Journey to the East: The Jesuit Mission to China, 1579–1724.* Cambridge: Harvard University Press, 2007.

Brokaw, Cynthia J. *The Ledgers of Merit and Demerit: Social Change and Moral Order in Late Imperial China.* Princeton: Princeton University Press, 1991.

Brunner, Paul. *L'Euchologe de la mission de Chine: Editio princeps 1628 et développements jusqu'à nos jours.* Münster: Aschendorffsche Verlagsbuch-Handlung, 1964.

Cadegan, Una M. "The Queen of Peace in the Shadow of War: Fatima and U. S. Catholic Anticommunism." *U. S. Catholic Historian* 22, no. 4 (2004): 1–15.

Capozi, Luca. "Relazione dell'arcivescovo di Taiyuan alla Sacra Congregazione di Propaganda 1 luglio 1950–30 giugno 1953." In *Gioioso Centenario: Biografia di Mons. Luca Domenico Capozi*, ed. Nicola Cerasa. Pofi: Umberto Capozi e Giuseppe Leonardi, 1999.

Cardoza, Anthony L. *Agrarian Elites and Italian Fascism: The Province of Bologna 1901–1926.* Princeton: Princeton University Press, 1982.

Carrington, Goodrich L., ed. *Dictionary of Ming Biography, 1368–1644.* New York: Columbia University Press, 1976.

Carroll, Michael P. "Religion, 'Ricettizie,' and the Immunity of Southern Italy to the Reformation." *Journal of the Scientific Study of Religion* 31, no. 3 (1992): 247–60.

———. *Veiled Threats: The Logic of Popular Catholicism in Italy.* Baltimore: Johns Hopkins University Press, 1996.

Central Committee of the Chinese Communist Party. "The Basic Viewpoint and Policy on the Religious Question during our Country's Socialist Period,

Document 19 (March 31, 1982)." *Chinese Law and Government* 33, no. 2 (2000): 17–34.

Cerasa, Nicola. *Breve Storia della Missione di Taiyuan Shansi.* Roma: Provincia Romana dei Frati Minori, 1998.

———. *Gioioso Centenario: Biografia di Mons. Luca Domenico Capozi.* Pofi: Umberto Capozi e Giuseppe Leonardi, 1999.

Cestaro, Antonio. *Le diocesi di Conza e di Campagna nell'età della restaurazione.* Roma: Edizioni di storia e letteratura, 1971.

Chadwick, Owen. *The Popes and European Revolution.* Oxford: Clarendon Press, 1981.

Chang Che-chia. "Origins of a Misunderstanding: The Qianlong Emperor's Embargo on Rhubarb Exports to Russia, the Scenario and its Consequences." *Asian Medicine: Tradition and Modernity* 1, no. 2 (2005): 335–54.

Châtellier, Louis. *The Religion of the Poor: Rural Missions in Europe and the Formation of Modern Catholicism, c. 1500–c. 1800,* trans. Brian Pearce. Cambridge: Cambridge University Press, 1997.

Chau, Adam Yuet. *Miraculous Response: Doing Popular Religion in Contemporary China.* Stanford: Stanford University Press, 2006.

Chen, Hui-hung. "Encounters in Peoples, Religions and Sciences: Jesuit Visual Culture in Seventeenth Century China." PhD diss., Brown University, 2004.

Chen, Pi-yen. *Chinese Buddhist Monastic Chants.* Middleton, WI: A-R Editions, 2010.

Christian, William A., Jr. "Religious Apparitions and the Cold War in Southern Europe." In *Religion, Power and Protest in Local Communities: The Northern Shore of the Mediterranean,* ed. Eric R. Wolf. Berlin: Mouton, 1984.

———. *Visionaries: The Spanish Republic and the Reign of Christ.* Berkeley: University of California Press, 1996.

Coblin, W. South, and Joseph A. Levi, eds. *Francisco Varo's Grammar of the Mandarin Language (1703): An English Translation of 'Arte de la lengua Mandarina.'* Amsterdam: John Benjamins Publishing Company, 2000.

Cohen, Paul A. *China and Christianity: The Missionary Movement and the Growth of Chinese Anti-Foreignism.* Cambridge: Harvard University Press, 1963.

———. *History in Three Keys: The Boxers as Event, Experience and Myth.* New York: Columbia University Press, 1997.

Composto, Renato. "Fermento sociali nel clero siciliano prima dell'unificazione." *Studi storici* 5, no. 2 (1964): 263–79.

Constable, Nicole. *Christian Souls and Chinese Spirits: A Hakka Community in Hong Kong.* Berkeley: University of California Press, 1994.

Cox, Jeffrey. *Imperial Fault Lines: Christianity and Colonial Power in India, 1818–1940*. Stanford: Stanford University Press, 2002.

Criveller, Gianni. "The Chinese Priests of the College for the Chinese in Naples and the Promotion of the Indigenous Clergy (XVIII–XIX Centuries)." In *Silent Force: Native Converts in the Catholic China Mission*, ed. Rachel Lu Yan and Philip Vanhaelemeersch. Leuven: Ferdinand Verbiest Institute, K. U. Leuven, 2009.

Davis, John A. *Naples and Napoleon: Southern Italy and the European Revolutions (1780–1860)*. Oxford: Oxford University Press, 2006.

De Groot, J. J. M. *Sectarianism and Religious Persecution in China*. Taipei: Ch'eng Wen, 1970. 1st ed., 1903.

De Jaegher, Raymond J., and Irene Corbally Kuhn. *The Enemy Within: An Eyewitness Account of the Communist Conquest of China*. New York: Doubleday, 1952.

D'Elia, Pasquale M. *Le origini dell'arte cristiana cinese (1583–1640)*. Roma: Reale Academia d'Italia, 1939.

De Maio, Romeo. *Società e vita religiosa a Napoli nell'età moderna (1656–1799)*. Napoli: Edizioni scientifiche italiane, 1971.

De Matteis, Stefano, and Marino Nicola. *Antropologia delle anime in pena: Il resto della storia: Un culto del Purgatorio*. Lecce: Argo, 1997.

De Spirito, Angelomichele. "La formazione del clero meridionale nelle regole dei primi seminari." In *Studi di Storia Sociale e Religiosa: Scritti in onore di Gabriele de Rosa*, ed. Antonio Cestaro. Napoli: Ferraro, 1980.

Di Fiore, Giacomo. "Un cinese a Castel Sant'Angelo: La vicenda di un alunno del Collegio di Matteo Ripa fra trasgressione e reclusione." In *La conoscenza dell'Asia e dell'Africa in Italia nei secoli XVIII e XIX*, ed. Aldo Gallotta and Ugo Marazzi, 219–86. Napoli: Istituto Universitario Orientale, 1985.

———. *Lettere di missionari dalla Cina (1761–1775): La vita quotidiana nelle missioni attraverso il carteggio di Emiliano Palladini e Filippo Huang con il Collegio dei Cinesi in Napoli*. Napoli: Istituto Universitario Orientale, 1995.

Duara, Prasenjit. *Culture, Power and the State: Rural North China, 1900–1942*. Stanford: Stanford University Press, 1988.

Dunch, Ryan. *Fuzhou Protestants and the Making of Modern China*. New Haven: Yale University Press, 2001.

———. "Beyond Cultural Imperialism: Cultural Theory, Christian Missions, and Global Modernity." *History and Theory* 41 (Oct. 2002): 301–25.

Durosel, l'Abbé. *La Madone de Campocavallo ou recit de N.-D. des Sept Douleurs a Campocavallo des guérisons, conversions et faveurs diverses attribuées a son intercession, avec un appendice sur le sanctuaire de N.-D. de Lorette.* Abbeville: C. Paillart, 1896.

Edgerton-Tarpley, Kathryn. *Tears from Iron: Cultural Reponses to Famine in Nineteenth-Century China.* Berkeley: University of California Press, 2008.

Edwards, E. H. *Fire and Sword in Shansi: The Story of the Martyrdom of Foreigners and Chinese Christians.* Edinburgh: Oliphant Anderson & Ferrier, 1903.

Elman, Benjamin A. *On Their Own Terms: Science in China, 1550–1900.* Cambridge: Harvard University Press, 2005.

Entenmann, Robert E. "Catholics and Society in Eighteenth-century Sichuan." In *Christianity in China from the Eighteenth-Century to the Present*, ed. Daniel H. Bays. Stanford: Stanford University Press, 1996.

Esherick, Joseph W. *The Origins of the Boxer Uprising.* Berkeley: University of California Press, 1987.

———. *Ancestral Leaves: A Family Journey through Chinese History.* Berkeley: University of California Press, 2010.

Fatica, Michele. "Per una mostra bibliografica ed iconografica su Matteo Ripa, il Collegio dei Cinesi e il Real Collegio Asiatico (1682–1888)." In *La missione Cattolica in Cina tra i secoli XVIII–XIX: Matteo Ripa e il Collegio dei Cinesi: Atti del Colloquio Internazionale Napoli, 11–12 febbraio 1997*, ed. Michele Fatica and Francesco D'Arelli. Napoli: Istituto universitario orientale, 1999.

———. "L'Istituto Orientali di Napoli come sede di scambio culturale tra Cina e Italia nei secoli XVIII e XIX." *Scritture di Storia* 2 (2001): 83–93.

Faure, David. *The Rural Economy of Pre-Liberation China: Trade Expansion and Peasant Livelihood in Jiangsu and Guangdong, 1870 to 1937.* Hong Kong: Oxford University Press, 1989.

Fisher, Gareth. "The Spiritual Land Rush: Merit and Morality in New Chinese Buddhist Temple Construction." *Journal of Asian Studies* 67, no. 1 (2008): 143–70.

Foust, Clifford M. *Muscovite and Mandarin: Russia's Trade with China and Its Setting, 1727–1805.* Chapel Hill: University of North Carolina Press, 1969.

Furth, Charlotte. *A Flourishing Yin: Gender in China's Medical History, 960–1665.* Berkeley: University of California Press, 1999.

Gandolfi, Domenico. "Cenni di storia del vicariato apostolico di Taiyuanfu Shansi, Cina 1930–1953." *Studi Francescani* 84 (1987): 299–360.

———. "Cenni storici sulla Missione di Yütze (Shansi): 1930–1953." *Studi Francescane* 85 (1988): 121–72.

Gaskell, Ivan. *"Jesus Christ as the Divine Mercy* by Eugenius Kazimirowski. The Most Influential Polish Painting of the Twentieth Century?" *Ars: Journal of the Institute of Art History of Slovak Academy of Sciences* 42, no. 1 (2009): 81–93.

Gentilcore, David. *From Bishop to Witch: The System of the Sacred in Early Modern Terra d'Otranto.* Manchester: Manchester University Press, 1992.

Gernet, Jacques. *China and the Christian Impact: A Conflict of Cultures*, trans. Janet Lloyd. Cambridge: Cambridge University Press, 1985.

Gibson, Ralph. *A Social History of French Catholicism 1789–1914.* London: Routledge, 1989.

Ginsborg, Paul. *Daniele Manin and the Venetian Revolution of 1848–49.* Cambridge: Cambridge University Press, 1979.

Giornale dal 1° Giugno 1910 al 31 Agosto 1912. Taiyuan: 中國天主教歷史資料中心 [China Catholic History Materials Center].

Gitti, Stefano. *Mons. Gioacchino Salvetti O. F. M. (1769–1843) e la missione dei Francescani in Cina.* Firenze: Studi Francescani, 1958.

Goossaert, Vincent. *The Taoists of Peking, 1800–1949: A Social History of Urban Clerics.* Cambridge, MA: Harvard University Asia Center, 2007.

Harline, Craig, and Eddy Put. *A Bishop's Tale: Mathias Hovius among His Flock in Seventeenth-Century Flanders.* New Haven: Yale University Press, 2000.

Harris, Ruth. *Lourdes: Body and Spirit in a Secular Age.* Harmondsworth: Penguin, 1999.

Harrison, Henrietta. "'A Penny for the Little Chinese': The French Holy Childhood Association in China, 1843–1951." *American Historical Review* 113, no. 1 (2008): 72–92.

———. "Rethinking Missionaries and Medicine in China: The Miracles of Assunta Pallotta, 1905–2005." *Journal of Asian Studies* 71, no. 1 (2012): 127–48.

Herdtrich, Christianus. Annuae Sin. 1673–1677. Archivum Romanum Societatis Iesu. *Jap, Sin.* 116:260–67.

Hinton, William. *Fanshen: A Documentary of Revolution in a Chinese Village.* New York: Vintage Books, 1966.

———. *Shenfan.* New York: Random House, 1983.

Hsiao, Liang-lin. *China's Foreign Trade Statistics, 1864–1949.* Cambridge: Harvard University Press, 1974.

Huang, Xiaojuan. "Christian Communities and Alternative Devotions in China, 1780–1860." PhD diss., Princeton University, 2006.

Iannello, Tiziana. "Il Collegio dei Cinesi durante il decennio francese (1806–15)." In *La missione Cattolica in Cina tra i secoli XVIII–XIX: Matteo Ripa e il Collegio dei Cinesi: Atti del Colloquio Internazionale Napoli, 11–12 febbraio 1997*, ed. Michele Fatica and Francesco D'Arelli. Napoli, 1999.

Inouye, Melissa Wei-Tsing. "Miraculous Mundane: The True Jesus Church and Chinese Christianity in the Twentieth Century." PhD diss., Harvard University, 2010.

Johnson, David. *Spectacle and Sacrifice: The Ritual Foundations of Village Life in North China*. Cambridge: Harvard University Asia Center, 2009.

Joly, Léon. *Le Christianisme et l'Extrême Orient*. Paris: P. Lethielleux, 1907.

———. *Le problème des missions: Tribulations d'un vieux chanoine*. Paris: P. Lethielleux, 1908.

Jordan, David K. *Gods, Ghosts, and Ancestors: The Folk Religion of a Taiwanese Village*. Berkeley: University of California Press, 1972.

Josson, H., and L. Willaert, eds. *Correspondence de Ferdinand Verbiest de la Compagnie de Jésus (1623–1688) Directeur de l'Observatoire de Pékin*. Bruxelles: Palais des Académies, 1938.

Kao, Chen-yang. "The Cultural Revolution and the Post-Missionary Transformation of Protestantism in China." PhD diss., University of Lancaster, 2009.

———. "The Cultural Revolution and the Emergence of Pentecostal-style Protestantism in China." *Journal of Contemporary Religion* 24, no. 2 (2009): 171–88.

Kerval, Léon de. *Le R. P. Hugolin de Doullens ou la vie d'un Frère Mineur missionnaire en Chine au XIXe siècle*. Rome: Francisc. Miss., 1902.

———. *Deux Martyrs Francais de l'ordre des Frères Mineurs, le R. P. Théodoric Balat et le Fr. André Bauer massacrés en Chine le 9 Juillet 1900, aperçus biographiques*. 3rd ed. Paris: Lemière, 1914.

Kohn, Livia. *The Taoist Experience: An Anthology*. Albany: State University of New York Press, 1993.

La Bella, Gianni. "Pius X." In *The Catholic Church and the Chinese World: Between Colonialism and Evangelism 1840–1911*, ed. Agostino Giovagnoli and Elisa Guinipero. Roma: Urbaniana University Press, 2005.

Latourette, Kenneth Scott. *A History of Christian Missions in China*. London: Society for Promoting Christian Knowledge, 1929.

Laufer, Berthold. "The Chinese Madonna in the Field Museum." *The Open Court* 16, no. 1 (1912): 1–6.

Lea, Henry Charles. *A History of Auricular Confession and Indulgences in the Latin Church*. Philadelphia: Lea Brothers & Co., 1896.

Leclercq, Jacques. *Thunder in the Distance: The Life of Père Lebbe*, trans. George Lamb. New York: Sheed & Ward, 1958.

Lecomte, Louis. *Un jésuite à Pékin: Nouveaux mémoires sur l'état présent de la Chine 1687–1692*. Paris: Phébus, 1990.

Lee, Joseph Tse-Hei. "Watchman Nee and the Little Flock Movement in Maoist China." *Church History* 74, no. 1 (2005): 68–96.

———. "Christianity in Contemporary China: An Update." *Journal of Church and State* 49 (2007): 277–304.

Le Goff, Jacques. *The Birth of Purgatory*, trans. Arthur Goldhammer. Chicago: University of Chicago Press, 1984.

Lesourd, Paul. *Histoire générale de l'Oeuvre Pontificale de la Sainte-Enfance depuis un siècle*. Paris: Centre Catholique International de Documentation e de Statistiques, 1947.

Leung, Beatrice. "Communist Party-Vatican Interplay over the Training of Church Leaders in China." *Journal for the Scientific Study of Religion* 40, no. 4 (2001): 657–73.

Levaux, Léopold. *Le Père Lebbe: Apôtre de la Chine moderne (1877–1940)*. Bruxelles: Éditions universitaires, 1948.

Levi, Carlo. *Christ Stopped at Eboli*, trans. Frances Frenaye. Harmondsworth: Penguin Books, 1982.

Lian, Xi. *The Conversion of Missionaries: Liberalism in American Protestant Missions in China, 1907–1932*. University Park: Pennsylvania State University Press, 1997.

———. *Redeemed by Fire: The Rise of Popular Christianity in Modern China*. New Haven: Yale University Press, 2010.

Linden, Ian. *Global Catholicism: Diversity and Change since Vatican II*. New York: Columbia University Press, 2009.

The Little Flowers of St Francis with Five Considerations of the Sacred Stigmata, trans. Leo Sherley-Price. Baltimore: Penguin Books, 1959.

Lombardi, Teodosio. *Un Grande Ideale: Monsignor Ermengildo Focaccia O. F. M. Vescovo di Yütze in Cina*. Bologna: Edizioni Antoniano, 1968.

MacGillivray, Donald. *A Century of Protestant Missions in China (1807–1907) being the Centenary Conference Historical Volume*. Shanghai: American Presbyterian Mission Press, 1907.

Madsen, Richard. *China's Catholics: Tragedy and Hope in an Emerging Civil Society.* Berkeley: University of California Press, 1998.

Maestri, Theodosius. "Apparition of a Martyr Bishop to Pagans." *Franciscans in China* 7 (1924).

Manini, Edoardo. *Episodi della Rivoluzione Cinese, 1900.* Parma: Rossi Ubaldi, 1901.

Margiotti, Fortunato. *Il Cattolicismo nello Shansi dalle origini al 1738.* Roma: Edizioni Sinica Franciscana, 1958.

Mariani, Paul P. *Church Militant: Bishop Kung and Catholic Resistance in Communist China.* Cambridge: Harvard University Press, 2011.

Marinelli, Maurizio. "The Genesis of the Italian Concession in Tianjin: A Combination of Wishful Thinking and Realpolitik." *Journal of Modern Italian Studies* 15, no. 4 (2010): 536–56.

Mayers, William Frederick, ed. *Treaties between the Empire of China and Foreign Powers, together with Regulations for the Conduct of Foreign Trade.* Shanghai: J. B. Tootal, 1877.

Menegon, Eugenio. *Ancestors, Virgins, and Friars: Christianity as a Local Religion in Late Imperial China.* Cambridge: Harvard University Asia Center Press, 2009.

Michel de la Sainte Trinité. *The Whole Truth about Fatima.* Vol. 3, *The Third Secret (1942–1960),* trans. John Collorafi. Buffalo: Immaculate Heart Publications, 1990.

Miller, Tracy. *The Divine Nature of Power: Chinese Ritual Architecture at the Sacred Site of Jinci.* Cambridge: Harvard University Press, 2007.

Millward, James A. *Beyond the Pass: Economy, Ethnicity, and Empire in Qing Central Asia, 1759–1864.* Stanford: Stanford University Press, 1998.

———. *Eurasian Crossroads: A History of Xinjiang.* New York: Columbia University Press, 2007.

Le Missioni Francescane in Palestina ed in altre Regioni della Terra (Firenze), 1891–1895.

Les Missions de Chine et du Japon. Pekin: Imprimerie des Lazaristes, 1916–1939.

Mungello, David E. *Curious Land: Jesuit Accommodation and the Origins of Sinology.* Stuttgart: Franz Steiner Verlag Wiesbaden GmbH, 1985.

———. *The Spirit and the Flesh in Shandong, 1650–1785.* Lanham: Rowman & Littlefield, 2001.

———. "The Return of the Jesuits to China in 1841 and the Chinese Christian Backlash." *Sino-Western Cultural Relations Journal* 27 (2005): 9–46.

Nanetti, Barnaba. "Sunto di memorie sulle missioni dei due distretti in Pin-iao e Kie Sien (nel San-si) a memoria d'uomo." Manuscript, 1897. Archivio della

Provincia Osservante di Bologna, poi del SS. Redentore, Bologna. Missione di Yütze (Shan-si, Cina) 3:4.

Naquin, Susan. *Millenarian Rebellion in China: The Eight Trigrams Uprising of 1813.* New Haven: Yale University Press, 1976.

Newby, Laura J. *The Empire and the Khanate: A Political History of Qing Relations with Khoqand c. 1760–1860.* Leiden: Brill, 2005.

Nicolini, Nicola. *L'Istituto Orientale di Napoli: Origine e statuti.* Roma: Edizioni universitarie, 1942.

Nora, Pierre. "Between Memory and History: Les Lieux de Mémoire." *Representations* 26 (1989): 7–24.

Noreen, Kirstin. "The Icon of Santa Maria Maggiore, Rome: An image and Its Afterlife." *Renaissance Studies* 19, no. 5 (2005): 660–72.

O'Malley, John W. *What Happened at Vatican II.* Cambridge: Harvard University Press, 2008.

L'Oriente Serafico. 1889–1906.

Orsi, Robert A. *The Madonna of 115th Street: Faith and Community in Italian Harlem, 1850–1950.* New Haven: Yale University Press, 2002.

———. *Between Heaven and Earth: The Religious Worlds People Make and the Scholars who Study Them.* Princeton: Princeton University Press, 2005.

Overmyer, Daniel L. *Folk Buddhist Religion: Dissenting Sects in Late Traditional China.* Cambridge: Harvard University Press, 1976.

Palmieri, Pasquale. *I taumaturghi della società: Santi e potere politico nel secolo dei Lumi.* Roma: Viella, 2010.

Papers of the American Board of Commissioners of Foreign Missions. Houghton Library, Cambridge, MA.

Parrenin, Domenico. "Refutatio querelam Illustrissimi Francisco Maria Ferreris Episcopi Ephestiensis contra R. P. Gallos Societatis Jesu." Biblioteca Nazionale Centrale di Roma. Fondo Gesuitico 1247:7.

Poliorama pittoresco. 1841–1842.

Pollard, J. F. "Fascism and Catholicism." In *The Oxford Handbook of Fascism*, ed. R. J. B. Bosworth. Oxford: Oxford University Press, 2009.

Pontificium Opus a Sancta Infantia (Rome). [POSI]

Reilly, Thomas H. *The Taiping Heavenly Kingdom: Rebellion and the Blasphemy of Empire.* Seattle: University of Washington Press, 2004.

Reinders, Eric. *Borrowed Gods and Foreign Bodies: Christian Missionaries Imagine Chinese Religion.* Berkeley: University of California Press, 2004.

Ricci, Giovanni (Joannes). *Le avventure di un missionario in Cina: Memorie di Mons. Luigi Moccagatta, O. F. M. Vescovo Titolare di Zenopoli e Vicario Apostolico del San-Si*. Modena: Tip. Pontificia ed Arcivescovile dell'Immacolata Concezione, 1909.

——. *Barbarie e trionfi ossia le vittime illustri del San-si in Cina nella persecuzione del 1900*. Firenze: Tipografia Barbèra, 1910.

——. "Acta Martyrum Sinensium anno 1900 in Provincia San-si occisorum historice collecta ex ore testium singulis locis ubi Martyres occubuere: Relatio ex-officio ex parte Ordinis Fratrum Minorum." *Acta Ordinis Fratrum Minorum* 30–32 (1911–1913).

——. *Il Fratello di una Martire: Memorie del P. Barnaba da Cologna, O. F. M. Missionario Apostolico in Cina*. Torino: P. Celanza, 1912.

——. "Acta Martyrum Sinensium Vicariatus Apostolici Shansi Meridionalis anno 1900 pro fide Catholica interfectorum." *Acta Ordinis Fratrum Minorum* 33–34 (1914–1915).

——. *Vicariatus Taiyuanfu seu brevis historia antiquae Franciscanae missionis Shansi et Shensi a sua origine ad dies nostros (1700–1928)*. Pekini: Congregationis Missionis, 1929.

Rowe, William T. *Crimson Rain: Seven Centuries of Violence in a Chinese County*. Stanford: Stanford University Press, 2007.

Schipper, Kristofer. *The Taoist Body*, trans. Karen C. Duval. Berkeley: University of California Press, 1993.

Schofield, Harold. *Second Annual Report of the Medical Mission at T'ai-yüen-fu, Shansi, North China, in Connection with the China Inland Mission*. Shanghai: American Presbyterian Mission Press, 1883.

Silvestri, Cipriano. *La testimonia del sangue: Biografie dei Beati Cinesi uccisi il 7, 8, e 9 iuglio 1900*. Roma: Don Luigi Guanella, 1943.

Spence, Jonathan D. *The Memory Palace of Matteo Ricci*. New York: Viking Penguin, 1984.

——. *The Question of Hu*. New York: Knopf, 1988.

Sperber, Jonathan. *The European Revolutions, 1848–1851*. Cambridge: Cambridge University Press, 1994.

Stacchini, Bernardo. *Ombre rosse sulla Cina*. Bologna: Abes editrice, 1956.

Standaert, Nicolas. *Yang Tingyun, Confucian and Christian in Late Ming China*. Leiden: E. J. Brill, 1988.

——. "Chinese Christian Visits to the Underworld." In *Conflict and Accommodation in Early Modern East Asia: Essays in Honour of Erik Zürcher*, ed. Leonard Blussé and Harriet T. Zurndorfer, 54–70. Leiden: E. J. Brill, 1993.

————, ed. *Handbook of Christianity in China*. Vol. 1, *635–1800*. Leiden: Brill, 2001.

————. *The Interweaving of Rituals: Funerals in the Cultural Exchange between China and Europe*. Seattle: University of Washington Press, 2008.

Standaert, Nicolas, and Ad Dudink, eds. *Forgive Us Our Sins: Confession in Late Ming and Early Qing China*. Sankt Augustin: Institut Monumenta Serica, 2006.

Teiser, Stephen F. *The Scripture of the Ten Kings and the Making of Purgatory in Medieval Chinese Buddhism*. Honolulu: Hawaii University Press, 1994.

Ter Haar, Barend J. *The White Lotus Teachings in Chinese Religious History.* Leiden: E. J. Brill, 1992.

————. "Buddhist-Inspired Options: Aspects of Lay Religious Life in the Lower Yangzi from 1100 until 1340." *T'oung Pao* 87, nos. 1/3 (2001): 92–152.

Thompson, Roger R. "Twilight of the Gods in the Chinese Countryside: Christians, Confucians, and the Modernising State, 1861–1911." In *Christianity in China from the Eighteenth Century to the Present*, ed. Daniel H. Bays. Stanford: Stanford University Press, 1996.

Tramontani, Enzo. *Tai-yuan: L'ora del sogno: Maria Chiara Nanetti nella Cina dei martiri*. Bologna: Editrice missionaria italiana, 2000.

Tsai, Lily. *Accountability without Democracy: Solidary Groups and Public Goods Provision in Rural China*. Cambridge: Cambridge University Press, 2007.

Valerio, Adriana. "Donna e celibato ecclesiastico: Le concubine del clero." In *Donne e religione a Napoli secoli XVI–XVIII*, ed. Giuseppe Galasso and Adriana Valerio. Milano: FrancoAngeli, 2001.

Vismara, Paola. *Questioni di interesse: La Chiesa e il denaro in età moderna*. Milano: Bruno Mondadori, 2009.

Vitali, Francesco. *Month of the Souls in Purgatory Containing Devotions for Each Day in November*, trans. M. Comerford. Dublin: G. P. Warren, 1871.

Vovelle, Michel. *Les âmes du purgatoire ou le travail du deuil*. Paris: Gallimard, 1996.

Waley-Cohen, Joanna. *Exile in Mid-Qing China: Banishment to Xinjiang 1758–1820*. New Haven: Yale University Press, 1991.

Wang, Xiao-qing. "How Has a Chinese Village Remained Catholic? Catholicism and Local Culture in a Northern Chinese Village." *Journal of Contemporary China* 15, no. 49 (2006): 687–704.

Wathen, W. H. "Memoir on Chinese Tartary and Khoten." *Journal of the Asiatic Society of Bengal* 4, no. 48 (1835): 653–64.

Weller, Robert P. *Resistance, Chaos and Control in China: Taiping Rebels, Taiwanese Ghosts and Tiananmen.* Seattle: University of Washington Press, 1994.

Weller, Robert P., and Sun Yanfei. "The Dynamics of Religious Growth and Change in Contemporary China." In *China Today, China Tomorrow: Domestic Politics, Economy and Society*, ed. Joseph Fewsmith. Lanham: Rowman & Littlefield, 2010.

Werner, Michael, and Bénédicte Zimmerman. "Beyond Comparison: Histoire Croisée and the Challenge of Reflexivity." *History and Theory* 45, no. 1 (2006): 30–50.

Wickeri, Philip L. *Reconstructing Christianity in China: K. H. Ting and the Chinese Church.* Maryknoll: Orbis Books, 2007.

Willeke, Bernward H. *Imperial Government and Catholic Missions in China during the years 1784–1785.* New York: The Franciscan Institute St. Bonaventure, 1948.

———, ed. "The Report of the Apostolic Visitation of D. Emmanuele Conforti on the Franciscan Missions in Shansi, Shensi and Kansu (1798)." *Archivum Franciscanum Historicum* 84, nos. 1–2 (1991).

———. "Franciscan Theological Education in China." In *Historiography of the Chinese Catholic Church: Nineteenth and Twentieth Centuries*, ed. Jeroom Heyndrickx. K. U. Leuven: Ferdinand Verbiest Foundation, 1994.

Wolf, Margery. *Women and the Family in Rural Taiwan.* Stanford: Stanford University Press, 1972.

Yang Fenggang. "Lost in the Market, Saved at McDonald's: Conversion to Christianity in Urban China." *Journal for the Scientific Study of Religion* 44, no. 4 (2005): 423–41.

Yü Chün-fang. *Kuan-yin: The Chinese Transformation of Avalokitesʹvara.* New York: Columbia University Press, 2001.

Zovatto, Pietro. *Storia della spiritualità italiana.* Roma: Città nuova, 2002.

Zürcher, Erik. *The Buddhist Conquest of China: The Spread and Adaptation of Buddhism in Medieval China.* Leiden: E. J. Brill, 1959.

———. "Un 'contrat communal' chrétien de la fin des Ming: Le *Livre d'Admonition* de Han Lin (1641)." In *L'Europe en Chine: Interactions scientifiques, religieuses et culturelles du XVIIe et XVIIIe siecles*, ed. Catherine Jami and Hubert Delahaye. Paris: Collège de France, Institut des hautes études chinoises, 1993, 3–22.

索 引

（詞條以拼音排序，頁碼為英文原書頁碼，即本書邊碼）